W0188409

Hegi – Merxmüller – Reisigl

Alpenflora

Hegi – Merxmüller – Reisigl

Alpenflora

Die wichtigeren Alpenpflanzen Bayerns, Österreichs und der Schweiz

Begründet von
Dr. Gustav Hegi
von der 9. bis 24. Auflage erneuert und herausgegeben von
Dr. Hermann Merxmüller
o. Professor der Systematischen Botanik an der Universität München
25., erweiterte Auflage 1977, herausgegeben von
Dr. Herbert Reisigl
ao. Professor der Systematischen Botanik
an der Universität Innsbruck

Mit 283 farbigen Abbildungen und 34 Lichtbildern
auf 43 Tafeln sowie einer Karte der Alpen
und 48 Verbreitungskarten

Verlag Paul Parey · Berlin und Hamburg

Farbtafeln unter Verwendung der alten Vorlagen
der Kunstmaler Dunzinger und Pfenninger
und nach eigenen Entwürfen
gemalt von Claus Caspari, München;
Flechtentafel und 6 Textabbildungen
von Siegfried Tatzreiter, Innsbruck.
Deutsche Pflanzennamen neubearbeitet
von Heinrich Marzell, Gunzenhausen.

CIP-Kurztitelaufnahme der Deutschen Bibliothek

Hegi, Gustav

Alpenflora: d. wichtigeren Alpenpflanzen Bayerns, Österreichs u. d. Schweiz / begr. von Gustav Hegi. Von d. 9.–24. Aufl. erneuert u. hrsg. von Hermann Merxmüller. – 25., erw. Aufl. / hrsg. von Herbert Reisigl, 81.–95. Tsd. – Berlin, Hamburg : Parey, 1977.

Auf d. Haupttitels. auch: Hegi–Merxmüller–Reisigl.
ISBN 3-489-90120-7

NE: Reisigl, Herbert [Bearb.]; Hegi–Merxmüller–Reisigl, . . .

Umschlag: Jan Buchholz und Reni Hinsch, unter Verwendung eines Fotos von Wilhelm Schacht (Senecio adonidifolius)

25., erweiterte Auflage 81.–95. Tausend 1977

Anschriften: D-1000 Berlin 61, Lindenstr. 44–47, D-2000 Hamburg 1, Spitalerstr. 12

Gesetzt aus der Melior-Antiqua
Satz: Felgentreff & Goebel, D-1000 Berlin 61
Druck: Saladruck Steinkopf & Sohn, D-1000 Berlin 36.
Bindung: Lüderitz & Bauer, D-1000 Berlin 61
ISBN 3-489-90120-7. Printed in Germany

Vorwort zur 25. Auflage

Die bereits klassische Alpenflora – von Gustav Hegi vor 70 Jahren begründet – wurde seit dem Krieg 16mal neu aufgelegt. Die kenntnisreiche und umsichtige Bearbeitung von H. Merxmüller brachte das Buch in den vergangenen 25 Jahren durch ständige Verbesserung auf den heutigen hohen Stand. Aus dem Vorwort zur 24. Auflage seien hier die wesentlichen Veränderungen wörtlich angeführt:

„Von Herrn Dr. Marzell, Gunzenhausen, dem erfahrensten Kenner der volkstümlichen Nomenklatur, wurden die gesamten Volksnamen überprüft, veraltete ausgeschieden, neu aufgezeichnete eingefügt, so daß jetzt ein vollständiges, modernes Verzeichnis der in den Alpen für unsere Pflanzen gebrauchten Namen vorliegt.

Den Wünschen der Naturschutzbehörden und -verbände wurde noch weitergehend Rechnung getragen, indem eine Reihe bekannterer, geschützter Arten auf zwei neuen Farbtafeln (Naturschutztafel A und B) abgebildet und in gleicher Weise wie die übrigen Arten im Textteil eingefügt wurden. Es muß betont werden, daß hierdurch einige Arten, die zwar auch in den Alpen mehr oder minder hoch ansteigend gefunden werden, jedoch keineswegs als „alpin" angesprochen werden dürfen, in unser Buch gleichsam widerrechtlich Eingang gefunden haben. Jedoch erschien dieser Nachteil einer weniger einheitlichen Auswahl gering gegenüber den berechtigten Forderungen der Bergwacht und der genannten Verbände, die gerade dem Alpenwanderer die Schar der geschützten Pflanzen möglichst vollzählig vor Augen führen wollen.

Da die „Alpenflora" ihrer Anlage nach von jeher der Verbreitung der behandelten Arten besonderes Augenmerk schenkte, wurden 48 kleine Verbreitungskarten beigefügt. Sie sollen nicht nur die geographischen Angaben im Text verdeutlichen und ein einprägsames Bild der oft so charakteristischen Verteilung der verschiedenen Sippen im Alpenraum vermitteln, sondern auch zur Mitarbeit anregen. Unsere Flora ist noch keineswegs so gut erforscht, als daß nicht jede Mitteilung über das Vorkommen bestimmter Arten an bislang unbekannter Stelle (oder auch über das Fehlen innerhalb der heute angenommenen Arealgrenzen) von Wichtigkeit wäre. Eine am Schluß eingefügte übersichtliche Karte der Gesamtalpen soll der raschen Orientierung dienen.

Außer den im ersten Vorwort genannten Herren bin in den Herren Dr. A. Becherer, Lugano, Dr. H. C. Friedrich, München, Prof. Dr. H. Gams, Innsbruck, J. Grau, München, Prof. Dr. E. Irmscher, Stuttgart, Prof. Dr. E. Janchen, Wien, Prof. Dr. H. Kunz, Basel, Prof. Dr. E. Landolt, Zürich, P. Le Brun, Toulouse, Studienprofessor F. Lense, Lochham, Prof. Dr. E. Mayer, Laibach und Prof. Dr. F. Widder, Graz, für wichtige Anregungen und Auskünfte zu aufrichtigem Dank verpflichtet. Ihrer freundlichen Hilfe, vor allem auch bei Entwurf und Korrektur der Verbreitungskarten, sind die Verbesserungen der Neuauflage zuzuschreiben."

Ab der 25. Auflage sah sich Prof. H. Merxmüller – durch Arbeit und Ämter überlastet – nicht mehr in der Lage, sein Werk fortzuführen. Als mich der Verlag fragte, ob ich die weitere Gestaltung der „Alpenflora" übernehmen wolle, da wußte ich zunächst nur die Antwort, daß es an diesem Text nichts zu verbessern gäbe. Obwohl sich an dieser meiner Überzeugung auch in der Zwischenzeit nichts geändert hat, habe ich diese ehrenvolle Aufgabe doch übernommen. Ich glaube, daß dem Leser über die mustergültige Beschreibung der Alpenflanzen, ihrer Standorte und ihrer Verbreitung hinaus eine allgemeine Einführung in Lebensgemeinschaften, Lebensbedingungen und Lebensgeschichte der alpinen Flora zusätzliche Anregungen bieten und ein tieferes Verständnis für die gefährdete alpine Naturlandschaft wecken kann.

Die Naturschutzbestimmungen wurden durch die Aufnahme der schweizerischen, österreichischen und Südtiroler Gesetze auf den neuesten Stand gebracht. Es wäre zu wünschen, daß die vielen, von Land zu Land wechselnden Verordnungen endlich durch eine einheitliche, überregionale Regelung des alpinen Naturschutzes ersetzt würden.

Die Farbtafeln wurden um eine Flechtentafel vermehrt, die S. Tatzreiter malte.

Zum Schluß möchte ich hier die schon von H. Merxmüller ausgesprochene Bitte um Mitarbeit an die Benutzer des Buches wiederholen: Alle Mitteilungen über das Vorkommen von Pflanzen außerhalb der angenommenen Grenzen sind von Interesse!

Innsbruck, im Sommer 1977 *Herbert Reisigl*

Inhaltsverzeichnis

Geschützte Pflanzen der Bundesrepublik Deutschland

(Auszug aus dem Naturschutz-Ergänzungsgesetz vom 29. Juni 1962)

Art. 1 Allgemeine Schutzvorschriften

Es ist verboten,

1. wildwachsende Pflanzen mißbräuchlich zu nutzen, insbesondere Blumen oder Farnkräuter in Mengen, die über einen Handstrauß hinausgehen, zu entnehmen,
2. ihre Bestände zu verwüsten, insbesondere sie ohne vernünftigen, berechtigten Zweck niederzuschlagen,

auch wenn dabei im einzelnen Fall kein wirtschaftlicher Schaden entsteht. Das Sammeln wildwachsender Waldfrüchte (Beeren und Pilze) in ortsüblichem Umfang bleibt gestattet.

Art. 5 Vollkommen geschützte Pflanzenarten

Es ist verboten, wildwachsende Pflanzen der folgenden Arten zu pflücken, auszureißen, auszugraben oder zu beschädigen:

1. Straußfarn *(Struthiopteris germanica)*
2. Hirschzunge *(Phyllitis scolopendrium)*
3. Federgras *(Stipa pennata)*
4. Türkenbund *(Lilium martagon)* S. 26
5. Feuerlilie *(Lilium bulbiferum)* S. 26
6. Schachblume *(Fritillaria meleagris)*
7. Siegwurz, Schwertel *(Gladiolus palustris)*
8. Blaue Schwertlilie *(Iris sibirica)*
9. Orchideen *(Orchidaceae)*, alle einheimischen Arten, z. B. alle Knabenkräuter, Frauenschuh, Rotes und Weißes Waldvögelein, Kohlröserl (Brändlein, Brunelle), Ragwurzarten (Fliegen-, Bienen-, Hummel- und Spinnenblume), Riemenzunge. S. 27–29
10. Pfingstnelke, Felsennelke *(Dianthus gratianopolitanus)*
11. Weiße und Gelbe Seerose *(Nymphaea* und *Nuphar)*, alle einheimischen Arten
12. Akelei *(Aquilegia)*, alle einheimischen Arten, S. 41–42
13. Küchenschelle, Kuhschelle, Osterblume *(Pulsatilla)*, alle einheimischen Arten einschließlich der Alpen-Anemone, Teufelsbart, Petersbart *(Pulsatilla alpina)*, mit der gelben Abart *(Pulsatilla sulphurea)*, S. 44
14. Narzissen-Anemone, Berghähnlein *(Anemone narcissiflora)* S. 46
15. Großes Windröschen *(Anemone sylvestris)*
16. Frühlings-Adonisröschen, Frühlings-Teufelsauge *(Adonis vernalis)*
17. Diptam *(Dictamnus albus)*
18. Seidelbast und Steinrösl *(Daphne)*, alle einheimischen Arten, S. 73
19. Alpenrose *(Rhododendron)*, alle einheimischen Arten, S. 76
20. Zwergrösl *(Rhodothamnus chamaecistus)* S. 76
21. Aurikel, Gamsbleaml *(Primula auricula)* und alle rotblühenden Arten der Gattung *Primula*, S. 79–82
22. Alpenveilchen *(Cyclamen europaeum)* S. 79
23. Enzian *(Gentiana)*, alle einheimischen Arten, S. 86–92
24. Gelber Fingerhut *(Digitalis grandiflora* und *lutea)* S. 99
25. Edelweiß *(Leontopodium alpinum)* S. 110
26. Edelraute *(Artemisia laxa)* S. 114
27. Kaiser-Karl-Szepter *(Pedicularis sceptrum-carolinum)*

Es ist ferner verboten, wildwachsende Pflanzen (Bäume und Sträucher) der folgenden Arten auszugraben oder zu beschädigen:

1. Eibe *(Taxus baccata)* S. 15
2. Bergkiefer, Latsche *(Pinus mugo)* S. 16
3. Wacholder *(Juniperus communis* und *Juniperus nana)* S. 15
4. Sanddorn *(Hippophae rhamnoides)*
5. Stechpalme *(Ilex aquifolium)* S. 72

Naturschutztafel A
Narzisse
Fingerhut
Feuerlilie
Gefranster Enzian
Eibe
19 C 56
Stechpalme

Naturschutztafel B
Frauenschuh
Maiglöckchen
Rotes Waldvögelein
Türkenbund
Wohlriechende
Händelwurz
Silberdistel

Art. 6 Teilweise geschützte Pflanzenarten

Es ist verboten, die Wurzeln, Wurzelstöcke, Zwiebeln oder Rosetten wildwachsender Pflanzen der folgenden Arten zu entnehmen oder zu beschädigen:

1. Traubenhyazinthe, Träubel (*Muscari*), alle einheimischen Arten
2. Maiglöckchen (*Convallaria majalis*) S. 26
3. Grüne und schwarze Nieswurz oder Christrose, Schneerose (*Helleborus viridis* und *Helleborus niger*) S. 44
4. Trollblume (*Trollius europaeus*) S. 52
5. Eisenhut, Sturmhut (*Aconitum*), alle einheimischen Arten, S. 42
6. Sonnentau (*Drosera*), alle einheimischen Arten
7. Schlüsselblume, Himmelschlüssel (*Primula*), alle in Art. 5 nicht genannten Arten
8. Tausengüldenkraut (*Centaurium*), alle Arten
9. Arnika, Wohlverleih (*Arnica montana*) S. 114
10. Bärlapp, Schlangenmoos (*Lycopodium*), alle einheimischen Arten
11. Wilde Tulpe (*Tulipa silvestris*)
12. Meerzwiebel, Blaustern (*Scilla*), alle einheimischen Arten
13. Gemeines Schneeglöckchen (*Galanthus nivalis*)
14. Großes Schneeglöckchen, Märzenbecher, Frühlingsknotenblume (*Leucojum vernum*)
15. Schwertlilie (*Iris*), alle in Art. 5 nicht genannten Arten
16. Leberblümchen (*Anemone hepatica*)
17. Alle rosetten- und polsterbildenden Arten der Gattungen: Hauswurz (*Sempervivum*) S. 56, 58, Steinbrech (*Saxifraga*) S. 59–63, Leimkraut (*Silene*) S. 38
18. Schweizer Mannsschild (*Androsace helvetica*) S. 83
19. Geißbart (*Aruncus sylvestris*) S. 63
20. Eichenblättriges Wintergrün, Dolden-Wintergrün (*Chimaphila umbellata*)
21. Silberdistel, Wetterdistel, Stengellose Eberwurz (*Carlina acaulis*) S. 115

Die oberste Naturschutzbehörde kann durch Rechtsverordnung weitere seltene oder in ihrem Bestand bedrohte wildwachsende Pflanzenarten dem Schutz unterstellen, wenn das zu deren Erhaltung notwendig ist.

Art. 7 Sammeln von Pflanzen für den Handel und gewerbliche Zwecke

Wer wildwachsende Pflanzen oder Teile davon für den Handel oder für gewerbliche Zwecke sammeln will, bedarf der Erlaubnis der unteren Naturschutzbehörde . . . In dem Erlaubnisschein ist anzugeben, welche Pflanzenarten, welche Teile, welche Mengen und an welchen Orten sie gesammelt werden dürfen . . . Der Erlaubnisscheininhaber hat den Erlaubnisschein beim Sammeln mit sich zu führen und ihn der Polizei oder dem Beauftragten für Naturschutz auf Verlangen zur Prüfung auszuhändigen.

Art. 25 Fortgeltung sonstiger Vorschriften

Unberührt von den Bestimmungen dieses Gesetzes bleiben die für Naturschutzgebiete, für Landschaftsschutzgebiete und für Naturdenkmale getroffenen Sonderbestimmungen.

Größere Gebietsteile der Alpen sind zu Naturschutzgebieten erklärt. In ihnen ist das Abreißen oder Beschädigen sämtlicher Pflanzen verboten.

Geschützte Pflanzen Österreichs

Der Naturschutz in Österreich ist durch Landesgesetze geregelt.

Abkürzungen für die Länder:

B = Burgenland
K = Kärnten
N = Niederösterr.
O = Oberösterr.
S = Salzburg
St = Steiermark
T = Tirol
V = Vorarlberg
W = Wien

1. In den angegebenen Ländern vollkommen geschützt (Pflückverbot), in den übrigen Ländern teilweise geschützt:

Königsfarn (*Osmunda regalis*) St
Hirschzunge (*Phyllitis scolopendrium*) K N O St W
Straußfarn (*Matteuccia struthiopteris*) St
Zirbe (*Pinus cembra*) V
Eibe (*Taxa baccata*) T
Baldo-Anemone (*Anemone baldensis*) T
Berghähnlein (*Anemone narcissiflora*) K S St
Akelei (*Aquilegia*) S St
Alpenrittersporn (*Delphinium elatum*) K S
Schneerose (*Helleborus niger*) T
Weiße Alpenküchenschelle (*Pulsatilla alpina*) N O S St W
Schwefelanemone (*Pulsatilla apiifolia*) St
Dunkle Bergküchenschelle (*Pulsatilla montana*) O
Frühlingsküchenschelle (*Pulsatilla vernalis*) N O S T W
Gewöhnliche Küchenschelle (*Pulsatilla vulgaris*) B N O St T W
Zwergbirke (*Betula nana*) K S
Hauswurz (*Sempervivum*) alle Arten K
Steinbrech (*Saxifraga*) alle Arten K T
Kriechende Nelkenwurz (*Geum reptans*) K
Strahlenginster (*Genista radiata*) K
Diptam (*Dictamnus albus*) B N St W
Stechpalme (*Ilex aquifolium*) S T
Alpen-Mannstreu (*Eryngium alpinum*) K St V
Zoys'-Veilchen (*Viola zoysii*) K
Breitschötchen (*Braya alpina*) K
Heideröschen (*Daphne cneorum*) ganz Österr. außer T (5 St.)
Seidelbast (*Daphne mezereum*) ganz Österr. außer V (5 St.)
Lorbeer-Seidelbast (*Daphne laureola*) K O S St
Steinröschen (*Daphne striata*) K S St
Zwergalpenrose (*Rhodothamnus chamaecistus*) K T
Mannsschild (*Androsace*) alle Arten K T
Alpen-Heilglöckchen (*Cortusa matthioli*) K
Alpen-Veilchen (*Cyclamen purpurascens*) S St
Aurikel, Platenigl (*Primula auricula*) ganz Österr. außer T V (5 St.)
Mehlprimel (*Primula farinosa*) St
Blauer Speik (*Primula glutinosa*) K S St
Langröhrige Mehlprimel (*Primula halleri*) K St T
Leim-Primel (*Primula hirsuta*) K St
Ganzblättrige Primel (*Primula integrifolia*) T
Zwergprimel (*Primula minima*) K St
Stengellose Primel (*Primula vulgaris*) T
Pfingstnelke (*Dianthus gratianopolitanus*) St
Sternberg's Nelke (*Dianthus monspessulanus* ssp. *waldsteinii*) K
Stengelloses Leimkraut (*Silene acaulis*) K
Stengelloser Enzian (*Gentiana acaulis* und *G. clusii*) K S St
Fröhlich-Enzian (*Gentiana froehlichii*) K
Gelber Enzian (*Gentiana lutea*) K St
Pannonischer Enzian (*Gentiana pannonica*) K S
Lungen-Enzian (*Gentiana pneumonanthe*) S St
Punktierter Enzian (*Gentiana punctata*) K S
Fransen-Enzian (*Gentianella ciliata*) S St T
Deutscher Enzian (*Gentianella germanica*) S
Echter Speik (*Valeriana celtica*) O S T
Großblütiger Fingerhut (*Digitalis grandiflora*) St
Gelber Fingerhut (*Digitalis lutea*) St
Wulfenie (*Wulfenia carinthiaca*) K
Drachenkopf (*Dracocephalum ruyschiana*) T
Zoys'-Glockenblume (*Campanula zoysii*) K
Schopfige Teufelskralle (*Physoplexis comosa*) K
Schwarze Edelraute (*Artemisia genipi*) S T
Gelbe Edelraute (*Artemisia mutellina*) S T V
Alpen-Aster (*Aster alpinus*) O S
Sturzbach-Gemswurz (*Doronicum cataractarum*) K
Edelweiß (*Leontopodium alpinum*) ganz Österr.
Lichtblume (*Bulbocodium vernum*) K
Hundszahn (*Erythronium dens-canis*) B K
Schachblume (*Fritillaria meleagris*) B St
Feuerlilie (*Lilium bulbiferum*) ganz Österr.
Krainer Lilie (*Lilium carniolicum*) K St
Türkenbund (*Lilium martagon*) ganz Österr.
Pyrenäen-Milchstern (*Ornithogalum pyrenaicum*) K
Trichter-Lilie (*Paradisia liliastrum*) K
Schneeglöckchen (*Galanthus nivalis*) S
Illyrische Gladiole (*Gladiolus illyricus*) K O St

Sumpf-Gladiole (*Gladiolus palustris*) O S St V
Gelbe Sumpf-Schwertlilie (*Iris pseudacorus*) T
Sibirische Schwertlilie (*Iris sibirica*) T
Orchideen: Alle einheimischen Orchideen sind vollkommen geschützt. Ausnahmen:
Händelwurz (*Gymnadenia*) B K
Riemenzunge (*Himantoglossum hircinum*) O S
Kohlröserl (*Nigritella*) T (5. St.)
Ragwurz (*Ophrys*) T (5 St.)
Knabenkraut (*Orchis*) B K
Waldhyazinthe (*Platanthera bifolia*) B K N St W
Aronstab (*Arum maculatum*) K
Sumpf-Drachenwurz (*Calla palustris*) K
Rohrkolben (*Typha*) K
Federgräser (*Stipa*) K St

2. Wenigstens in einzelnen Bundesländern teilweise geschützt (Pflücken von 5 Stück erlaubt; Beschädigen, Ausgraben und Handel verboten):

Eisenhut (*Aconitum*)
Alpen-Waldrebe (*Clematis alpina*)
Grüne Nieswurz (*Helleborus viridis*)
Gletscher-Hahnenfuß (*Ranunculus glacialis*)
Trollblume (*Trollius europaeus*)
Hauswurz (*Sempervivum*)
Steinbrech (*Saxifraga*)
Felsenbirne (*Amelanchier ovalis*)
Sonnentau (*Drosera*)
Weiden (*Salix*)
Alpenrosen (*Rhododendron ferrugineum* und *hirsutum*)
Alpennelke (*Dianthus alpinus*)
Schwalbenwurz-Enzian (*Gentiana asclepiadea*)
Frühlings-Enzian (*Gentiana verna*)
Arnika (*Arnica montana*)
Maiglöckchen (*Convallaria majalis*)
Blaustern (*Scilla bifolia*)
Schneeglöckchen (*Leucojum vernum* und *aestivum*)
Dichter-Narzisse (*Narcissus poeticus*)

Geschützte Pflanzen der Schweiz

Der Naturschutz ist durch ein Bundesgesetz und kantonale Verordnungen geregelt.

Abkürzungen für die Kantone:

AG	= Aargau	GE	= Genf	SZ	= Schwyz
AR	= Appenzell Ausserrhoden	GL	= Glarus	SO	= Solothurn
		GR	= Graubünden	TI	= Tessin
AI	= Appenzell Innerrhoden	LU	= Luzern	TG	= Thurgau
		NE	= Neuenburg	UR	= Uri
BL	= Basel Land	NW	= Nidwalden	VD	= Waadt
BS	= Basel Stadt	OW	= Obwalden	VS	= Wallis
BE	= Bern	SG	= St. Gallen	ZG	= Zug
FR	= Freiburg	SH	= Schaffhausen	ZH	= Zürich

In den angegebenen Kantonen vollkommen geschützt, in den übrigen meist teilweise geschützt (Pflücken einzelner Exemplare erlaubt, Ausgraben u. Handel verboten).

Frauenhaar (*Adianthum capillus-veneris*) ganze Schweiz
Borstiger Schildfarn (*Polystichum setiferum*) ganze Schweiz
Hirschzunge (*Phyllitis scolopendrium*) ganze Schweiz
Königsfarn (*Osmunda regalis*) TI
Meerträubchen (*Ephedra helvetica*) ganze Schweiz
Federgras (*Stipa pennata*) BE
Rohrkolben (*Typha*) AG BL GL NW OW SG SO TG UR ZG ZH
Schwanenblume (*Butomus umbellatus*) AG BL GE TG VD
Wollgräser (*Eriophorum*) BL GE
Baldo-Segge (*Carex baldensis*) GR
Stengelloses Leimkraut (*Silene acaulis*) AI FR GL GR OW
Gletschernelke (*Dianthus glacialis*) ganze Schweiz
Prachtnelke (*Dianthus superbus*) AG BL GE NW OW TG ZG ZH
Pfingst-Nelke (*Dianthus gratianopolitanus*) ganze Schweiz
Stein-Nelke (*Dianthus sylvestris*) AG BE GE GL NW OW TG ZH
Karthäuser-Nelke (*Dianthus carthusianorum*) AG BL GE NW OW TG ZH
Weiße Seerose (*Nymphaea alba*) ganze Schweiz

Teichrosen *(Nuphar lutea* und *pumila)* ganze Schweiz
Wilde Pfingstrose *(Paeonia officinalis)* TI
Trollblume *(Trollius europaeus)* AG BL SH SO
Christrose *(Helleborus niger)* TI
Grüne Nieswurz *(Helleborus viridis)* G GL TG
Alpen-Akelei *(Aquilegia alpina)* ganze Schweiz
Gewöhnliche Akelei *(Aquilegia vulgaris)* AR OW
Gelber Eisenhut *(Aconitum lycoctonum)* BL GE OW
Blauer Eisenhut *(Aconitum napellus)* AG BL OW
Hoher Rittersporn *(Delphinium elatum)* ganze Schweiz
Leberblümchen *(Hepatica nobilis)* BL SO
Berg-Küchenschelle *(Pulsatilla montana)* GR
Gewöhnliche Küchenschelle *(Pulsatilla vulgaris)* ganze Schweiz
Frühlings-Küchenschelle *(Pulsatilla vernalis)* FR NW OW
Alpen-Anemone *(Pulsatilla alpina)* BE NW OW
Schwefel-Anemone *(Pulsatilla apiifolia)* NW OW
Berghähnlein *(Anemone narcissiflora)* NW OW
Alpenrebe *(Clematis alpina)* BE GR
Adonis-Röschen *(Adonis vernalis)* VS
Gelber und weißer Alpenmohn *(Papaver alpinum agg.)* ganze Schweiz
Steinschmückel *(Petrocallis pyrenaica)* GL GR NW OW
Berg-Steinkraut *(Alyssum montanum)* BL SO
Schleifenblume *(Iberis saxatilis)* SO
Drachenwurz *(Calla palustris)* ganze Schweiz
Aronstab *(Arum maculatum)* GL OW
Trichterlilie *(Paradisia liliastrum)* GL NW OW SG
Graslilien *(Anthericum)* BL GE GL NW OW TG
Affodill *(Asphodelus albus)* ganze Schweiz
Allermannsharnisch *(Allium victorialis)* GL NE NW SO
Feuerlilie *(Lilium bulbiferum)* ganze Schweiz
Türkenbund *(Lilium martagon)* ganze Schweiz
Blaustern *(Scilla bifolia)* BL NW OW SO
Maiglöckchen *(Convallaria majalis)* AI NW OW SO UR ZG
Hundszahn *(Erythronium dens-canis)* ganze Schweiz
Schachblume *(Fritillaria meleagris)* ganze Schweiz
Wildtulpen *(Tulipa sylvestris* und *australis)* ganze Schweiz
Sommerknotenblume *(Leucojum aestivum)* BE
Märzenbecher *(Leucojum vernum)* BL SO
Schneeglöckchen *(Galanthus nivalis)* BL NW SO UR
Weiße Narzisse *(Narcissus poeticus)* BL NW OW
Gelbe Narzisse *(Narcissus pseudonarcissus)* AG BL NW OW
Sibirische Schwertlilie *(Iris sibirica)* ganze Schweiz
Gelbe Schwertlilie *(Iris pseudacorus)* AG BL GE GL NE NW OW TG UR ZG ZH
Wilde Gladiolen *(Gladiolus palustris* und *imbricatus)* ganze Schweiz
Frauenschuh *(Cypripedium calceolus)* ganze Schweiz
Orchideen: alle Orchideen sind in der Schweiz vollkommen geschützt. Ausnahmen:
Langspornige Händelwurz *(Gymnadenia conopea)* AG BL BE GL GR NW OW SH TG ZH
Kohlröschen *(Nigritella nigra)* AI BE NE OW SO ZG ZH
Männliches Knabenkraut *(Orchis mascula)* AG BL BE GE GL GR OW SH TG ZH
Breitblättriges Knabenkraut *(Orchis latifolia)* AG BL BE GE GL GR NW OW SH ZH
Geflecktes Knabenkraut *(Orchis maculata)* AG BL BE GE GL GR OW SH ZH
Jupiter-Lichtnelke *(Lychnis flos-jovis)* VS
Sonnentau *(Drosera)* AG BE NE OW SH TG ZG ZH
Rotblühende Hauswurzarten *(Sempervivum alpinum, montanum, arachnoideum, tectorum)* NW OW
Wulfen's Hauswurz *(Sempervivum wulfenii)* ganze Schweiz
Steinbrech *(Saxifraga)* alle polsterbildenden Arten GL GR OW
Trauben-Steinbrech *(Saxifraga paniculata)* AG BL BE FR GL GR OW TG ZH
Silberwurz *(Dryas octopetala)* BL SO VD
Berg-Wundklee *(Anthyllis montana)* NE VD
Diptam *(Dictamnus albus)* ganze Schweiz
Langsporniges Veilchen *(Viola calcarata)* BE FR NW OW
Mont Cenis-Veilchen *(Viola cenisia)* BE FR NW OW
Alpen-Seidelbast *(Daphne alpina)* ganze Schweiz
Gewöhnlicher Seidelbast *(Daphne mezereum)* ganze Schweiz außer FR GE SH SZ TI UR
Heideröschen *(Daphne cneorum)* ganze Schweiz
Steinröschen *(Daphne striata)* AR GL NW OW SG UR ZH
Große Sterndolde *(Astrantia major)* AI
Alpen-Mannstreu *(Eryngium alpinum)* ganze Schweiz
Alpenrosen *(Rhodendron ferrugineum* und *hirsutum)* AG BE VD ZH
Schneeheide *(Erica carnea)* ZH
Mehlprimel *(Primula farinosa)* AG BE NE TG ZH
Aurikel, Platenigl *(Primula auricula)* AG BL FR OW SO ZG ZH

Schrofenrösl *(Primula hirsuta)* OW VD
Alle übrigen rotblühenden Primeln vollkommen geschützt
Schweizer Mannsschild *(Androsace helvetica)* ganze Schweiz
Gletschermannsschild *(Androsace alpina)* ganze Schweiz
Fleischroter Mannschild *(Androsace carnea)* ganze Schweiz
Zwerg-Mannsschild *(Androsace chamaejasme)* ganze Schweiz
Alpenveilchen *(Cyclamen purpurascens)* AG BE FR GR NW OW SO
Alpen-Grasnelke *(Armeria alpina)* ganze Schweiz
Moor-Enzian *(Swertia perennis)* GL NE ZH
Fieberklee *(Menyanthes trifoliata)* GE NE
Stengelloser Enzian *(Gentiana acaulis* s. l.) AG BL BE SO ZH
Frühlings-Enzian *(Gentiana verna)* AG BL GE SH SO TG ZH
Aufgeblasener Enzian *(Gentiana utriculosa)* AG TG VD ZH
Lungen-Enzian *(Gentiana pneumonanthe)* AG NW OW SH TG VD ZH
Purpur-Enzian *(Gentiana purpurea)* OW SG
Punktierter Enzian *(Gentiana punctata)* NW OW
Gelber Enzian *(Gentiana lutea)* OW SH ZH
Schwalbenwurz-Enzian *(Gentiana asclepiadea)* AG BL TG
Gefranster Enzian *(Gentiana ciliata)* AG BL GE TG ZH
Deutscher Enzian *(Gentianella germanica)* AG GE TG ZH
Drachenkopf *(Dracocephalum ruyschiana* und *austriacum)* ganze Schweiz
Steinsame *(Lithospermum purpureo-coeruleum)* AG BL BE NE
Himmelsherold *(Eritrichum nanum)* ganze Schweiz
Leberbalsam *(Erinus alpinus)* BL SO
Großer Fingerhut *(Digitalis grandiflora)* BL GE NW OW TG
Kleiner Fingerhut *(Digitalis lutea)* GE NW OW TG ZG
Fettkräuter *(Pinguicula)* AG NE TG ZH
Strauß-Glockenblume *(Campanula thyrsoides)* AI NW OW
Edelweiß *(Leontopodium alpinum)* AR AI BE FR SG
Alpen-Aster *(Aster alpinus)* AI GL NE NW OW SO ZG
Herbst-Aster *(Aster amellus)* GE TG
Arnika *(Arnica montana)* AI NE ZH
Schwarze Edelraute *(Artemisia genipi)* ganze Schweiz
Gelbe Edelraute *(Artemisia mutellina)* ganze Schweiz
Gletscher-Edelraute *(Artemisia glacialis)* ganze Schweiz
Silberdistel *(Carlina acaulis)* AG TG
Berg-Flockenblume *(Centaurea montana)* AI OW
Stechpalme *(Ilex aquifolium)* BL NW OW SH TG
Weiden *(Salix)* OW SO UR ZG

Geschützte Pflanzen Südtirols

Auszug aus dem Landesgesetz zum Schutz der Alpenpflanzen:

Art. 1

Alle kraut- und staudenartigen **Pflanzen**, die in der Prov. Bozen von Natur aus verbreitet sind und wild wachsen, gelten als charakteristisch für den alpinen Raum und sind deswegen **geschützt**.

Art. 2

Verboten ist das Pflücken und Aufbewahren von Pflanzen u. Pflanzenteilen folgender Arten (Vollkommen geschützt!):

1. Schwefelanemone *(Anemone apiifolia)*
2. Frauenschuh *(Cypripedium calceolus)*
3. Steinröschen-Arten *(Daphne)*
4. Feuerlilie *(Lilium bulbiferum)*
5. Türkenbund *(Lilium martagon)*
6. Großes Schneeglöckchen *(Leucojum vernum)*
7. Dichter-Narzisse *(Narcissus poeticus)*
8. Weiße Seerose *(Nymphaea alba)*
9. Gelbe Teichrose *(Nuphar lutea)*
10. Rohrkolben *(Typha)*
11. Spechtwurz, Diptam *(Dictamnus albus)*
12. Pfingstrose *(Paeonia officinalis)*
13. Aurikel, Platenigl *(Primula auricula)*
14. Große Teufelskralle *(Physoplexis comosa)*
15. Edelweiß *(Leontopodium alpinum)*

Art. 3

Von allen anderen einheimischen Arten, ausgenommen die im Art. 2 genannten, dürfen in der Prov. Bozen insgesamt **höchstens 10 Blütenstengel** je Person und Tag gepflückt werden. Auf jeden Fall ist das Ausreißen von Pflanzen od. das Abreißen von Pflanzenteilen verboten.
Anmerkung: Das Naturschutzgesetz, bes. der Art. 3 wird in Südtirol streng gehandhabt!

1. Einleitung

„Alpenpflanzen" ist ein doppelsinniges Wort: Als alpine Pflanzen im weiteren, ökologischen Sinn bezeichnen wir jene Pflanzen, deren Hauptverbreitung oberhalb der Waldgrenze, in der „alpinen Stufe" liegt. Alpenpflanzen im engeren, pflanzengeographischen Sinn sind die in den Alpen vorkommenden Pflanzen; sie sollten besser als „alpisch" bezeichnet werden.

Jeder, der mit offenen Augen durch die Berge wandert, kann durch einfache Beobachtung der Alpenflanzen, ihrer Umwelt und ihrer Verbreitung Einblick in gewisse Gesetzmäßigkeiten erlangen:

1. Bestimmte Pflanzenkombinationen kehren regelmäßig wieder; Pflanzen mit ähnlichen Lebensansprüchen oder mit ähnlicher Lebensform stehen im Wettbewerb um den Lebensraum. Bäume gruppieren sich zu Wäldern, Gräser zu Rasen.
2. Beim Anstieg vom Tal zur Höhe wird das Klima allmählich rauher, die Temperatur sinkt, Strahlung und Niederschläge (v. a. Schneehöhe und Dauer der Schneedecke) nehmen zu. In analoger Weise ändert sich die Vegetation mit der Meereshöhe, aber nicht gleichmäßig, sondern in Stufen, die wie die Stockwerke eines Hauses übereinander liegen und ± deutlich gegeneinander abgegrenzt sind: „Höhenstufen der Vegetation" (siehe Abb.). Auffallendste Grenze ist die Obergrenze hochwüchsiger Bäume, die „Waldgrenze"; darüber liegt die baumfreie alpine Stufe.
3. Die meisten Pflanzen sind an bestimmte Gesteine und Böden gebunden: „Kalkpflanzen" leben auf basischen Böden, „Silikatpflanzen" auf sauren Böden.
4. Wer einen größeren Teil der Alpen kennt, kann feststellen, daß trotz gleicher Gesteine und ähnlichem Klima bestimmte Gebiete artenreicher, andere ärmer sind, daß ferner im Süden der Alpen z. T. andere Pflanzen wachsen als im Norden, im Westen andere als im Osten. Die oft eigenartigen Verbreitungsbilder der Pflanzen, die man in Arealkarten darstellt (siehe die Karten im Anhang!) sind nicht allein durch Unterschiede des Klimas oder der Gesteine zu erklären, sondern v. a. durch die bewegte Geschichte des Alpenraumes und seiner Lebewelt (Florengeschichte, siehe Kapitel 5).

2. Klimazonale Vegetation – Die Lage der Alpen innerhalb der Klimazonen der Erde

Fast alle älteren Versuche einer Gliederung der Vegetation der Erde gehen von der Tatsache aus, daß die Lebensform der Einzelpflanzen wie auch bestimmter pflanzlicher Lebensgemeinschaften (der Vegetation) Ausdruck der Anpassung an die Umwelt sei. Ähnliche Pflanzenformen kommen als „Konvergenzerscheinungen" in ähnlicher Ausbildung bei verschiedenen Familien vor (Beispiel Sukkulenz: Triebe oder Blätter als fleischige Wasserspeicher in Anpassung an lange Trockenzeiten – Kakteen, Wolfsmilchgewächse). Äußere (morphologische) Anpassungstypen der Vegetation an das Klima heißen „Formationen" (Systeme bei Schimper-Faber 1935 und zuletzt detailliert bei Müller-Dombois & Ellenberg 1965). Wie H. Walter (1976) mit Recht einwendet, können sich Pflanzen aber in sehr verschiedener Weise auf die Umwelt einstellen, ohne daß dies eine sichtbare Veränderung der bestehenden Lebensform zur Folge haben müßte (viele Baumgattungen, z. B. Föhren und Tannen – kommen Dank verschiedener „innerer Konstitution" – z. B. Resistenz gegen Kälte und Dürre – bei gleicher Lebensform unter ganz verschiedenen Umweltbedingungen vor). Außerdem darf nicht vergessen werden, daß verschiedene Baumerkmale sich in der Evolution verschieden schnell verändern können. So finden sich häufig alte und junge Merkmale nebeneinander (Heterobathmie). Aus all diesen Gründen hält Walter Lebensformsysteme für eine umfassende Gliederung der Vegetation der Erde schlecht geeignet. Er schlägt dafür eine Einteilung in 9 ökologische Klimazonen vor: von der äquatorialen mit Tageszeitenklima und optimalen Wuchsbedingungen bis zur lebensfeindlichen arktischen bzw. antarktischen mit Dauerlicht-Sommern und Dauernacht-Wintern. Diesen Klimazonen entsprechen Zonen von abhängigen Lebensgemeinschaften samt ihrer Umwelt

(„Zono-Biome"). Klimazonen und Zono-Biome sind sowohl nördlich wie südlich des Äquators gleichsinnig angeordnet, doch ist das Klima auf der Südhemisphäre durch die viel größere Wassermasse im Ganzen ozeanischer getönt (ausgeglichener und kühler), die Klimazonenverteilung auf der Erde ist asymmetrisch, worauf besonders C. Troll (1948 b) verwiesen hat. Jeder Gliederungsversuch muß notgedrungen abstrahieren, d. h. schematisieren. In der Natur sind die Übergänge meist gleitend, unmerklich, kontinuierlich. So nennt Walter (1976) die oft mehrere 100 km breiten Übergangszonen zwischen zwei Zono-Biomen „Zono-Öktone", d. h. ökologische Spannungsfelder, wo zwei verschiedene Vegetationszonen in Konkurrenz treten und einander ablösen (z. B. die Grenzzonen zwischen dem borealen Nadelwaldgürtel und dem südlich anschließenden nemoralen Laubwaldgürtel, oder die Grenzzone nach Norden zur waldfreien arktischen Tundra). Bei bewegtem Relief (Gebirge) wird diese Durchdringung – abhängig von dem reichdifferenzierten Standortsangebot – sehr kompliziert sein. Noch komplizierter wird das Gefüge, wenn ein Gebirge nicht wie die Alpen in einer ± einheitlichen Klimazone liegt, sondern sich durch zwei oder mehrere Zonen erstreckt (Anden). Jedes Gebirge ist v. a. von dem Klima der Zone geprägt, aus der es sich erhebt und stellt ein eigenes ökologisches Gefüge dar („Orobiom"). Die Alpen sind ein Orobiom in der Klimazone VI/VII: gemäßigtes Klima. Das Klima ist also der wichtigste Faktor für die Verteilung der Vegetation auf der Erde – im großen wie im kleinen. Eine Lebensgemeinschaft (Biozönose) im Gleichgewicht mit dem Umweltklima bezeichnet man daher als zonale oder klimazonale Biozönose (Klimaxvegetation).
Der Begriff der Klimaxvegation bezeichnet ursprünglich (Clements 1916) den Endzustand einer möglichen Vegetationsentwicklung („Sukzession") unter den gegebenen Klimabedingungen. Die übrigen Lebensbedingungen sollen dabei normal, d. h. ohne starkes Hervortreten eines einzelnen Umweltfaktors sein. Nun ist aber die Umwelt im Gebirge meist bereits innerhalb einer Höhenstufe reich gegliedert in stark besonnte Südhänge und absonnige Nordhänge, windexponierte Luvseiten mit ± fehlender Winterschneedecke und windgeschützte Leeseiten mit mächtigen, spät abschmelzenden Schneeansammlungen. Die Umwelt im Hochgebirge ist also eher eine Sammlung von Sonderstandorten, aber auch hier gelangt die Vegetationsentwicklung jeweils nur bis zu einem möglichen Endstadium („Paraklimax").
In jeder Breitenlage wird das Gebirgsklima mit zunehmender Meereshöhe rauher, die nutzbare Vegetationszeit kürzer, die klimatischen Gegensätze auf kleinstem Raum verschärfen sich. Dies spiegelt sich wider in den „Höhenstufen der Vegetation", die ganz grob auf engstem Raum von 3–4000 Höhenmetern die weiträumigen Klimazonen (und z. T. auch die Vegetationszonen) von den Alpen zur Arktis hin wiederholen, wenn sie auch im einzelnen (v. a. Lichtklima und Niederschlag) nicht vergleichbar sind. Gemeinsamkeiten der Vegetation zeigen sich in der Ausbildung von Waldstufen im Gebirge und Waldzonen nach Norden, einer Waldgrenze in den Alpen und einer arktischen Waldgrenze, sowie einer alpinen Zwergstrauchstufe, der die arktische Tundra entspricht. Verschieden sind aber die Umweltbedingungen: Bei im Ganzen etwa gleicher, kurzer Vegetationszeit von 4–12 Wochen mit ähnlichem Wärmegenuß herrscht während des Sommers in der Arktis Dauerlicht ohne starke Temperaturunterschiede, in den Alpen sind die Tage bei Einstrahlung warm, die Nächte kalt.
Die Waldvegetation der unteren Gebirgsstufen wird nur wenig vom Relief beeinflußt, sondern hängt vom Lokalklima der Höhenlage, besonders von der Niederschlagsmenge ab, die Vegetation ist „niveauorientiert" (Friedel 1967). Oberhalb der Waldgrenze wirkt v. a. das Relief verschärfend auf die Vegetationsverteilung. Manche Pflanzengesellschaften, z. B. die alpinen Rasen können auf der Sonnenseite mehrere 100 m höher steigen als auf der Schattenseite, die Vegetation ist „relief-orientiert". Außerdem gibt es in günstigen ökologischen Nischen isolierte Vorposten weit oberhalb der geschlossenen Verbreitung (z. B. Rasenflecken oberhalb der geschlossenen alpinen Rasenstufe, immergrüne Steineichenvegetation am Gardasee weit nördlich der geschlossenen mediterranen Hartlaubvegetation). Solche Vegetationsenklaven nennt man „extrazonal".
Wir können also unterscheiden:

1. Großklimazone (Makroklima mit Makro-Gradienten im geographischen Maßstab): Breitengrade (latitudinal), Meereshöhe (altitudinal): Lage der Alpen in der gemäßigten Zone des holarktischen Florenreiches. Höhenlage – Höhenstufe der Vegetation.
2. Lokalklima (Mesoklima mit Mesogradienten im topographischen Maßstab): Relief,

Exposition, Schneeverteilung, Bodenfeuchte, Vegetations-Verteilung im Gelände.
3. Standortsklima (Mikroklima mit Mikrogradienten im pflanzlichen Maßstab): Klima wie es die Pflanze am Standort erlebt.
Durch die überragende Bedeutung des Standortsklimas können die Vegetationsunterschiede auf einem einzigen Berg größer sein als innerhalb der alpinen Stufe längs eines ganzen Breitengrades.
Schließlich muß noch auf jene Sonderstandorte verwiesen werden, wo der Klimafaktor für die Pflanzen weniger wichtig wird als der Bodenfaktor (Felswände, Schuttströme, Sand- oder Salzböden, Sumpf- und Wasserstandorte). Solche Standorts- und Vegetationstypen nennt man „azonal“, d. h. nicht oder nur schwach von der Klimazone beeinflußt („P e d o b i o m e“ nach WALTER 1976).
Die Höhenstufen der Vegetation sind keineswegs in allen Gebirgen der Erde gleich ausgebildet; in den Alpen ist nur eine von vielen Möglichkeiten verwirklicht. Schon im südlichen Mittelmeergebiet (Hoher Atlas, Kreta) gibt es eine von den Alpen abweichende „aride“ Höhenstufen-Folge, wo eine Gebirgssteppe in die alpine Stufe übergeht. Die Waldgrenze kann scharf oder durch allmähliche Abnahme der Baumhöhe unscharf sein (Neuseeland); eine Waldstufe kann aber auch überhaupt fehlen wie im Tienschan (extrem kontinentales Mittelasien). Besonders groß ist der Unterschied zwischen Gebirgen der gemäßigten Breiten (Alpen) mit Jahreszeitenklima (kurze Sommer, winterliche Kälteruhe) und äquatorialen Gebirgen mit ganzjähriger, ununterbrochener Vegetationsperiode, allerdings bei extremem Tageszeitenklima (täglicher Wechsel zwischen Plus-Temperaturen bei Tag und schwachem Frost bei Nacht).

3. Die heutigen Lebensbedingungen der Alpenflora: Klima und Boden

3.1. Großklimacharakter, Arealgrenzen und Waldverteilung

Die Zweiteilung der Alpen in Ost- und Westalpen mit der Grenze Bodensee – Splügenpaß – Comersee, wie sie in der Geographie und Geologie üblich ist, befriedigt den Pflanzengeographen wenig. Entsprechender scheint die Gliederung in einen westlichen Bezirk (südwestlich der Linie Grenoble – Mt. Cenis – Turin) und einen östlichen Bezirk östlich des Brenners. Eine dritte wichtige Verbreitungsgrenze ist die „Traunlinie“ vom Salzkammergut über die Niederen Tauern nach Friaul. Im Westen wie im Osten befinden sich die großteils immer unvergletscherten, an alten Arten reichen Zufluchtsgebiete der voreiszeitlichen Alpenflora, im mittleren Alpenbezirk liegt das in den Glazialzeiten am stärksten veränderte, auch heute vergletscherte Hochgebirge. Der mittlere Alpenbezirk stellt eine ± breite Durchdringungszone dar, wo sich viele Grenzen west -und ostalpischer Arten häufen.
Westalpisch sind etwa: *Gentiana lutea und purpurea, Aquilegia alpina, Viola calcarata, Potentilla grandiflora, Trifolium alpinum, Adenostyles leucophylla, Artemisia glacialis.*
Ostalpisch: *Rhododrendon hirsutum* (bis Savoyen), *Rhodothamnus chamaecistus* (bis ins Lechgebiet), *Gentiana pannonica, Pedicularis rostratacapitata, Saxifraga burserana, Primula minima, Valeriana supina, Achillea moschata, Senecio abrotanifolius.*
Mittelalpisch: *Saxifraga seguieri.*
Die Verbreitungsschwerpunkte der meisten Alpenpflanzen spiegeln also ihre Geschichte wider (siehe Kap. 5). Der unterschiedliche Klimacharakter der einzelnen Alpenteile drückt sich v. a. in der Waldverteilung aus.
Jedes Gebirge, so auch die Alpen, stellt ein Hindernis für die globalen Luftströmungen dar. Die mit Feuchtigkeit gesättigten Winde werden zum Aufsteigen gezwungen, gelangen dabei in kältere Höhen, der Wasserdampf kondensiert zu Niederschlag („Staulagen“). Daher ist der A u ß e n r a n d d e r A l p e n feuchter und kühler mit ausgeglicheneren Temperaturen, der Klimacharakter ist „ozeanisch“. Bezeichnende Bäume sind Buche, Tanne, Ahorn und seltene immergrüne Holzgewächse, die an die längst vergangenen Wälder der Tertiärzeit erinnern: Stechlaub (*Ilex aquifolium*), Eibe (*Taxus baccata*), Lorbeerseidelbast (*Daphne laureola*), Christrose (*Helleborus niger*), Zahnwurzarten (*Dentaria, Cardamine*), *Cyclamen*, Mandelwolfsmilch (*Euphorbia amygdaloides*), Hirschzunge (*Phyllitis scolopendrium*). Im Alpeninneren, wo wegen der grö-

ßeren Massenerhebung alle Grenzen höher liegen, herrscht ein kontinentales Regenschatten-Klima mit geringer Bewölkung und schärferen Temperaturgegensätzen. Hier liegen auch die großen inneralpinen Trockentäler (Durance, Aosta, Wallis, Vinschgau, Drautal) mit ihren Föhrenwaldsteppen. Die oberste Waldstufe der Zentralalpen wird meist von Zirbe und Lärche gebildet, in der alpinen Rasenvegetation gibt der Nacktriedrasen (*Elynetum*) mit seiner bezeichnenden Garnitur südsibirischer Bergsteppenpflanzen deutliche Hinweise auf das Klima.

Im äußersten Südwesten haben die See-Alpen noch Anteil am Mittelmeerklima (milde, feuchte Winter, Sommerdürre: Kork- und Steineiche, Ölbaum, Aleppoföhre). In der montanen Stufe der SW-Alpen herrscht zwischen 800 und 1500 m die Föhre mit einem submediterran getönten Unterwuchs (*Lavandula vera, Astragalus monspessulanus*). Oberhalb, bis zur Waldgrenze bei ca. 2300 m, dominiert die Lärche.

Am Alpensüdrand ist das Klima submediterran, und zwar im Westen (Piemont bis Comersee) feuchter (insubrische Kastanienzone), vom Gardasee nach Osten zunehmend trockener (Flaumeichenzone). In den Julischen Alpen schließlich nehmen – bedingt durch die Nähe der Adria – die Niederschläge wieder stark zu (Schwarzföhrenregion).

Der Alpennordrand gehört zum ozeanisch getönten mitteleuropäischen Klimatyp. Im mittleren Alpenbezirk herrscht ebenfalls mitteleuropäisches Klima mit deutlichem Unterschied zwischen Alpennordrand (Eichen-Hainbuchenwälder, darüber Buchen und Buchen-Fichtenwald) und Südrand (Eichen-Kastanien, Flaumeichen-Hopfenbuchen, lokale Vorposten mediterraner Hartlaubvegetation am Gardasee). In der montanen Stufe besonders der Innenalpen erlangt die Fichte ihre Hauptverbreitung, die letzte (subalpine) Waldstufe wird vom Zirbenwald, im Kalkgebiet besonders von Legföhrengebüschen gebildet. Der Alpenostrand ist in den Tallagen wieder von wärmeliebenden Laubhölzern (Flaum- und Zerr-Eichen) mit östlichen (illyrischen) Begleitpflanzen gesäumt, darüber folgen Föhre und Fichte oder, wie am Schneeberg (bis 1400 m) die Schwarzföhre.

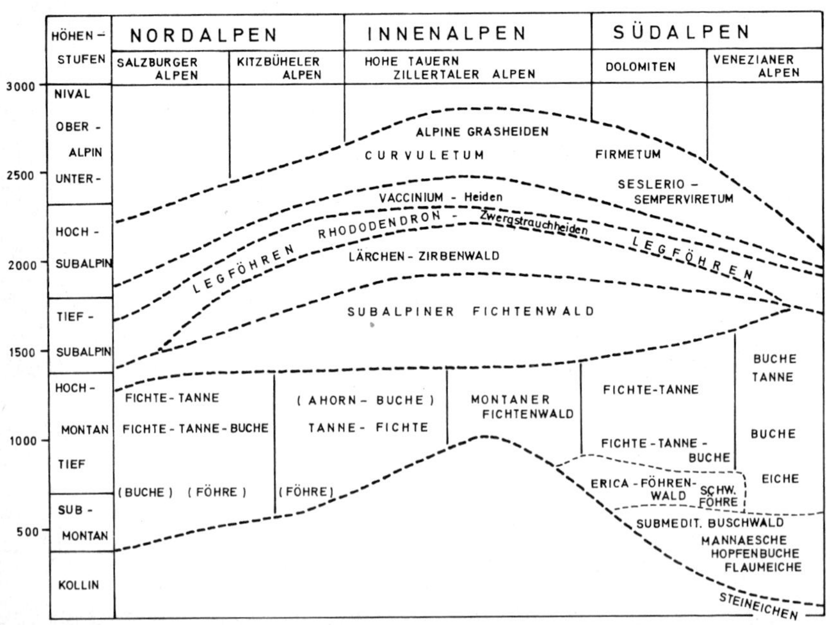

Abb. 1. Vegetationsprofil durch die mittleren Ostalpen. Höhengrenzen in den kontinentalen Innenalpen am höchsten (nach H. Mayer, 1974).

In der alpinen Stufe überspielen Relief- und Standortsunterschiede auf kleinem Raum das Großklima, so daß die alpine Vegetation der Gesamtalpen grundsätzlich gleiche Züge aufweist.

3.2. Besonderheiten des Hochgebirgsstandortes und die Anpassung der Pflanzen (nach Ellenberg 1963)

1. Tiefe Temperatur und langdauernde Schneebedeckung verkürzen die Vegetationszeit pro 100 Höhenmeter um ca. 1 Woche. Eine Mitteltemperatur von + 5°, bei der Bäume Stoffgewinn erzielen, herrscht je nach Exposition in 1000 m Höhe an 195–210 Tagen, in 2000 m an 85–120 Tagen. Die Waldgrenze liegt ungefähr dort, wo an mindestens 100 Tagen eine Temperatur von + 5° überschritten wird. In 3000 m liegt die Mitteltemperatur nur 2 Monate lang wenig über 0° (Sonnblick [3106 m]: 1,2 bis 1,6°).
2. Die Produktionszeit wird nicht nur kürzer, sondern auch kälter. Über 3000 m treten bei Schlechtwettereinbrüchen Fröste (bis – 10°) auch im Sommer auf; der „Frühling" kommt später, der „Herbst" früher.
3. Echte Jahreszeiten fehlen: der sehr lange Winter wird nur durch eine kurze – max. 3 Monate dauernde – Vegetationsperiode unterbrochen. Nach dem Ausapern müssen die Pflanzen sofort assimilieren und die schon im Vorjahr fertig angelegten Blütenknospen öffnen, um die kurze Produktionszeit zu nutzen.
4. Das Klima des Hochgebirges ist ein Strahlungsklima mit hohem UV-Anteil. Boden und Pflanzen erwärmen sich bei Tag stärker als die Luft (Bodentemperatur-Maximum an der Waldgrenze bei Obergurgl 80°! In der Nivalstufe liegen die Blatt-Temperaturen mittags bis 20° über der Lufttemperatur). Die nächtliche Ausstrahlung bei Schönwetter kann im Frühling und Herbst ähnlich wie in den tropischen Gebirgen zu täglichem Frostwechsel führen. Allerdings sind die meisten Pflanzen zu dieser Zeit durch eine Schneedecke geschützt.
5. Der Wind wirkt nicht nur direkt durch mechanische Schädigung (im Sommer Sand-, im Winter Eisschliff), sondern v. a. indirekt als Schneeverteiler. So läßt das Mosaik der Vegetation im Sommer meist recht genaue Schlüsse auf die winterliche Schneeverteilung zu (Windeckenpflanzen, Schneeschützlinge).
6. Durch die tiefen Temperaturen wird auch die Tätigkeit der Mikroorganismen stark gehemmt, die Bodenbildung verläuft äußerst langsam.

In Kap. 5 werden wir darauf eingehen, wie man sich die Entstehung von Hochgebirgspflanzen aus Pflanzen tieferer Lagen mit günstigerem Klima in einem allmählichen, lange dauernden Evolutionsprozeß denken kann. Im folgenden soll noch auf einige charakteristische Merkmale von Hochgebirgspflanzen hingewiesen werden, die als „Anpassungen" an die besonderen Lebensbedingungen verstanden werden können. Die meisten dieser Merkmale stehen in deutlicher Beziehung zum Wasserhaushalt oder zur Temperatur. Einrichtungen zur besseren Wasserversorgung: stark entwickeltes Wurzelsystem; Vermehrung der wasserleitenden Gefäße; Fähigkeit, Nebel oder Schmelzwasser direkt über die Blätter aufzunehmen. Einrichtungen zur Verminderung der Wasserabgabe: Verkleinerung der Oberfläche, starke Behaarung, Verdickung der Oberhaut (Lederblätter), Zusammenrücken der Sprosse zu Polstern, Umhüllung durch abgestorbene Pflanzenteile (Strohtunika). Die auffallende Erscheinung des Zwergwuchses (Nanismus) wird wahrscheinlich durch mehrere Faktoren bedingt: Kleine, dem Boden angedrückte Formen sind weniger gefährdet. In der kurzen Vegetationszeit reicht die produzierte Stoffmenge nicht zum Aufbau hochwüchsiger Pflanzen. Tatsächlich finden sich die kleinsten aller Alpenpflanzen v. a. an den Standorten mit der kürzesten Vegetationszeit, den Schneeböden (Zwergruhrkraut – *Gnaphalium supinum*, Alpenkresse – *Cardamine alpina*). Starke Strahlung und tiefe Temperaturen hemmen das Wachstum. Bei echten Alpenpflanzen ist der Zwergwuchs erblich fixiert; sie werden auch beim Verpflanzen in günstiges Talklima nicht wesentlich größer. Neben wenigen Zwergsträuchern herrschen ausdauernde Kräuter vor: sie können gewissermaßen auf Raten arbeiten und im nächsten Jahr dort fortsetzen, wo sie aufgehört hatten. Die Vorsorge für die nächste Vegetationsperiode scheint bei den Hochalpinen besonders ausgeprägt zu sein: Während der Vegetationszeit werden Reservestoffe gebildet – bei Stauden vorzugsweise als Kohlehydrate in den Wurzeln oder Rhizomen, bei immergrünen Zwergsträuchern besonders als Fette in den älteren Blättern – und als Starthilfe im Frühling verbraucht. Die Einjährigen treten fast ganz zurück, weil die kurze Produktionszeit offenbar nur ausnahmsweise eine Samenreife gestattet (Ausnahmen z. B. kleinster Augentrost – *Euphrasia minima*, Zwerg-Hahnenfuß – *Ranunculus pygmaeus*, einjährige Enziane). Der Anteil der Einjährigen an der gesamten Alpenflora beträgt unter 4 %. Sehr viele Alpenpflanzen überwintern grün, können also sogleich nach der Schneeschmelze assimilieren. Die Blütenknospen werden durchwegs im Vorjahr fertig angelegt, die Samen reifen meist spät, oft erst im Winter („Wintersteher"). Relativ hohe Keimtemperaturen (über 10°) verhindern das tödliche Auskeimen im Herbst. Trotzdem sind die Überlebenschancen für die Jungpflanzen ungleich geringer als im Tal. Widerstandsfähigkeit gegen Kälte und Austrocknung: Alle Hochgebirgspflanzen – auch jene, die keine äußerlich sichtbaren Anpassungsmerkmale zeigen – sind im Winter ausreichend gegen tiefste Temperaturen geschützt durch die besondere Struktur ihres Protoplasmas („innere Resistenz"). In der Übergangszeit wirken lösliche Kohlehydrate (Raffinose) als Frostschutzmittel.

Unter der sog. „Frosttrocknis" haben v. a. die immergrünen Jungbäume und Kleinsträucher zu leiden. In schlechten Sommern reifen z. B. die Nadeln der Zirbe nicht genügend aus; zwangsläufig ist die Verdunstung (Transpiration) an warmen Spätfrühlingstagen erhöht. Wenn das in den Zweigen gespeicherte Wasser verbraucht ist, müssen die Nadeln vertrocknen, da aus dem gefrorenen Boden ein Wassernachschub nicht möglich ist (häufig zu beobachten an Jungbäumen, deren Krone zu früh ausgeapert ist). Insgesamt werden im biologischen Bereich unsichere Wirkungsweisen durch sichere ersetzt: Die Insektenbestäubung wird seltener – Übergang zur Selbstbestäubung; die Vermehrung durch Samen wird unsicher – Ausweichen auf vegetative Vermehrung durch Brutzwiebeln (*Polygonum viviparum*) oder Ausläufer (*Sempervivum, Arenaria biflora, Geum reptans*). Der Anteil der Pflanzen, deren Samen durch den Wind verbreitet werden, nimmt mit der Höhe ständig zu (montane/subalpine Stufe 41 %, Nivalstufe 62 %). Die beerenfrüchtigen Zwergsträucher (*Vaccinium, Empetrum*) und wohl noch manch andere Pflanzen werden durch Vögel, bes. Schneefinken und Schneehühner verbreitet.

Zu diesen schon länger bekannten Eigenschaften der Hochgebirgspflanzen kommen zunehmend Erkenntnisse neuerer physiologisch-ökologischer Forschungen (Pisek u. Mitarb. seit 1932, Cartellieri 1940, Tranquillini 1959 u. folg., Larcher u. Mitarb. 1973, Moser seit 1967, Billings u. Mitarb. 1971, Bliss 1971). Wichtigste Eigenschaft der Hochgebirgspflanzen ist zweifellos die optimale Anpassung der Photosynthese an tiefe Temperaturen und hohe Lichtintensität, sowie das schnelle Anspringen schon bei niedrigen Temperaturen. Überraschenderweise wird die höchste Leistung nicht bei tiefen, sondern bei hohen Temperaturen um 20° erreicht, die ja nie sehr lange andauern.

Winterruhe: Während etwa die Zirbe im Herbst durch die abnehmende Tageslänge allmählich in den hochresistenten winterlichen Ruhezustand übergeführt wird und umgekehrt im Frühling allmählich erwacht, dabei aber durch Kälterückschläge tagelang gebremst wird, scheinen die hochalpinen krautigen Pflanzen schon bei Temperaturen um 0° die Winterruhe aufzugeben und jedenfalls viel schneller auf kurze Erwärmungsperioden reagieren zu können. Im einzelnen wissen wir darüber freilich sehr wenig. Genauere Einblicke in die Lebensbedingungen und das Verhalten von Nivalpflanzen haben wir durch die Forschungen von W. Moser (1973) am Schrankogel (3500 m) und bes. auf der Station Hoher Nebelkogel (3184 m, Ötztaler Alpen) erhalten, die seit 1966 in Betrieb ist. Wenngleich ausnahmsweise da und dort auch in der Nivalstufe noch erstaunlich reiches Pflanzenleben möglich ist (Hinterer Spiegelkogel, 3400 m: 29 Blütenpflanzen – Pitschmann & Reisigl 1959) so sind die Bedingungen insgesamt doch sehr ungünstig. In drei aufeinanderfolgenden Jahren (1963–1965) schwankte die nutzbare Produktionszeit stark (62, 68, 31 Tage). An einem der Beobachtungsorte blieben die Pflanzen drei Jahre eingeschneit, veratmeten dabei den größten Teil ihrer Substanz, überlebten aber! Hauptversuchsobjekt Mosers war die höchststeigende Blütenpflanze der Alpen, der Gletscherhahnenfuß (*Ranunculus glacialis*), der kaum morphologische Anpassungen der Lebensform an die nivalen Umweltbedingungen besitzt, aber vorzüglich in diese eingepaßt ist. Die oft sehr hohen Lichtstärken werden gut genutzt. In dem breiten Temperaturbereich von – 5° bis + 40° (entsprechend den gemessenen Blattemperaturen) kann Stoffgewinn erzielt werden, das Optimum liegt überraschend

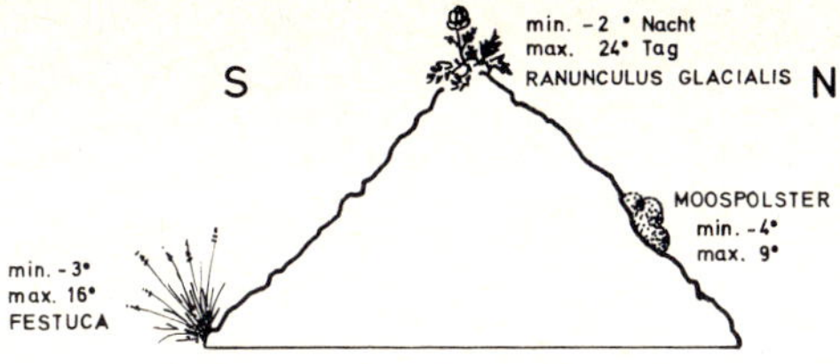

Abb. 1 a. Mikroklima am Hohen Nebelkogel (3184 m) bei Schönwetter im Sommer. Auf engem Raum starke Temperaturunterschiede zwischen Nord- und Südseite (nach W. MOSER, 1973).

hoch zwischen 12° und 28°. Das wird verständlich, wenn man bedenkt, daß der Boden in dieser Höhe fast täglich gefriert; nur bei höheren Temperaturen wird daher die Wasserversorgung ausreichend sein. Der Stoffgewinn von *Ranunculus glacialis* ist gut an die Temperaturverteilung während der Vegetationsperiode angepaßt: etwa die Hälfte wurde langfristig bei den vorherrschenden niedrigen Temperaturen (– 5 bis + 5°) mit niedriger Leistung erarbeitet, die zweite Hälfte kurzzeitig bei höheren Temperaturen (5–25°) mit hoher Leistung. Ein ganz wesentliches Problem für die Pflanzen der nivalen Stufe stellt also offenbar die Wasserversorgung dar. Vor allem im Frühling und Herbst kommt es in Südwänden (nur diese bieten in der Nivalstufe für Blütenpflanzen Lebensmöglichkeit) zu starker Erwärmung der Bodenoberfläche und der Pflanzen, aber die Wärme dringt nur langsam in den gefrorenen Boden ein. Ende Oktober lag zwar die Blatt-Temperatur von *Festuca halleri* mehrere Stunden über + 15°, der Boden aber taute erst zu Mittag auf. Wenn die Wärme dann am späten Nachmittag bis in den Boden (Wurzelraum) vordringt, ist die Blatt-Temperatur bereits wieder auf den Nullpunkt gesunken. Daher können wohl nur Pflanzen mit tief reichendem Wurzelsystem die Wärme im Frühling und Herbst nutzen. Sehr bezeichnend v. a. für die Südlagen, aber auch für den „Normalstandort" am Grat ist der fast allnächtliche Frost. In den vier Monaten vom Juni bis September 1968, in denen die Temperatur bei Tag stets über 0° lag, war nur der Juli einigermaßen günstig (54 % Frosttage – Juni 96 %, August 86 %). Dabei kann die Erwärmung der Pflanzen Spitzenwerte von nahe 40° erreichen.
Die Kryptogamen (mikroskopisch kleine Schnee- und Bodenalgen, Pilze, Moose und Flechten) steigen bis in Höhenbereiche, die von Blütenpflanzen nicht erreicht werden: Krustenflechten im Himalaya bis 7000 m. Auch sie sind an die Umweltbedingungen bestens angepaßt. Viele Algen haben ihr Optimum bei der Temperatur des schmelzenden Firns und können bei Massenvorkommen das Phänomen des roten und grünen Schnees hervorrufen. LANGE (1965) konnte im Experiment nachweisen, daß manche Flechten noch bei Temperaturen unter – 20° Stoffe produzieren – ihr Optimum liegt zwischen 0° und – 10°. Die für die Assimilation verantwortlichen Flechtenalgen sind nicht nur absolut frosthart; sie können auch in kürzester Zeit aus tiefer Kältestarre zu voller Aktivität erwachen.

3.3. Gesteine und Boden

In den Ostalpen läuft die Gesteinsverteilung zufällig parallel mit den Großklimazonen: Symmetrisch angeordnet liegen im Norden wie im Süden Kalk- bzw. Dolomitalpen mit ozeanischem Klimacharakter, im Zentrum verläuft das vergletscherte Silikat-Hochgebirge der kontinentalen Innenalpen. Die Unterschiede der Vegetation auf Kalk und Silikat sind zuerst 1836 von dem steirischen Arzt und Botaniker F. UNGER in der Umgebung von Kitzbühel beobachtet und in einem Buch „Über den Einfluß des Bodens auf die Verteilung der Gewächse" beschrieben worden. So einfach die Unterschiede, so kompliziert doch die Wirkungen auf die Pflanze. Nicht so sehr der Gehalt des Bodens an den verschiedenen Mineralstoffen des Ausgangsgesteins (Kalziumkarbonat und Magnesiumkarbonat- bzw. Kieselsäureverbindungen), sondern die Nährstofflösungen im Bodenwasser sind für die Pflanzen ausschlaggebend. Früher hatte man einfach von kalkmeidenden und kalkliebenden Pflanzen gesprochen, später von säureliebenden und basenliebenden, weil der Kalkgehalt des Bodens den „Säuregrad" (= Konzentration der Wasserstoffjonen, ausgedrückt als ph-Wert: unter 7 = sauer, 7 = neutral, über 7 = basisch) mitbestimmt. Heute wissen wir (siehe besonders KINZEL 1962,

1969), daß die Wirkungen auf die Pflanzen vielschichtig sind. Kalkböden sind wasserdurchlässiger, trockener und daher wärmer, Silikatböden feuchter und daher kühler. Nur bei saurer Bodenreaktion sind die wichtigsten Mineralstoffe wasserlöslich und für die Pflanzenwurzeln aufnehmbar. Leider werden die gelösten Stoffe auch rasch durch das einsickernde Regenwasser in tiefere Bodenschichten transportiert und gehen für die Pflanzenernährung verloren. In stark sauren Böden ist meist der Stickstoff Mangelware. Umgekehrt sind im Kalkboden viele Mineralstoffe schwer löslich und daher vor Auswaschung sicher. Es können Engpässe der Versorgung mit Kali, Phosphor oder Eisen eintreten, die zu Mangelkrankheiten (Vergilben der Blätter) führen. Nach Gigon (1971) ist der Karbonatstandort der Kalkgebirge ein Extremstandort: Die Zusammensetzung der Mineralstoffe ist so einseitig (Überschuß an Ca- und Mg-Ionen), daß nur jene Pflanzen, die auch die übrigen, nur in Spuren vorhandenen Ionen in ausreichender Menge aufnehmen können, hier zu gedeihen vermögen. In großangelegten Versuchen hat Gigon das Verhalten der Arten eines sauren Bürstlingrasens mit dem einer basischen Blaugrashalde verglichen: Die *Nardetum*-Arten fehlen in der Blaugrashalde wegen des Ionenmilieus, die *Seslerietum*-Arten im Bürstlingrasen wegen fehlender Konkurrenzkraft.

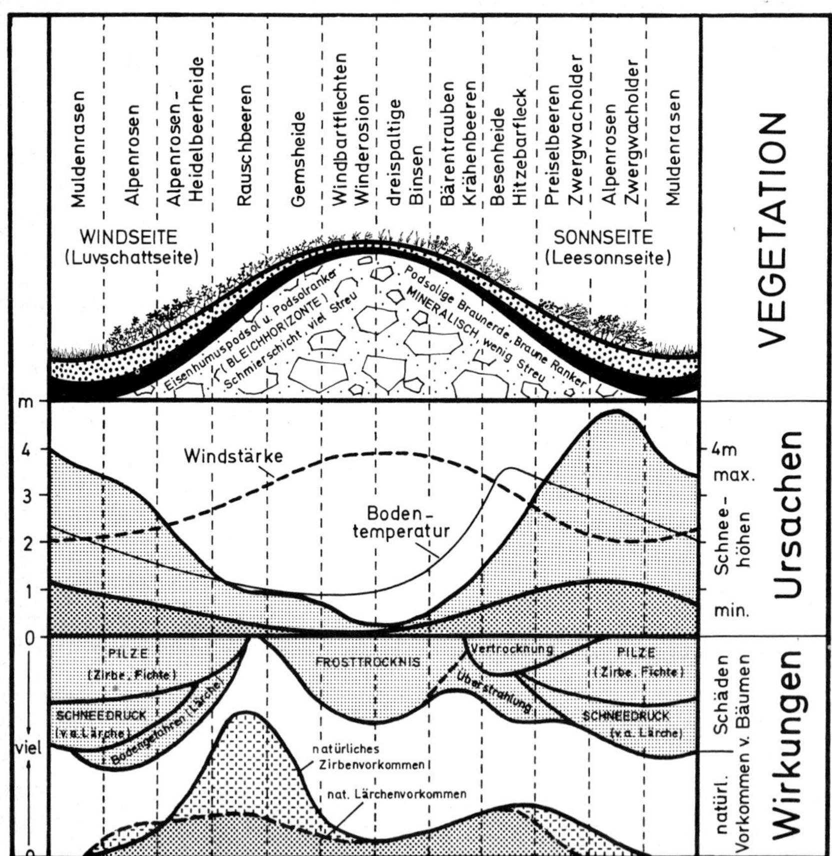

Abb. 2. Das Wind-Schnee-Ökogramm (nach H. Aulitzky, 1973) zeigt die Zusammenhänge zwischen Wind, Schneeverteilung, Exposition und Vegetations- und Bodenentwicklung in einer Zwergstrauchheide oberhalb der Waldgrenze bei Obergurgl (2200 m). Es wurde als Entscheidungshilfe für Aufforstungen entwickelt.

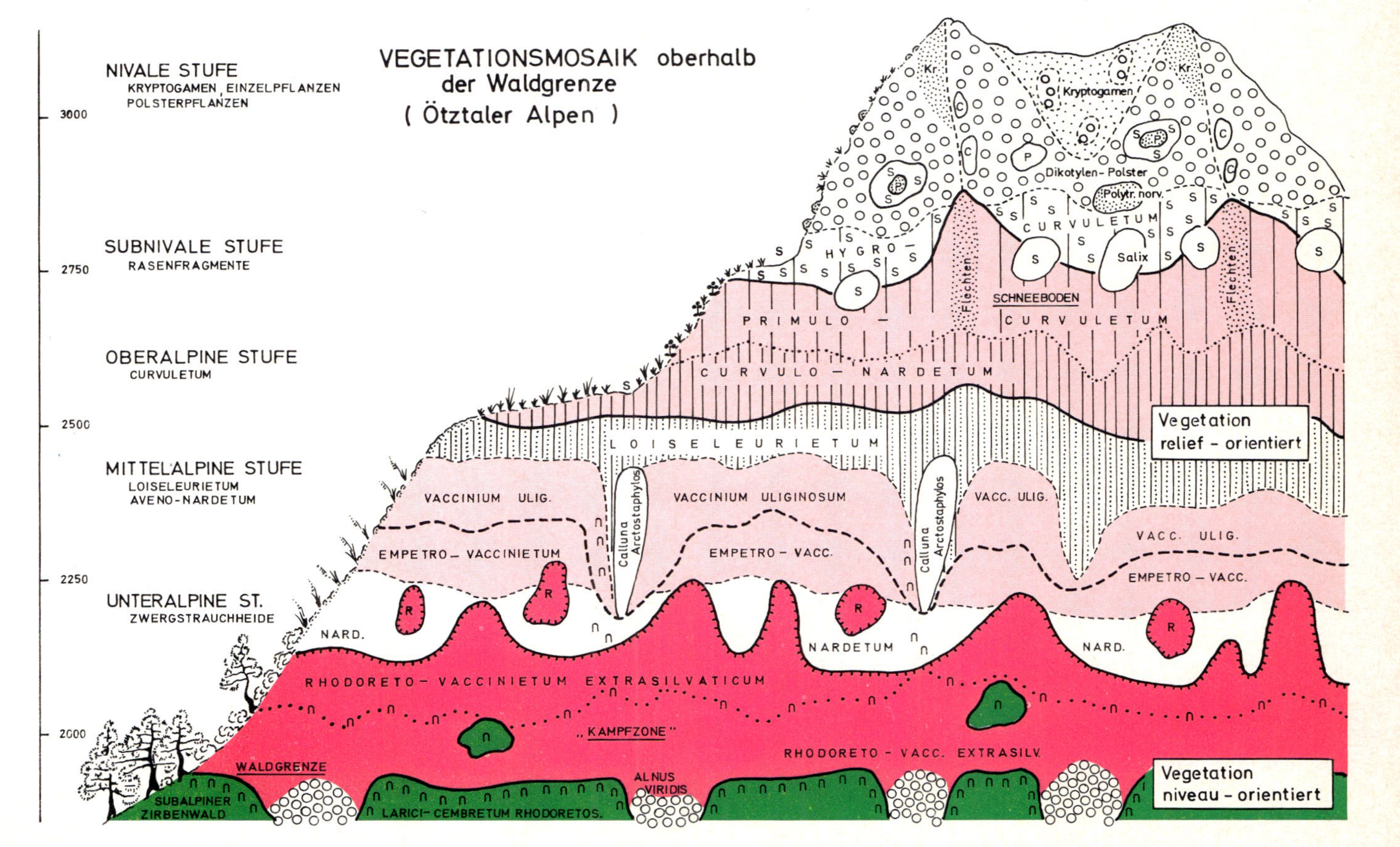
VEGETATIONSMOSAIK oberhalb
der Waldgrenze
(Ötztaler Alpen)
NIVALE STUFE
KRYPTOGAMEN, EINZELPFLANZEN
POLSTERPFLANZEN
SUBNIVALE STUFE
RASENFRAGMENTE
OBERALPINE STUFE
CURVULETUM
MITTELALPINE STUFE
LOISELEURIETUM
AVENO-NARDETUM
UNTERALPINE ST.
ZWERGSTRAUCHHEIDE
3000
2750
2500
2250
2000
Kr
Kryptogamen
Dikotylen-Polster
Polytr. norv.
HYGRO –
CURVULETUM
Salix
Flechten
SCHNEEBODEN
PRIMULO – CURVULETUM
CURVULO – NARDETUM
LOISELEURIETUM
Vegetation
relief - orientiert
VACCINIUM ULIG.
VACCINIUM ULIGINOSUM
VACC. ULIG.
Calluna
Arctostaphylos
EMPETRO – VACCINIETUM
EMPETRO – VACC.
NARD.
NARDETUM
RHODORETO – VACCINIETUM EXTRASILVATICUM
„KAMPFZONE"
RHODORETO - VACC. EXTRASILV.
WALDGRENZE
SUBALPINER
ZIRBENWALD
LARICI-CEMBRETUM RHODORETOS.
ALNUS
VIRIDIS
Vegetation
niveau - orientiert

Die Konkurrenz ist vielfach die ausschlaggebende, wenn auch nicht direkt meßbare Ursache für Vorkommen oder Fehlen von Arten in einer Pflanzengesellschaft. Der physiologisch mögliche Lebensbereich (physiologische Amplitude) wird durch die Konkurrenz anderer Arten meist eingeengt oder verschoben (ALBRECHT 1969, siehe Abb.). Bekannt ist das Vorkommen naher verwandter Sippen einer Gattung mit jeweils strenger Bindung an saure oder kalkreiche Böden: Alpenrose (*Rhododendron ferrugineum*) – Almrausch (*Rhododendron hirsutum*), Aurikeln (*Primula hirsuta* – *P. auricula*), Enziane (*Gentiana clusii* – *G. kochiana*).
Eine Sonderstellung – ungefähr in der Mitte zwischen Kalk und Silikat nehmen die neutralen, leicht verwitternden Kalkschiefer der oberen Schieferhülle (Hohe Tauern) ein, die in der alpinen Stufe eine eigene Vegetation tragen (ZOLLITSCH 1969).
Kalk- und Silikat-Alpen haben einen ganz verschiedenen Landschafts- und Vegetationscharakter. Im Kalk- und Dolomitgebirge steigen lotrechte weißgraue Wände schon aus der Wald- und Almregion scheinbar pflanzenleer in den Himmel (Dolomiten); sterile, lockerbewegliche Steinschutthalden reichen oft bis ins Tal hinunter. Über dem montanen Buchen- oder Fichtenwald mit meist niedriger Grenze bei etwa 1800 m folgt häufig eine undurchdringliche Legföhrenregion. Zwergstrauch- und Grasheiden der alpinen Stufe sind nur selten über größere Strecken zusammenhängend ausgebildet und nicht durch eine scharfe Grenze getrennt, sondern durch ± breite Durchdringungszonen verbunden. Im Ganzen überwiegt in der alpinen Stufe der Kalkgebirge der Eindruck der Vegetationsfeindlichkeit. Fels und Schutt, hell, aber schroff und abweisend, dominieren.
Die Silikatberge der Zentralalpen bieten dem Auge trotz der oft düster-dunklen Felsfarben ein freundlicheres Bild. Oberhalb der subalpinen Lärchen-Zirbenwälder, die meist von Lawinenbahnen zerschnitten sind, in denen Grünerlenbestände und Hochstaudenfluren gedeihen, folgt ein geschlossener Gürtel von Zwergstrauchvegetation (untere alpine Stufe) – zuerst von Alpenrosen, die schon den Unterwuchs des Zirbenwaldes bilden, dann von Beerensträuchern (Rauschbeer-Krähenbeerenheide), an Windecken von Spalieren der Gemsheide (*Loiseleuria procumbens*), auf den trockenen Sonnenseiten von Heidekraut (*Calluna vulgaris*), Bärentraube (*Arctostaphylos uva-ursi*) und Zwergwacholder (*Juniperus nana*). In der oberen alpinen Stufe überziehen die Krummseggenrasen (*Curvuletum*) mit ihrem hellen Braungelb riesige Flächen. In günstigen Lagen steigen sie bis gegen 3000 m an, lösen sich aber meist bereits früher allmählich auf. In dieser Höhenlage (subnivale und nivale Stufe) erzeugt die ungleiche Schneeverteilung in gleicher Höhenlage Wuchsplätze mit verschieden langer Vegetationszeit, so daß auf engem Raum nebeneinander Rasenflecken, Schneeboden-, Polsterpflanzen- und Kryptogamenvereine mit verschieden langer Produktionszeit von 12 bis 2 Wochen vorkommen (Abb. 3).

4. Die Pflanzengesellschaften der waldfreien alpinen Stufe

4.1. Zwergstrauchheiden der oberen subalpinen und unteren alpinen Stufe

Die Zwergstrauchheiden sind mit dem subalpinen Wald verknüpft; sie erobern aber auch aufgelassene Almweiden. Ihr Areal ist zum größeren Teil potentielles Waldgebiet!

Abb. 3 (siehe Seite 25). Vegetationsmosaik oberhalb der Waldgrenze, dargestellt an einem Beispiel aus den Zentralen Silikatalpen (Obergurgl/Ötztal). Bis zur Waldgrenze verlaufen die Höhengrenzen ± hangparallel („Niveau-orientiert"), also im Wesentlichen vom Großklima bestimmt. Je höher wir über die Waldgrenze emporsteigen, um so weiter ausschwingend folgen die Höhengrenzen der Vegetation dem Relief (sie ist „Relief-orientiert") oder sie löst sich mosaikartig auf, so daß wir oft auf engem Raum – nur von der verschiedenen Exposition bedingt – in e i n e r Höhenlage mehrere Vegetationstypen nebeneinander finden können, die bei gleicher Exposition als Höhenstufen übereinander vorkommen (Orig.).

4.1.1. Zwergstrauchheiden saurer Böden über Silikat

4.1.1.1.

Alpenrosen-Beerenheiden, *Rhododendro-Vaccinion.*
V. a. an schneereichen Schattenseiten; zweischichtiger Aufbau, bis über 1 m hoch. Anhäufung wenig zersetzter Blattreste, oft bis 40 cm mächtige Schicht von schwarzem, extrem saurem Rohhumus (pH 3,5–4,8).

Alpenrosen-Beerenheide mit Zirben, *Rhododendro-Vaccinietum cembretosum = Larici-Cembretum.*
Zwergstrauchunterwuchs der lichten Lärchen-Zirbenwälder; Boden: Eisenpodsol. *Calamagrostis villosa, Avenella flexuosa, Vaccinium vitis-idaea, Linnaea borealis, Lonicera coerulea.*

Alpenrosen-Legföhrengebüsch, *Rhododendro-Vaccinietum mugetosum = Rhododendro ferruginei-Pinetum montanae.*
2100–2300 m, bes. in Lawinenrinnen; *Vaccinium uliginosum, Empetrum*; reich an Strauchflechten (*Cladonia*).

Baumfreie Alpenrosen-Beerenheiden, *Rhododendro-Vaccinietum extrasilvaticum.*
Bes. auf Bergsturz-Blockhalden; schmaler Gürtel bis 100–150 m oberhalb der heutigen Waldgrenze (entspricht wahrscheinlich dem Unterwuchs des wärmezeitlichen Waldes). Trockene Variante mit Reitgras (*Calamagrostis villosa*) und Preiselbeere (*Vaccinium vitis-idaea*), Moos: *Rhytidiadelphus triquetrus.* Feuchte Variante mit Heidelbeere (*Vaccinium myrtillus*).

Gebüsche der Schweizer Weide, *Salicetum helveticae.*
An Nordhängen mit noch längerer Schneebedeckung, bes. auf Blockschutt mit ständig angefeuchteter Feinerde, schwächer versauert.
Salix glauca und *hastata, Rhododendron ferrugineum, Empetrum hermaphroditum, Luzula alpino-pilosa, Peltigera aphtosa.*

Krähenbeeren-Rauschbeerenheide, *Empetro-Vaccinietum uliginosi.*
Oberhalb der Alpenrosenheiden. Standort exponierter, in feuchteren, länger schneebedeckten Nordlagen, 2000–2400 m; *Diphasium alpinum, Cladonia uncialis.*
Länger schneebedeckte moosreiche Variante (*Empetro-Vaccinietum hylocomietosum*).
Wind- und kälteharte, flechtenreiche Variante (*Empetro-Vaccinietum cetrarietosum*): kaum Moose, dafür alpine Rasenpflanzen wie *Carex curvula, Festuca halleri, Tanacetum alpinum.*

4.1.1.2.

Zwergwacholdergesellschaften, *Juniperion alpinae.*
Südseitige trockene Hänge, aufgelassene Almweiden. 1600–2400 m, artenreich, wichtige Pioniergesellschaften sonnenseitiger Silikatschutthalden.

Zwergwacholder-Bärentraubenheide, *Junipereto-Arctostaphyletum.*
Wacholderreiche Variante, meist stark beweidet (*Junipereto-Arctostaphyletum callunetosum*): *Calluna vulgaris, Nardus stricta.*

4.1.1.3.

Gemsheidespaliere, „Windheiden“, *Loiseleurio-Vaccinion.*
Die Gesellschaft vermittelt zwischen den unteralpinen Zwergstrauchheiden und den oberalpinen Rasen; 2100–2500 m. Der Standort ist trocken, windexponiert; geringe winterliche Schneebedeckung. Spaliere dicht dem Boden angepreßt, meist sehr flechtenreich, oft an der Luvseite erodiert (Regeneration durch Polsterpflanzen wie *Minuartia sedoides* und *M. recurva* sowie Grasartige: *Sesleria disticha, Carex curvula*). Oft Mosaikbildung: Schneemulden mit *Rhododendro-Vaccinietum* oder *Empetro-Vaccinietum*, abgeblasene Buckel mit *Loiseleurietum.*

Windflechten-Gemsheide-Spaliere, *Loiseleurieto-Cetrarietum.*
Vaccinium uliginosum, spärlich, *Avenochloa versicolor, Phyteuma hemisphaericum,* viele Strauchflechten: *Alectoria ochroleuca* und *nigricans, Cetraria cucullata, nivalis, crispa, Thamnolia vermicularis, Cladonia*-Arten, von Moosen nur *Polytrichum juniperinum.*

4.1.2. Zwergstrauchheiden basischer Böden über Kalk und Dolomit

Ebenso wie die Karbonat-Grasheiden mit großer Höhenerstreckung und wenig scharfen Grenzen.

4.1.2.1.

Subalpiner Schneeheide-Bergföhrenwald, *Mugeto-Ericetum* = *Erico-Pinetum montanae.*
Licht, sommertrocken. 1600–2350 m, Strauchschicht mit *Polygala chamaebuxus, Vaccinium vitis-idaea, Daphne striata.*
Trockenwarme Variante mit Zwergsegge, *E.-P. m. caricetosum humilis.*
Moose und Flechten spärlich. *Euphrasia salisburgensis. Anthyllis vulneraria, Leontodon incanus.* Bei Auflichtung tritt *Calamagrostis varia* stärker hervor.
Schattige, moosreiche Variante, *E.-P. m. hylocomietosum.*
Zunehmende Bodenversauerung und Bodenreife. *Vaccinium myrtillus, Moneses uniflora, Melampyrum sylvaticum, Homogyne alpina.*
Kalte, feuchte Variante mit Strauchflechten, *E.-P. m. cladonietosum.*
Ungünstiges Lokalklima (lange Schneebedeckung, Frost-, Rohböden); über 20 cm dicker Flechtenteppich. *Vaccinium uliginosum, Empetrum hermaphroditum, Cladonia arbuscula, rangiferina, alpestris.*
Rostseggen-Variante, *E.-P. m. caricetosum ferruginei.*
Selten; an bodenfeuchten Stellen und Lawinenzügen: *Carex ferruginea* und *flacca, Saxifraga aizoides, Parnassia palustris, Bartsia alpina.*

4.1.2.2.

Almrausch-Bergföhrengesellschaft, *Mugeto-Rhododendretum hirsuti* = *Rhododendro hirsuti-Pinetum montanae.*
Im kontinentalen Alpeninnern sind die Zwergstrauchheiden, in denen die behaarte Alpenrose eine Rolle spielt, als Unterwuchs an den Wald gebunden; in den ozeanischen Alpenrandketten gedeihen sie auch ohne Baumschutz.
Normale Ausbildung, *Rhododendro hirsuti-Pinetum montanae hylocomietosum.*
Ersetzt auf Schattenhängen das *Erico-Pinetum montanae.* Mit zunehmender Bodenversauerung Entwicklung zum *Rhododendro-Vaccinietum.* Dreischichtig: Baumschicht mit Latsche oder Spirke (*Pinus uncinata* – bis 10 m), Kleinstrauchschicht (20–40 cm) mit *Rhododendron hirsutum, Erica, Vaccinium vitis-idaea* u. *myrtillus, Sorbus chamaemespilus*; üppige Moosschicht mit *Hylocomium proliferum, Rhytidiadelphus triquetrus, Dicranum scoparium.* Kälte- u. Feuchtigkeitszeiger: *Carex ferruginea, Tofieldia calyculata, Pinguicula alpina.*
Schattige, flechtenreiche Variante, *Rh. h.-P. m. cladonietosum.*
An klimatisch ungünstigen Standorten in Nordlagen mit längerer Schneebedeckung. Kleinsträucher verkümmern im 20 cm dicken Flechtenteppich (v. a. *Cladonia alpestris* und *rangiferina*).
Variante mit netzblättriger Weide, *Rh. h.-P. m. salicetosum reticulatae.*
Dauergesellschaft in nordseitigen Lawinenbahnen. Kleinsträucher nur noch spärlich (*Vaccinium uliginosum, Empetrum, Rhododendron hirsutum*), dafür Einsprengungen aus der Rasenstufe: *Salix reticulata, Festuca pumila, Carex firma, capillaris, rupestris.*
Variante mit Alpenbärentraube, *Rh. h.-P. m. arctostaphyletosum alpini.*
Labile Übergangsgesellschaft zur Rasenstufe.

4.1.2.3.

Gemsheide-Spaliere über Kalk, *Loiseleurietum calcicolum.*
In den östlichen Kalkalpen, sowohl im Norden (Dachstein, Rax) als auch im Süden (Karawanken) kommt die Gemsheide in exponierten Nordlagen zw. 1700–2000 m in Begleitung von Kalkrasenpflanzen vor: *Hedysarum hedysaroides, Potentilla crantzii, Arctostaphylos alpina, Homogyne discolor.*

4.1.2.4.

Silberwurz-Teppiche, *Dryadetum.*
Die Spalierteppiche der Silberwurz (*Dryas octopetala*) können sich nur an den extremsten Standorten als Dauergesellschaften halten; meist sind sie Pionierstadien

der alpinen Rasen, v. a. der Polstersegge (*Carex firma*). Besonders auf nordexponierten Steilhängen in der Schieferhülle (Glockner, Pustertal) von 2400–2600 m. Begleiter sind v. a. Zwergweiden (*Salix retusa, serpyllifolia, reticulata*). In Südlage finden sich auf Kalkschiefer meist geschlossene Rasen (v. a. die Blaugras-Horstseggen-Flur). Kalk- und Dolomitgeröll wird zuerst von den *Dryas*-Spalieren gefestigt. Die Silberwurz wird dann in der Konkurrenz meist von *Carex firma, Festuca pumila, Sesleria coerulea, Carex rupestris* verdrängt.

4.2. Alpine Grasheiden (Urwiesen der oberen alpinen Stufe)

4.2.1. Alpine Rasen des Kalkgebirges (*Seslerietalia coeruleae*)

4.2.1.1.

Polsterseggenrasen, *Caricetum firmae, Firmetum.*
Sehr kälte- u. windharte, einschichtige Gesellschaft steiniger, erdarmer Standorte mit hohem Kalkgehalt des Bodens. Wichtigste aufbauende Arten sind: *Carex firma, Dryas, Sesleria coerulea, Festuca pumila, Saxifraga caesia, Anthyllis alpestris, Polygonum viviparum, Helianthemum alpestre, Carex rupestris, Gentiana clusii, Minuartia verna.*
Typischer Polsterseggenrasen, *Caricetum firmae typicum.*
Folgt meist auf das *Dryas*-Pionierstadium (*Dryadeto-Firmetum*) mit noch geringer Artenzahl in Höhen oberhalb 2600 m. An geschützteren Stellen (Vertiefungen) wird *Dryas* oft durch *Salix serpyllifolia* ersetzt. Offene, steinige Rasen, gern über kompaktem Fels, auf flacheren Absätzen, kaum von Wild und Schafen beeinflußt; auf flachgründigen Dolomitböden oft schon von der Waldgrenze an Stelle des *Seslerio-Semperviretums*. Die Polster wurzeln flach, leiden daher unter Steinschlag und Lawinen. Boden basisch (pH 7,2–7,3), in regenreichen Gebieten schwach sauer (pH 6,2–6,3), Kalkgehalt 30–92 %. In den hohen Dolomitketten über 2600 m sorgen starke Verwitterung und Abtragung für ständige Vegetationserneuerung. Es findet ein Kreislauf statt, der von *Dryas*-Spalieren zum *Firmetum* aufbaut und nach Erosion wieder von vorne beginnt. In günstigeren Lagen (2300–2600 m) führt die Humusansammlung zur Versauerung der obersten Bodenschichten, die Bedingungen für *Carex firma* werden immer ungünstiger. Zwei Entwicklungsrichtungen führen auf stärker geneigten Hängen mit Kalkschuttnachlieferungen von Pioniergesellschaften über das *Caricetum firmae* zum Blaugras-Horstseggenrasen (*Seslerio-Semperviretum*) oder auf mäßig geneigten Hängen mit stärkerer Versauerung zum Nacktriedrasen (*Elynetum*). Nach dem Artenreichtum dürfte das Entwicklungszentrum des *Firmetums* in den Ostalpen (Dolomiten, Karawanken, Julische Alpen) liegen; nach Westen verarmt es. In den Alpenrandketten steigt das *Firmetum* oft tief herab (Windbuckel im umgebenden subalpinen Latschengebüsch).
Hochalpine Ausbildung der Julischen Alpen und Dolomiten mit vielen Endemiten: *Gentiana terglouensis, Sesleria sphaerocephala, Phytheuma sieberi, Saxifraga squarrosa, Potentilla nitida, Saussurea pygmaea, Pedicularis rosea, Achillea clavenae.*

4.2.1.2.

Blaugras-Horstseggenrasen, *Seslerio-Caricetum sempervirentis, Seslerio-Semperviretum.*
Trockenwarme, früh ausapernde, oft sehr steile (30–60 %) Sonnenhänge; bis 2900 m (Schwerpunkt 2100–2500 m). Große Höhenamplitude: oft weit in die subalpine Stufe hinabsteigend. Boden schwach sauer bis neutral (pH 5,6–7,4). Durch Bodenfließen oft Bildung von Rasenstreifen und -treppen. Stirnwülste mit dichter Grasnarbe, dazwischen Blütenpflanzen. Artenreich (über 50 Arten), Aufbau mehrschichtig. Kennarten: *Hieracium villosum, Pedicularis verticillata* und *rostrato-capitata, Oxytropis jacquinii, Leontopodium alpinum, Crepis alpestris, Erigeron neglectus.* Wärmebedürftigste alpine Rasengesellschaft, in der viele Pflanzen tieferer Stufen sehr hoch (über 2600 m) ansteigen (*Erica carnea, Polygala chamaebuxus, Carlina acaulis*). In der Vegetationsabfolge überwiegt zuerst das Blaugras, auch die Pionierteppiche von *Dryas* können sich noch lange halten. Bei zunehmender Humusansammlung kommen Säurezeiger: *Pulsatilla apiifolia, Avenochloa versicolor, Gentiana punctata, Vaccinium*-Arten. Weiterentwicklung möglich in länger feuchten Rinnen zum Violettschwingelrasen (*Festucetum violaceae*), an Windecken zum Nacktriedrasen (*Elynetum*).

Typische Ausbildung, *Seslerio-Semperviretum typicum.*
Variante mit Zwergsegge (*S.-S. caricetosum humilis*) v. a. in tieferen Lagen an Stelle abgebrannter Latschenflächen.

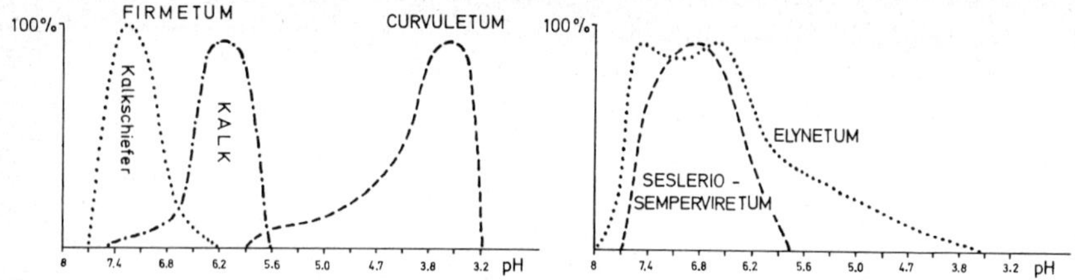

Abb. 4. Lebensbereich (ökologische Amplitude) der wichtigsten alpinen Rasengesellschaften, bezogen auf den Säuregrad (pH-Wert) des Bodens (nach J. ALBRECHT, 1969).

Schneeheidereiche Variante *(S.-S. ericetosum)*

Ausbildung mit niedrigem Schwingel, *S.-S. festucetosum pumilae.*
Pioniergesellschaften der Dolomitgipfel mit trockenen Verwitterungsböden. Auf schmalen Felsbändern in Südexposition bis 2900 m. Stellenweise können *Festuca pumila* oder *Carex parviflora* dominieren. *Carex rupestris, Silene acaulis, Salix serpyllifolia, Minuartia sedoides, Potentilla crantzii.*

Variante mit Alpenscharte, *S.-S. saussureetosum alpinae.*
Auf südexponierten Kalkschiefern; reich an Versauerungszeigern: *Elyna, Juncus jacquinii, Arenaria ciliata.* Bei längerer Schneebedeckung führt Bodenversauerung bis auf pH 5 zu reinem *Caricetum sempervirentis* ohne *Sesleria.*
In den Westalpen (südl. Lautaret bis See-Alpen) wird das *Seslerio-Semperviretum* ersetzt durch das *Seslerieto-Avenetum montanae* mit *Onobrychis montana, Astragalus sempervirens.*

4.2.1.3.

Feuchtrasen, *Caricion ferruginei.*

Rostseggenrasen, *Caricetum ferruginei.*
Auf tiefgründigen, feuchten Böden, in Lawinenrinnen. Schwerpunkt in der subalpinen und unteren alpinen Stufe, steigt bis 2400 m, teilweise gemäht. Reich an schönblühenden Stauden: *Anemone narcissiflora, Pulsatilla alpina, Thalictrum aquilegifolium, Hedysarum hedysaroides, Linum alpinum, Pedicularis foliosa, Cerinthe glabra, Campanula thyrsoides, Centaurea montana, Traunsteinera globosa.*

Violettschwingelrasen, *Festucetum violaceae.*
Wildheuplanggen (bis 2500 m) auf feinerdigem, länger durchfeuchtetem Boden, z. T. gemäht, beste Wildweide, kommt sowohl über kompakten Kalken und Dolomiten wie über kalkarmen Silikaten zur Ausbildung, in der Schieferhülle v. a. über dem wasserstauenden Chloritschiefer. Die Artengarnitur ist weniger selbständig. Kennarten: *Alchemilla glaberrima, Trifolium thalii, Astragalus frigidus.* Sauerbodenzeiger: *Geum montanum, Ligusticum mutellina, Plantago atrata.*

4.2.1.4.

Windrasen, *Oxytropo-Elynion.*
Neutraler bis schwach saurer Böden. Nacktriedrasen *(Elynetum)*: auch im Hochwinter meist schneefrei (max. 2–3 Monate Schneebedeckung). 2200–2700 m (2950 m). Schwerpunkt und Obergrenze liegen meist höher als beim *Curvuletum.* Der Nacktriedrasen kommt bes. auf feinerdereichen Kalk- u. Silikatstandorten mit schwach saurer Bodenreaktion (pH 5,5–6,2) vor. Bei extremen Wind- u. Temperaturverhältnissen (Frostwechsel im Frühling) ist das *Elynetum* in der Konkurrenz allen anderen Rasen überlegen. Geringe Unterschiede in Bodenreaktion, Windexposition und Schneebedeckung führen zur Mosaikbildung mit anderen Rasengesellschaften *(Firmetum, Seslerio-Semperviretum, Curvuletum).*
Elyna myosuroides dominiert in zwei verschiedenen Gesellschaften: im *Elynetum* im engeren Sinn („Kalkboden-*Elynetum*") und im Krummseggenrasen *(Curvuletum elynetosum).* Windanrisse können den Rasen oft wieder bis zum Untergrund abbauen, die Neuentwicklung beginnt meist mit *Dryas.*

Typischer Nacktriedrasen, *Elynetum typicum.*
Schwerpunkt auf feinerdereichen Kalkschieferstandorten, bes. auf schwach geneigten Schutt- und Moränenhängen in Süd- und Westlage. Kleine Rasen der Gipfel und Grate mit meist mächtiger Humusbildung (Braunerde). Kennarten: *Oxytropis lapponica, Carex capillaris var. minima, Gentianella tenella, Erigeron uniflorus.*
Blaugrasreicher Nacktriedrasen, *Elynetum seslerietosum variae.*
Dauergesellschaft mit geringerem Vegetationsschluß, viele Horste von Blaugras sowie Kennarten des Horstseggenrasens (*Helianthemum alpestre, Pedicularis rostrato-capitata*). Für den Standort sind kalkreiche Ausgangsgesteine mit ständiger Nachlieferung frischen Schutts bezeichnend. Bodenreife gering, keine Versauerung (pH 7,5). Bei felsigem Untergrund viel *Carex firma*, auf feinerdereichem Schutt viel *Leontodon montanus.*
Bunthaferreicher Nacktriedrasen, *Elynetum helictotrichetosum versicoloris.*
Bei mangelnder Nachlieferung von Kalkschutt Versauerung und örtliche Vernässung: *Avenochloa versicolor, Luzula spicata, Sesleria disticha, Carex curvula, Saxifraga bryoides.*

4.2.2. Alpine Sauerboden-Rasen des Silikatgebirges (*Caricetalia curvulae*)

Krummseggenrasen, *Caricion curvulae.*
Caricion curvulae.
Klimaxvegetation der oberalpinen Stufe. Schwerpunkt in den Alpen. Kennarten: *Carex curvula, Agrostis rupestris, Avenochloa versicolor, Luzula lutea, Minuartia recurva, Potentilla frigida, Veronica bellidioides, Phyteuma hemisphaericum* u. a. Geographische Differenzierung in ostalpische *Primulo-Curvuleta*, deren geographische Varianten gut durch rote Primeln gekennzeichnet sind (Hohe Tauern: *Primula minima*, West-Tirol: *P. glutinosa*, Ortler: *P. daonensis*, Rhätische Alpen: *P. latifolia* u. *integrifolia*) und westalpische *Senecioni-Curvuleta* mit *Senecio incanus* und *halleri* = *uniflorus, Androsace carnea.*

4.2.2.1.

Typischer Krummseggenrasen, *Caricetum curvulae* = *Curvuletum typicum.*
Oberhalb 2500 (2400–2600) m herrscht im Silikatgebirge eindeutig *Carex curvula*, z. T. mit anderen Rasenbildern (v. a. *Sesleria disticha*). Die Gesellschaft ist sehr homogen und ähnlich resistent wie das *Elynetum*. Mit zunehmender Höhe rückt sie mehr und mehr in Südexposition, kommt über 2800–3000 m nur noch an sonnigen Steilhängen vor (subnivale Rasenfragmente). Guter Pionier auf grobem Gneisschutt. Boden stark sauer (pH zw. 4,1–3,3). Ausbildungen je nach Windexposition und Schneebedeckung:
Mit Wind- und Schneeschutz „*Hygrocurvuletum*" (7–8 Monate Schneebedeckung): *Ligusticum mutellina, Primula glutinosa, Tanacetum alpinum.* Ohne Wind- und Schneeschutz flechtenreiche (*Curvuletum cetrarietosum*) oder nacktriedreiche Ausbildungen (*C. elynetosum*).
Festucetum halleri.
Wohl lokalklimatisch bedingte Dauergesellschaft an der Untergrenze der Krummseggenrasen, bes. in Trockengebieten (Wallis). Oft sekundär nach gerodeten Zwergstrauchheiden. Warme Sonnenhänge, ca. 7. Mon. Aperzeit, Boden weniger sauer (pH 5,5–5,9).
Juncetum trifidi.
Bes. an Windecken und auf Grobschutt; von der Zwergstrauchstufe an.

4.2.2.2.

Alpische Magerrasen, *Nardion strictae.*
Anthropogene Weiderasen der subalpinen bis alpinen Stufe. Die primären Standorte liegen wohl in Schneerunsen der subalpinen Waldstufe. Gruppe von Kennarten, die den optimalen *Curvuleten* fehlen: *Leucorchis albida, Pulsatilla alpina agg., Potentilla aurea, Geum montanum, Trifolium alpinum, Gentiana kochiana* und *punctata, Ajuga pyramidalis, Plantago alpina, Campanula barbata, Hypochoeris uniflora, Leontodon helveticus.*
Typischer Bürstlingrasen, *Nardetum alpigenum.*
Meist reich an Besenheide (*Calluna*), bis ca. 1700 m.
Hochlagen-Bürstlingrasen, *Aveno-Nardetum*, ostalpisch.
Neben den Hauptrasenbildern *Nardus stricta* und *Festuca rubra* kommt reichlich der

Bunthafer (*Avenochloa versicolor*) vor. Kennarten: *Hypochoeris uniflora, Hieracium hoppeanum, aurantiacum, glaciale, Pedicularis tuberosa.* In den Westalpen mit *Centaurea uniflora* und *Hieracium peleteranum* (*Centaureo-Nardetum*).
In den Hochlagen-Nardeten tauchen bereits vereinzelt Arten der Krummseggenrasen auf, wie z. B. *Euphrasia minima, Phyteuma hemisphaericum, Agrostis rupestris, Luzula lutea.*
Krummseggen-Bürstling-Übergangsrasen, *Curvulo-Nardetum.*
Zw. 2200–2500 m tritt eine sehr charakteristische Artenkombination auf: die meisten Kennarten des Bürstlingrasens verschwinden bis auf *Calluna* und *Potentilla erecta*, dafür treten mehr und mehr Kennarten des *Curvuletums* auf, v. a. *Festuca halleri, Carex curvula, Senecio incanus agg.* sowie Schneebodenpflanzen; aus den Zwergstrauchheiden v. a. *Loiseleuria procumbens* (siehe Abb. 3).

4.2.2.3.

Bergsteppenrasen, *Festucion variae.*
V. a. in den Süd- und Südwestalpen, aber auch in den kontinentalen Innentälern kommen diese wärmeliebenden Rasengesellschaften extrazonal (an steilen Felshängen treppenbildend) auf mäßig sauren Böden zw. 800–2800 m vor.
Buntschwingelrasen, *Festucetum variae.*
Zw. 1800–2800 m in den innersten trockenen Zentralalpen (z. B. Vent/Ötztal). Kennarten: *Veronica fruticans, Potentilla grandiflora* (in den Westalpen *P. valderia*), *Silene nutans, Gentiana ramosa*, auch *Carex sempervirens*; stellenweise auch *Koeleria hirsuta* dominant. In den südl. Kalkalpen verschiedene Ausbildungen des ähnlichen *Festucetum alpestris auf Karbonat* (mit *Genista radiata* = *Cytisanthus* r., *Linum viscosum, Scabiosa graminifolia*).
Goldschwingelrasen, *Centaureo-Festucetum paniculatae.*
An warmen Hängen der Hohen Tauern, der West- und Südalpen kommen zw. 1300 bis 2500 m diese Hochgrasfluren vor, die stellenweise gemäht werden. Kennarten sind: *Centaurea uniflora* (W-Alpen) u. *rhapontica, Asphodelus albus* (S-Alpen), *Paradisia liliastrum, Plantago fuscescens, Pulmonaria visianii, Cerastium arvense* ssp. *strictum.*

4.3. Extrazonale Vereine

4.3.1. Schneeböden

Sehr einheitliche Gesellschaften, die durch lange Schneebedeckungsdauer und gute Durchfeuchtung während der kurzen Vegetationszeit gekennzeichnet sind. Sie wurden schon von O. Heer (1836) als „Schneetälchen" beschrieben.

4.3.1.1.

Bodensaure Schneeböden, *Salicion herbaceae.*
Bodenreaktion pH 4,6–6,5; die Gesellschaften sind amphiarktisch verbreitet (*Salix herbacea, Gnaphalium supinum*); in den Alpen mehrere alte Endemiten (*Cardamine alpina, Arenaria biflora, Alchemilla pentaphyllea, Soldanella pusilla*); weiter verbreitet: *Tanacetum alpinum, Ligusticum mutellina.*
Krautweidenteppiche, *Salicetum herbaceae.*
Aperzeit ungefähr 4 Monate, Böden weniger sauer und humusärmer als im Krummseggenrasen, durch Einschwemmung oft bis 50 cm mächtige Feinerde-Ablagerung. Nach den Bodenverhältnissen verschiedene Ausbildungen: bei starker Durchfeuchtung *Ligusticum mutellina*, bei stärkerem Abfluß *Carex curvula*, bei Stickstoffdüngung (Schafmist) zahlreiche Blütenpflanzen, bei längerer Schneebedeckung vermittelt eine Variante mit Zwergruhrkraut (*Gnaphalium supinum*) zu den Moosschneeböden.
Widerton-Moosschneeböden, *Polytrichetum norvegicae.*
Aperzeit unter drei Monaten, nicht jedes Jahr schneefrei. Pioniere mit starker vegetativer Vermehrungsfähigheit. Lebermoose (*Anthelia, Gymnomitrium, Pleuroclada*), Laubmoose (*Dicranum falcatum* und *starkei, Brachythecium glaciale, Pohlia commutata*). *Polytrichum norvegicum* erscheint erst nach begonnener Humusbildung. Bei etwas längerer Vegetationsdauer bezeichnende Zwerg-Blütenpflanzen: *Arenaria biflora, Epilobium anagallidifolium Sibbaldia procumbens* u. a.
Kalk-Schneeböden, *Arabidion coeruleae.*
Schneebodengesellschaften offener Kalkschuttrohböden. Die Entwicklung geht von basischen Schuttgesellschaften (Täschelkrautflur) aus; durch Humusbildung wird der Bo-

den neutral, später auch sauer. Kennarten: *Salix retusa, Ranunculus alpestris, Saxifraga androsacea, Carex parviflora.*

4.3.1.2.

Blaukresse-Schneeböden, *Arabidetum coeruleae.*
In hochgelegenen Karen auf Schwemmschutt und in dolinenartigen Vertiefungen der Kalkgebirge kommt diese Gesellschaft aus wenigen Blütenpflanzen und Moosen zw. 2400–2700 m vor. Bodenreaktion um pH 7, Feinerde mit rel. hohem Humusgehalt (25 %). Bei längerer Aperzeit treten Violettschwingelrasen auf, bei stärkerer Versauerung auch Krautweiden. Kennarten: *Hutchinsia brevicaulis, Gnaphalium hoppeanum, Potentilla brauneana.*

Kalk-Weidenschneeböden, *Salicetum retusae-reticulatae.*
Schwer abgrenzbare und meist nur fragmentarisch entwickelte Gesellschaft, die häufig mit dem Blaukressenverein Mosaike bildet: Das *Arabidetum* besiedelt die feinerdigen Stellen, das *Salicetum* die steinigen, früher aperen Stellen.

4.3.2. Niedermoore

Sumpfgesellschaften und Quellfluren, in denen v. a. Sauergräser und Moose dominieren, sind in der subalpinen und unteralpinen Stufe in flachen Senken weit verbreitet. Von den vielen unterschiedenen Gesellschaften hier nur die wichtigsten.

Bodensaure Braunseggenmoore, *Caricetum fuscae.*
Rohhumus- und torfbildend; Torfmoose (*Sphagnum acutifolium*); Seggen (*Carex nigra = fusca, paupercula = magellanica, canescens, echinata*); *Juncus filiformis, Caltha palustris.* Polstermoose (*Calliergon, Aulacomnium, Philonotis*).

Wollgrasmoore, *Eriophoretum scheuchzeri.*
Sehr artenarm, kleinflächig bis zum Gletscherrand, Saumgesellschaft an Karseen. Einköpfiges u. schmalblättriges Wollgras (*Eriophorum scheuchzeri* und *E. angustifolium*), *Carex rostrata = inflata, Drepanocladus exannulatus.*

Rasenbinsenmoore, *Trichophoretum caespitosi.*
Trichophorum cespitosum (oft mit *T. alpinum*) kann auf großen Flächen dominieren, Ges. hat keine eigentlichen Kennarten; diese Moore sind oft weniger naß ,so daß viele Magerrasenpflanzen vorkommen.

Gesellschaft der zweifarbigen Segge, *Caricetum bicoloris.*
V. a. im Schwemmland der Gletscherbäche mit seltenen nordischen Reliktkarten (*Carex bicolor* und *maritima = incurva, Juncus arcticus* u. *triglumis*).

Quellmoore.
Für diese ist v. a. die Gesellschaft der kälteliebenden Segge (*Caricetum frigidae*) bezeichnend.

Kalkreiche Moore.
Für diese ist die Gesellschaft der Davall-Segge (*Caricetum davallianae*) mit Mehlprimel (*Primula farinosa*), Alpenmaßliebchen (*Aster bellidiastrum*), *Parnassia, Carex flava* bezeichnend. Als seltenes nord. Relikt die Gesellschaft der Schuppenbinse (*Cobresia simpliciuscula*) mit Carex *microglochin.*

4.3.3. Felsspalten-Fluren

4.3.3.1.

Kalkfels-Fluren, *Potentilletalia caulescentis.*
In zwei Höhenzonen gegliedert.

Stengelfingerkraut-Gesellschaft, *Potentilletum caulescentis.*
500–2300 m. Neben weitverbreiteten Arten wie *Asplenium rutamuraria, Carex mucronata, Silene saxifraga, Draba dubia, Saxifraga paniculata, Kernera saxatilis, Arabis pumila, Valeriana saxatilis, Globularia cordifolia, Rhamnus pumila,* v. a. in den südalpischen Refugien zahlreiche Endemiten, die zur geographischen Gliederung dienen können, z. B. in den Dolomiten *Potentilla nitida, Androsace hausmannii, Campanula morettiana,* in den Lombardischen Alpen *Moehringia bavarica, Daphne petraea, Saxifraga vandellii* und *tombeanensis, Campanula raineri, Physoplexis comosa*; in den SO-Alpen *Campanula zoysii,* in den SW-Alpen *Saxifraga diapensioides* u. *lingulata, Primula marginata, Bupleurum petraeum, Phyteuma charmelii, Silene campanula, Globularia nana* u.a. In den östl. Kalkalpen die ähnliche *Potentilla clusiana*-Gesellschaft.

Schweizer Mannsschild-Gesellschaft, *Androsacetum helveticae.*
Alpin-nival, 2300 bis über 3000 m, artenarm: *Draba tomentosa, Minuartia cherlerioides* und *rupestris, Draba ladina.*

4.3.3.2.

Silikat-Felsfluren, *Androsacetalia vandellii.*
Auch hier besteht eine Höhengliederung in zwei dominierende Vereine:
Schrofenrösl-Gesellschaft, *Asplenieto-Primuletum hirsutae.*
Die Höhenamplitude reicht von 300 m (Insubrien) bis gegen 2500 m (in den Zentralalpen). *Asplenium septemtrionale* und *trichomanes, Saxifraga cotyledon* und *aspera, Phyteuma scheuchzeri, Erysimum rhaeticum = helveticum.*
Vandelli's Mannsschild-Gesellschaft, *Androsacetum vandellii.*
1900–3000 m, westalpisch. *Minuartia cherlerioides ssp. rionii, Saxifraga exarata* und *muscoides, Primula latifolia, Eritrichum nanum, Phyteuma humile.* – In den Silikatbergen der Seealpen eine Ausbildung mit der prächtigen *Saxifraga florulenta, Artemisia eriantha* (= *A. petrosa*) u. a.

4.3.4. Schuttfluren

Hauptfaktor für die Pflanzen der Schuttfluren ist die Beanspruchung des Wurzelsystems durch ständiges Rutschen und die Sortierung vom feuchten Feingrus bis zum trockenen Grobschutt (Blockhalde).

4.3.4.1.

Kalkschutt-Fluren, *Thlaspeetalia rotundifolii.*
Schildampfer-Flur, *Rumicetum scutati.*
Auf steilem, beweglichem, trockenem Grobschutt; auf Dolomit bis ins Tal. *Scrophularia canina* u. *juratensis, Arabis alpina, Campanula cochleariifolia.*
Schneepestwurz-Flur, *Petasitetum paradoxi.*
Feuchtschutt mit langer Schneebedeckung (Lawinenrinnen) zw. 1300 und 2000 m. *Silene vulgaris ssp. prostrata, Athamanta cretensis, Valeriana montana, Adenostyles glabra, Saxifraga aizoides, Gypsophila repens, Moehringia muscosa.*
Berglöwenzahn-Gesellschaft, *Leontodontetum montani.*
Feuchte Kalkfeinerde der alpinen Stufe. *Ranunculus parnassifolius, Saxifraga biflora, Viola calcarata, Anemone baldensis, Campanula cenisia, Taraxaxum alpinum, Achillea atrata.*
Täschelkraut-Flur, *Thlaspeetum rotundifolii, „Papaveretum rhaetici".*
Auf stark bewegten Grobschutthalden der alpinen Stufe. *Galium helveticum, Cerastium latifolium, Festuca rupicaprina, Minuartia austriaca, Moehringia ciliata, Valeriana elongata, Saxifraga aphylla, Papaver alpinum, Leucanthemum atratum.*
Seltenere Kalkschuttvereine der südlichen und westlichen Alpen: *Saxifragetum hohenwartii* (südöstl. Kalkalpen); *Crepis pygmaea-Doronicum grandiflorum*-Verein (westl. Alpen); *Berardia subacaulis – Brassica repanda*-Verein (SW-Alpen).

4.3.4.2.

Kalkschiefer-Schuttgesellschaften, *Drabetalia hoppeanae.*
In der oberen Schieferhülle besonders artenreich; Kennarten: *Artemisia genipi, Doronicum glaciale, Draba hoppeana* und *fladnizensis, Saxifraga rudolphiana, Pedicularis asplenifolia, Gentiana orbicularis, Phyteuma globulariifolium, Crepis rhaetica, Sesleria ovata, Trisetum spicatum.*

4.3.4.2.

Silikat-Schuttgesellschaften, *Androsacetalia alpinae.*
Weißblattdost-Gesellschaft, *Adenostyletum leucophyllae.*
Artenarmer Verein sonnenseitiger trockener Silikatschutthalden der montanen bis unteralpinen Stufe. Westalpen bis Pyrenäen. *Epilobium angustifolium, Cryptogramma crispa, Hieracium intybaceum.*
Säuerlings- und Polsterpflanzen-Vereine der oberalpinen bis nivalen Stufe (*Andro-*

sacion alpinae): Kennarten: *Cerastium pedunculatum, Poa laxa, Ranunculus glacialis, Saxifraga bryoides.*

Säuerlingsflur, *Oxyrietum digynae.*

Bes. auf Moränenschutt und Erosionsrinnen der alpinen Stufe: *Geum reptans, Doronicum clusii, Saxifraga seguieri, Epilobium fleischeri*; an länger schneebedeckten Stellen dominiert *Luzula alpino-pilosa (Luzuletum a.-p.).*

Gletschermannsschild-Flur, *Androsacetum alpinae.*

Sehr artenarme, offene hochalpin-nivale Polsterpflanzengesellschaft, meist über 2700 bis 3400 m, *Gentiana bavarica var. subacaulis, Luzula spicata, Ranunculus glacialis, Silene acaulis, Minuartia recurva, Saxifraga bryoides* und *moschata* und Schneebodenpflanzen. Durch die fast fehlende Konkurrenz sind die meisten Nivalpflanzen nicht mehr so streng an bestimmte Gesteinsunterlagen gebunden.

5. Die Entstehung der Alpen und ihrer Flora

Nach der Eroberung des Landes durch die Ur-Gefäßpflanzen *(Psilophyten)* hatten im Erdaltertum (Paläozoikum) v. a. die Farngewächse *(Pteridophyten)* – z. T. mit mächtigen Bäumen und erster Samenbildung – die Erde beherrscht. In der Kreidezeit des Erdmittelalters fand dann eine einschneidende Umbildung der Weltflora statt: das Erscheinen und die rasche Ausbreitung der Blütenpflanzen *(Angiospermen).*

Schon früher, in der Trias- und Jurazeit, waren *Gymnospermen* (Gingkogewächse und Nadelhölzer) vorhanden. In unserem Gebiet – dem späteren Alpenraum – erlangte das seichte warme Meer (*Tethys*-Urmittelmeer) mit mächtigen Korallenriffen und kalkabscheidenden Grünalgenbänken größte Bedeutung (in den Südtiroler Dolomiten bis 2000 m mächtig).

Die Alpen sind Teil einer jungen Gebirgsbildung, die am Ende der Tertiärzeit begann und sich in mehreren Phasen bis ins Quartär hinein fortsetzte. Zeitlich fällt sie zusammen mit einer allmählichen Verschlechterung des Klimas (als Folge der nach Süden wandernden Großklimazonen), die schließlich vor etwa 2–1 Mill. Jahren ihren Höhepunkt in der Eiszeit-Katastrophe fand *(Pleistozän).* Das skandinavische Eis rückte bis auf ca. 400 km an die Alpengletscher heran; die Alpen selbst waren in einen Eispanzer gehüllt, aus dem nur die höchsten Gipfel emporragten (ähnlich den „Nunatakkern" im heutigen grönländischen Inlandeis). Riesige Talgletscher strömten in die Ebenen hinaus (Moränen-Amphitheater südlich des Gardasees), dazwischen blieben am Alpenrand, besonders im Süden, größere Gebiete unvergletschert. In mindestens 5 großen Vereisungsphasen (Glazialzeiten), die von wärmeren, z. T. sehr langen Abschmelzperioden (Interglazialen) mit fast völliger Rekonstruktion der Lebewelt unterbrochen

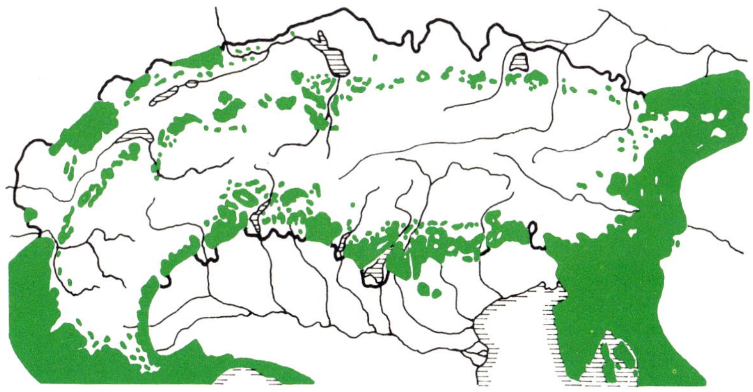

Abb. 5. Die Alpen während der Eiszeiten. Weiß: maximale Ausdehnung der Vergletscherung, grün: stets unvergletscherte Gebiete, die für die Erhaltung der Flora und die Wiederbesiedlung der eisfrei werdenden Teile eine wichtige Rolle spielten (nach H. Merxmüller, 1952).

waren, und vielen kleinen Klimaschwankungen (Stadialen und Interstadialen) wurden die subtropischen Wälder der *Tethys*-Küste nach und nach vernichtet. Die tertiäre Uralpenflora, zunächst wohl Hochstauden des Waldunterwuchses, wurden teilweise in einem allmählichen Anpassungsprozeß an die harten Lebensbedingungen des Hochgebirges zu Gebirgspflanzen („Oreophyten"). Aus den Alpen gelangten Pflanzen in die Arktis und umgekehrt, in Trockenzeiten, v. a. nach dem Ende der letzten großen Vereisung – das erst knapp 15 000 Jahre zurückliegt (Postglazial) – wanderten asiatische Steppenpflanzen ein, die sich heute besonders in den inneralpinen Trockentälern häufen.

Die spät- und nacheiszeitliche Vegetationsentwicklung der Alpen ist durch die Ergebnisse der Pollenanalyse inzwischen recht gut bekannt. Die Methode beruht darauf, daß Blütenstaub von Pflanzen in Mooren über Jahrtausende hinweg kenntlich bleibt. Da die Pollenkörner für alle Pflanzenarten charakteristisch sind, lassen sich aus den Prozentanteilen des Pollenniederschlages Hinweise auf die Zusammensetzung längst vergangener Vegetation gewinnen. Während damit nur relative Datierungen (tiefere Moorschichten sind älter, höhere jünger) möglich sind, kann man heute auch genaue Zeitmarken setzen: organische Einlagerungen (Holz, Torf, Knochen) enthalten geringe Anteile des radioaktiven Kohlenstoffs C 14 mit bekannter Zerfallszeit.

Spät- und nacheiszeitliche Wiederbesiedelung der Alpen nach MANGERUD 1974

Absolute Zeitmarken (Jahre vor heute)

20 000–18 000 Höchststand d. letzten Eiszeit (Würm)

Ia (Älteste Dryaszeit): Tundravegetation, in den Alpentälern Steppen mit *Artemisia, Ephedra, Chenopodium, Helianthemum,* Nelkengewächsen

13 000 ———

Ib (Bölling): starker Gletscherrückzug, Föhre dringt vor (sie hat wie die Birke, Fichte u. a. am Alpenrand die Eiszeiten überdauert. Lichte Wälder, Waldgrenze bei 1500 m.

12 000 ———

Ic (Ältere Dryaszeit): es folgt ein kurzer Gletschervorstoß, z. B. Inntal unvergletschert, im Ötztal reicht der Gletscher bis Sölden.

11 800 ———

II (Alleröd-Schwankung): rasche Ausbreitung der Föhre, erstes Auftreten der Fichte; in Slowenien (und am Alpenrand?) Eichenmischwald.

11 000 ———

III (Jüngere Dryas): die Vegetation erleidet durch neuerliche Gletschervorstöße einen Rückschlag, die Höhengrenzen sinken, der Wald wird an der Obergrenze gelichtet.

10 000 ———

IV (Präboreal): mit dem Ende des Spätglazials und dem Beginn des Postglazials (Nacheiszeit) endgültige Klimabesserung, Ansteigen der Höhengrenzen. Föhrenwald wird bald von Fichte und Hasel, im Tal vom Eichenmischwald verdrängt.

9 000 ———

V (Boreal – frühe Wärmezeit): das Klima ist etwa so warm wie heute, aber trockener. Im Tal dominiert der Eichenmischwald, in höheren Lagen wandert von Südosten die Buche, von Südwesten die Tanne ein.

8 000 ———

VI/VII (Atlantikum/Subboreal-Hochwärmezeit): das Klima ist warm und feucht, der Fichtenwald verdrängt den Eichenmischwald, Buche und Tanne kommen zur Vorherrschaft. Die Waldgrenze liegt etwa 100 m höher als heute.

Seit etwa 6000 Jahren hat auch der Mensch durch Waldrodung für den Bergbau der Bronze- und Hallstattzeit, für Almweiden und landwirtschaftliche Kultivierung der Hochtäler die alpine Vegetation immer stärker verändert. Die vorläufig letzte Phase einer großflächigen Zerstörung von Waldgrenze, Zwergstrauch- und Grasheidenregion, deren Folgen wohl erst kommende Generationen voll spüren werden, wurde durch die exzessive Ausweitung des Wintertourismus (Schipistenbau) erst vor einem Jahrzehnt eingeleitet.

Welche Pflanzen lebten vor der Alpenfaltung in unserem Gebiet?

Dazu müssen wir weiter zurückgehen, bis an die Anfänge höherer Pflanzen überhaupt. Die Blütenpflanzen (*Angiospermen*) sind spätestens in der Mitte der Jurazeit (vor ca. 150 Mill. Jahren) mit hoher Wahrscheinlichkeit in tropischen Bergwäldern Südost-Asiens entstanden (TAKTHAJAN 1973), haben sich aber erst in der Kreidezeit weiter ausgebreitet. Bereits frühzeitig schieden sich die Wuchsorte; Lebensformen und Pflanzengesellschaften bildeten sich aus. Einwanderung in subtropische Gebirge mit Feucht- und Trockenzeiten brachten den Pflanzen erste Belastungen durch Dürre und tiefe Temperaturen. Solche Verhältnisse kann man heute noch in tropischen Gebirgen studieren und eine Vorstellung gewinnen, wie die Anpassungsprozesse der Pflanzen sich abgespielt haben könnten. Es ist ein Lebensraum mit nicht sehr hohen Temperaturen, aber großen Temperaturschwankungen zwischen Tag und Nacht. Der Erwerb der Widerstandsfähigkeit gegen Frost (Frostresistenz) wäre nach LARCHER (1975) so denkbar: Zunächst müßten die frostempfindlichen Enzyme der Tropenpflanzen beim Vordringen in größere Höhe unempfindlich gegen tiefe Temperaturen geworden sein, dann könnten bei Absenken des Gewebegefrierpunktes auch schwache Fröste schadlos ertragen werden. Der letzte Schritt zur kälteresistenten Hochgebirgspflanze setzt eine Veränderung der Feinstruktur des Protoplasmas voraus. Dazu ist aber die Ausbildung einer „Entwicklungsrhythmik" nötig, d. h. eine Phase der aktiven Lebenstätigkeit wird durch eine Ruheperiode unterbrochen. Eine solche Entwicklungsrhythmik hat sich am ehesten als Anpassung an Wassermangel (Dürre) herausgebildet. So bestehen z. B. enge Beziehungen zwischen der endemischen alpinen Flora der amerikanischen Sierra Nevada und der benachbarten Wüste (BILLINGS 1974). CHABOT & BILLINGS (1972) konnten am Beispiel der Sierra Nevada zeigen, welche Auslesefaktoren für die Herausbildung von Hochgebirgsformen aus Wüstenpflanzen wirksam sind: Anpassung von Winterstauden der Wüste an das Wachstum während einer kurzen kühlen Jahreszeit; Auslese solcher Pflanzen, die bei höheren Temperaturen (über 20°) keimen, die sich mit ihrer Lebenstätigkeit schnell den wechselnden Temperaturen anpassen und auch bei niederen Temperaturen blühen können, die schnell Stärke abbauen und in Speicherorgane transportieren können usw. Nur wenn viele solche gleichsinnig wirkende Anpassungen erworben werden, ist ein Überleben im Hochgebirge möglich.

In der Kreidezeit gab es bereits eine Zonierung in geographische Breiten und auch regionale Unterschiede, etwa zwischen der Nord- und Südhemisphäre (Beispiel: Buchen – *Nothofagus*, fossil in der Oberkreide von Neuseeland und der Antarktis, *Fagus* in Kreideablagerungen der Nordhalbkugel). Die Lage der Klimazonen (Äquator-Pole) hat im Laufe der Erdgeschichte mehrfach gewechselt. In der Oberkreide war ein großer Teil der Nordhalbkugel zusammenhängendes Land mit einheitlicher temperierter Waldflora aus laubwerfenden Bäumen. Alle heute bekannten Gattungen waren bereits vorhanden, z. B. Ahorn, Birken, Erlen, Haseln, Buchen, Platanen, Eichen, Schneeball. Die Südgrenze dieser borealen Laubwaldvegetation der Kreidezeit verlief etwa über England und Südskandinavien nach Mittelrußland. Im Süden schloß sich die kreidezeitliche *Tethys*-Region („Altmediterrane Region") an. Der relativ hohe Anteil immergrüner Bäume und Sträucher spricht für ein warmtemperiertes bis subtropisches Klima. Es wuchsen *Araucarien*, Mammutbäume (*Sequoia*), Lorbeergewächse und v. a. Palmen. Zentralasien und Nordchina waren Trockengebiete und damit wohl älteste Zentren für die Entwicklung einer dürreertragenden (xerophytischen) Flora. Die *Tethys*, das Urmittelmeer, hatte Verbindung zum Indischen Ozean, ihre Küsten waren wichtige Wanderwege: im Norden für subtropisch-temperierte Floren, im Süden für tropische Florenelemente.

In die Kreidezeit fällt auch die Trennung Amerikas von Afrika und damit die Entstehung zweier verschiedener Tropenreiche (Tropen der alten Welt – *Paläotropis*, Tropen der neuen Welt – *Neotropis*). Nur etwa 250 Pflanzengattungen sind heute über die ganzen Tropen verbreitet (pantropisch).

In der älteren Tertiärzeit entstand durch „Modernisierung" der Floren ein dem heutigen ähnliches Bild, die Herausbildung eigener Florenbezirke verstärkte sich, aber die Großregionen blieben im Wesentlichen erhalten.

Es waren drei große Klimazonen herausgebildet, die gegenüber heute um etwa 15° nach Norden verschoben waren:

1. Eine kühl gemäßigte Klimazone mit vielen heute noch vorhandenen Gattungen wie

Ahorn, Erle, Berberitze, Birke, Hainbuche, Kastanie, Waldrebe, Hartriegel, Hasel, Heckenkirsche, Pappel, Eiche, Alpenrosen, Rosen, Brombeere, Weide, Vogelbeere, Linde, Ulme, aber auch aus Europa verschwundene, heute nur noch in Asien oder Amerika überlebende Gattungen wie die Magnoliengewächse Tulpenbaum (*Liriodendron*) und Katsurabaum (*Cercidiphyllum*), die Hülsenfrüchtler *Robinia, Gleditsia, Sophora* und *Wistaria*, Hortensien (*Hydrangea*), Geißblattgewächse (*Diervilla*) und Hexenhaselgewächse (*Hamamelis, Liquidambar, Parrotia*), die Walnußgewächse Hickory (*Carya*) und Flügelnuß (*Pterocarya*) und der Kakibaum (*Diospyros*), ein Ebenholzgewächs.

2. Eine subtropische Klimazone mit vielen Lorbeergewächsen (*Persea, Cinnamomum*), immergrünen Buchengewächsen (*Fagaceen: Quercus, Castanopsis*) und Palmen (*Trachycarpus, Livistona, Chamaerops, Sabal*).

Echte Tropenwälder gab es in Europa nie, auch wenn einzelne Tropenelemente bis Südengland vordringen konnten. Nicht hohe Wärme, sondern das Fehlen von Frost und die geringeren Temperaturunterschiede zwischen den Breiten ermöglichten die Ausbreitung von Tropenpflanzen nach Norden. So ist auch die berühmt reiche London-Clay-Flora aus dem Frühtertiär trotz vieler tropischer Elemente nicht echt tropisch, sondern subtropisch mit immergrünen Pflanzen der holarktischen Flora.

Bei der Besiedlung eines Gebirges mit großen Flächen von „Neuland“ – zunächst ohne Konkurrenz, dafür aber mit härteren Lebensbedingungen – sind von der Pflanzenwelt wohl verschiedene Wege eingeschlagen worden:

1. Bereits angepaßte Pflanzen benachbarter Gebirge wanderten zu – d. i. in den Alpen zu verschiedenen Zeiten und aus verschiedenen Richtungen geschehen.

2. Ebenen-Pflanzen bildeten beim Aufstieg in größere Höhen widerstandsfähige Gebirgsformen aus. Dieser Vorgang ist heute noch an vielen Beispielen, v. a. bei Sippen ursprünglich mediterraner Herkunft zu sehen: *Anthoxanthum odoratum – A. alpinum* oder *Anthyllis vulneraria – A. alpestris*. Dabei kann die Ausgangssippe erhalten bleiben oder verlorengehen. Schließlich sind auch Fälle bekannt, wo einzelne Sippen von

Abb. 6. Verteilung von Land und Wasser in Europa und Afrika im ältesten Tertiär vor der Alpenfaltung. Die Klimazonen gegenüber heute weit nach Norden verschoben! (nach H. u. G. Termier aus Ladurner, 1970).

Gattungen oder Familien mit Verbreitungsschwerpunkt in tieferen Lagen ohne äußerlich erkennbare „Anpassung" an günstigen Standorten bis über die Waldgrenze aufsteigen. Sie sind gewissermaßen auf halbem Weg zur Hochgebirgspflanze steckengeblieben und vermögen daher extreme Wuchsplätze der alpinen Stufe nicht zu besiedeln (viele Hochstauden wie *Senecio doronicum, Doronicum*-Arten, hochwüchsige Enziane).

Freilich dürfen wir nicht vergessen, daß sich sowohl die Gebirgsbildung selbst wie alle Wandlungen und Wanderungen der Lebewelt nicht plötzlich, sondern allmählich, in Zeiträumen von Millionen Jahren vollzogen. Aus neueren Forschungen wissen wir aber auch, daß in Zeiten mit stark wechselnden Umweltbedingungen (Gebirgsbildung, interglazialer und postglazialer Eisrückzug) die Formbildungsprozesse beschleunigt ablaufen, wobei v. a. natürliche Kreuzungen *(Hybridisierung)* und Vermehrung der Chromosomenzahl *(Polyploidie)* zu einer reichen Produktion von „Biotopen" führen (Ehrendorfer 1962). Am besten kann man die Formbildung in solchen Gebirgen studieren, in denen der Zusammenhang der Hochgebirgsflora mit der ursprünglichen Ausgangsflora des Tieflandes, dem feucht-warmen subtropischen Wald, gewahrt blieb – das ist besonders in Asien der Fall. Da aus naheliegenden Gründen die Chancen für die Erhaltung von Fossilien tertiärer Gebirgspflanzen minimal sind, müssen wir zur Rekonstruktion der Geschichte der Alpenflora indirekte Methoden heranziehen: heutige Verbreitung und Verwandtschaftsverhältnisse einzelner Sippen im Zusammenhang größerer Formenkreise (Gattungen, Familien) lassen Rückschlüsse auf Entstehungszentrum und Alter zu. Interessant ist auch, daß vergleichsweise nur wenige Familien des großen Pflanzenreiches imstande waren, Gebirgsformen auszubilden. Die wichtigsten dieser Familien sind in den Hochgebirgen der ganzen Erde ± dieselben: *Poaceae, Cyperaceae, Compositae, Brassicaceae, Rosaceae, Scrophulariaceae, Caryophyllaceae, Papilionaceae, Ranunculaceae*. Diese Methode der vergleichenden Arealkunde im Dienste der Florengeschichte ist wohl zuerst von H. Christ (1867) angewendet worden. Entgegen früher vertretenen Ansichten, daß der Ursprung der Alpenpflanzen in der Arktis zu suchen sei, hatte Christ festgestellt, daß von 693 untersuchten Alpenpflanzen nur 271 auch im Norden, die übrigen 422 aber teils in Asien, teils im Süden vorkommen. Später haben dann besonders Engler (1879, 1905, 1916), Schroeter (1934), Jerosch (1903), Diels (1910), Braun-Blanquet (1916), Scharfetter (1930), Gams (1933, 1937), Ehrendorfer (1962), Niklfeld (1970, 1973, 1974) u. a. Beiträge zur Lösung dieser interessanten Probleme geliefert. Merxmüller (1952) hat durch genaue Kartierung zahlreicher Alpensippen mit disjunktem (durch Lücken getrenntem) Areal viele rätselhafte Verbreitungsbilder aufklären können (Verbreitungskarten im Anhang!). Er kommt für die Mehrzahl der Fälle zur Auffassung, daß die Sippengliederung präglazial erfolgt ist. Die Areale sind dann durch die Eiszeiten wohl stark verändert worden, zeigen aber noch die ursprüngliche Verbreitung an. Der Grundstock der Alpenflora muß in der Zeit der letzten großen Gebirgsbildung entstanden sein, als die Klimabedingungen sich bereits den heutigen näherten, also im Jungtertiär. Wir können daher mit Gams (1933) von einem „tertiären Grundstock der Alpenflora" sprechen, der sich v. a. in den unvergletscherten Zufluchtsgebieten („Refugien") des Alpenrandes erhalten hat. Systematisch isolierte, ökologisch meist hochspezialisierte altertümliche Sippen mit oft sehr kleinen Wohngebieten geben Zeugnis vom letzten Rest der ältesten Alpenflora. Sie konnten sich über die Eiszeitkatastrophe in die Jetztzeit herüberretten, während der größere Teil der Gesamtflora vernichtet oder vertrieben wurde. Das Alpeninnere war während der Eiszeiten sicher nicht nur eine pflanzenleere Gletscherwüste, sondern bot in zahlreichen Kleinrefugien geeignete Lebensbedingungen für widerstandsfähige Pflanzen der alpinen Stufe. Auf die Erhaltung dieser trivialen Arten ist wohl die rasche Wiederbesiedlung der Alpen im Postglazial zurückzuführen (Merxmüller 1952). Bedeutend günstiger dürften die Bedingungen am Alpenrand gewesen sein, wo z. B. im Osten (Niklfeld 1974) eine ganze Reihe von Sippen, darunter auch Holzpflanzen (Föhre, Schwarzföhre, Fichte, Birke) an Sonderstandorten der montanen und kollinen Stufe mindestens die letzte Eiszeit überdauern konnte. Noch bessere Bedingungen herrschten am Südwestrand der Alpen, denn in Ligurien überlebten sogar Pflanzen der mediterranen Stufe. Der heutige Reichtum nicht nur der unvergletscherten Randgebiete mit ihren tertiären Relikten, sondern auch gewisser Gebiete im kontinentalen Alpeninnern (etwa Hohe Tauern, Brennergebiet) beruht aber sicher nicht nur auf florengeschichtlichen Tatsachen (eiszeitliche Zuwanderung sibirischer Elemente), sondern wohl auch auf den heutigen Klima- und Bodenbedingungen (günstige Kalkphyllite der Schieferhülle). Schon lange bekannt, aber noch nicht befriedigend erklärt ist die auffallende Artenarmut etwa der Stubaier und Ötztaler Alpen, des Mt.-Blanc-Gebietes, der Berner, Urner und Glarner Alpen sowie der „Tessiner Lücke".

Nach dem Ausgangszentrum, nach der Herkunft und nach dem Alter der Einwanderung können wir folgende „genetische Florenelemente" der Alpen unterscheiden (nach Diels 1910 und Gams 1933):

1. Alpigene Elemente (autochthone Flora): in den Alpen selbst entstanden, also im Wesentlichen der tertiäre Grundstock.
2. Quartäre Zugänge: Fremdlinge, die während der Eiszeiten neu eingewandert sind.

1. Alpigene Elemente

1.1. Der boreal-tertiäre Stamm (früher meist „arkto-tertiäre Flora" genannt):

Nach Diels „eine der heutigen Flora Ostasiens wesensgleiche Flora, die sich in der Tertiärzeit über die ganze Holarktis nördlich der Faltengebirge ausdehnte".

a) nördlicher (borealer) Zweig:
Bildungsherd Amerika: besonders *Ranunculaceae* und *Rosaceae*
Bildungsherd Asien: besonders *Saxifragaceae, Primulaceae, Ericaceae, Gentianaceae, Scrophulariaceae, Cichoriaceae.*

b) südlicher (meridionaler) Zweig:
Bildungsherd Mittelmeerländer: *Alsineen, Brassicaceae, Geraniaceae, Valerianaceae,* viele *Liliaceae (Paradisia, Allium insubricum, Fritillaria tubaeformis, Asphodelus albus).*

1.2. Der mediterrane Stamm

(Bildungsherd Mittelmeerländer), dessen Wurzeln z. T. weit nach Süden reichen und wahrscheinlich keine Verbindung zu Hochasien haben. Zu diesem „altafrikanischen Element" (Christ, Gams) gehören etwa *Erica carnea, Rhodothamnus chamaecistus, Polygala chamaebuxus, Cytisanthus radiatus, Cytisus purpureus, Daphne, Globularia, Sedum, Sempervivum, Helianthemum, Alchemilla, Viola, Senecio, Chrysanthemum, Carex baldensis.* Die Gruppe der Alpenpflanzen mit Heimat im Mittelmeerraum ist im einzelnen nicht immer eindeutig einzuordnen. Nach J. Braun-Blanquet (1923) sind etwa $^4/_5$ der endemischen Gattungen der Alpenflora mediterranen, $^1/_5$ ist asiatischen Ursprungs.

2. Quartäre Zugänge

Die glazialen Wanderungen waren wohl eher passive Transporte durch die Gletscherbäche. Das Gletschervorland bestand aus riesigen Schotter- und Moränenfeldern mit niedriger Zwergstrauchvegetation *(Salix polaris, herbacea, retusa, Betula nana, Dryas, Loiseleuria),* deren Reste sich vielfach in Glazialtonen gut erhalten haben.

2.1. Arktische Elemente

Pflanzen, die während der Eiszeiten aus der Arktis in die Alpen gelangt sind („Glazialpflanzen"):

Die Einwanderung arktischer Pflanzen in die Alpen erfolgte von NO nach SW (in den Ostalpen bis Tirol 26 arktische, in den Seealpen nur noch 4).

a) arktisch-alpine Arten unsicherer Entstehung: *Carex capitata, Dryas, Geum,* verschiedene *Salix*-Arten

b) boreal-tertiäre Sippen, die während der Eiszeiten über die Arktis in die Alpen eingewandert sind („arktisch-altaische Elemente"): *Saxifraga hirculus, S. cernua, S. hieracifolia* (i. d. Alpen nur ganz sporadisch erhalten), *Elyna* und *Cobresia* (amphiarktisch, Heimat Hochasien), *Juncus castaneus, Draba ladina* (nur in den Engadiner

Dolomiten, einziger europäischer Vertreter der Sect. *Chrysodraba*), *Oxyria*, *Androsace chamaejasme*, *Primula* sect. *Farinosae*, *Papaver* sect. *Scapiflorae* (Alpenmohne: *Papaver alpinum* agg. mit mehreren Arten, davon der weiße *P. sendtneri* in den nördlichen Kalkalpen, der gelbe *P. rhaeticum* in den Südalpen, Apennin und Pyrenäen), *Braya alpina*, *Gentiana prostrata* und *nana*, *Lomatogonium carinthiacum*, *Ranunculus pygmaeus*.

c) Pflanzen, die aus den Alpen in die Arktis gelangten: *Gentiana verna* und *G. nivalis*, *Alchemilla alpina*, *Saxifraga oppositifolia* und *paniculata*, *Gentiana purpurea*.

d) Pflanzen mediterranen Ursprungs, die über die Alpen bis in die Arktis gelangten: *Silene acaulis*, *Helianthemum alpestre*.

2.2. Südsibirische Elemente

Die wohl schon in älteren Eiszeiten in südeuropäische Gebirge zuwanderten: *Anemone narcissiflora*, Felsenhungerblümchen – *Draba*: *D. carinthiaca* (Kaukasus bis Pyrenäen), *D. hoppeana*, *sauteri* u. a. (Ostalpen), *Aster alpinus*, Alpenscharte (*Saussurea*), Edelweiß (*Leontopodium alpinum*), Zirbe (*Pinus cembra*).

3. Postglaziale, z. T. noch andauernde Sippenbildung

Wiesengräser (*Festuca*, *Poa*), *Gentiana* sect. *Endotricha*, *Euphrasia*, *Rhinanthus*, *Hieracium* u. v. a. Wohl erst im Postglazial wanderten sowohl pontisch-südrussische Steppenpflanzen über Ost-Österreich in die Trockentäler der Alpen ein (*Androsace septemtrionalis*, *Astragalus austriacus*, *exscapus*, *alopecuroides*, *Dracocephalum austriacum*) als auch boreale Waldpflanzen wie *Trientalis* und *Linnaea* im Gefolge der Wiederbewaldung (ca. 13 000 vor heute).

Am reichsten vertreten und am interessantesten ist der tertiäre Grundstock der Alpenflora, den wir daher etwas genauer behandeln wollen.

Der boreal-tertiäre Stamm

a) Formenkreise, die in den Alpen keine echten Hochgebirgssippen (Oreophyten) hervorgebracht haben: Die altertümliche Gattung *Swertia* (*Gentianaceae*), von der *Gentiana* und *Lomatogonium* abstammen. *Aconitum* und *Delphinium*: Pflanzen lichter Gebirgswälder; die primitivsten Sippen durchwegs in Ostasien und Nordamerika, in den Alpen keine endemische Art, fehlt in der Arktis; in Hochasien viele Oreophyten bis über 5000 m.

b) Formenkreise, deren Umprägung zu Hochgebirgspflanzen nicht abgeschlossen wurde: *Wulfenia carinthiaca* (Gartnerkofel-Gailtaler Alpen, Montenegro, Verwandte im Himalaya), *Veronica bonarota* und *lutea* (südl. Kalkalpen, vereinzelt Nordalpen).

c) Formenkreise, die in den Alpen echte Oreophyten erzeugt haben, von denen z. T. noch Reste der alten Stammflora niederer Lagen bes. in Ostasien erhalten sind:

Hahnenfußgewächse, *Ranunculaceae*.

Akelei (*Aquilegia*).

3 Arten endemisch-alpin (*A. alpina*, *einseleana*, *thalictrifolia*), Arten in Asien und Amerika z. T. bis über 4000 m.

Schmuckblume (*Callianthemum*).

6 Arten in Hochasien, *C. coriandrifolium* (Karpaten, Alpen, Pyrenäen), *C. anemonoides* (endemisch in den NO-Alpen), *C. kerneranum* (Mt. Baldo).

Weiße Hahnenfuß-Arten.

Ranunculus aconitifolius, *alpestris*, *pyrenaeus*, *parnassifolius* (Alpen bis Pyrenäen), *R. bilobus* (endem. Südalpen), *R. seguieri* (Dolomiten, SW-Alpen, Jura, Apennin), *R. glacialis* (Gletscherhahnenfuß, höchststeigende Blütenpflanze der Alpen, Finsteraahorn 4270 m, Karpaten, Sierra Nevada, O.-Grönland, Spitzbergen).

Steinbrechgewächse, *Saxifragaceae* (Engler 1872).

Die Stammflora der *Saxifraginae* ist z. T. noch gut erhalten (*Peltophyllum*, *Heuchera*, *Bergenia*). Reste dieser Waldstauden auch in den Alpen (*Saxifraga paradoxa*, *S. pe-*

traea). Einzelne Gruppen wohl im Tertiär in südeuropäischen Gebirgen weiter verbreitet: Die altertümlichste Art *S. arachnoidea* heute nur noch in Judikarien, nahe Verwandte in Südspanien und am Schwarzen Meer. Entstehung zahlreicher Oreophyten bes. in den Alpen und Hochasien, weniger in Nordamerika. Viele extreme Polsterpflanzen, reicher Endemismus: Sect. *Dactyloides* (*S. aphylla, tenella, facchinii, muscoides, seguieri, moschata, androsacea, presolanensis*), Sect. *Kabschia* (*S. caesia, squarrosa, burserana, tombeanensis, vandellii, diapensioides*), Sect. *Porphyrion* (*S. oppositifolia*, kommt auf 83° 15′ von allen Blütenpflanzen dem Nordpol am nächsten, *S. biflora* – Alpen, *S. retusa* – Pyrenäen, Alpen, Karpaten).

Enziane, *Gentianaceae.*
Vielleicht amerikanischen Ursprungs? Mit altertümlichen, meist breitblättrigen Waldstauden verbreitet in Malaysia, Australien, Südamerika. Älteste Sektion *Coelanthe* fast rein europäisch: *Gentiana lutea* – Pyrenäen bis Olymp; *G. burseri* – Pyrenäen; *G. purpurea* – Apennin, Westalpen bis Arlberg, Arktis; *G. punctata* – Zentralalpen, Karpaten, Balkan; *G. pannonica* – Karpaten, Ostalpen. Keine extremen Oreophyten.

Primeln, *Primulaceae.*
Primula – subtropisch-tropischer Stamm, zwar nicht so weit verbreitet wie die Enziane und Steinbreche, aber doch in Afrika und China: *Primula* (ca. 250 Arten) hat gemeinsame Wurzeln mit *Soldanella* und *Androsace*, die sich in den einfachen Formen (*Primula* sect. *Sinenses, Androsace* sect. *Pseudoprimula*) sehr nahe stehen! Ein besonders gutes Beispiel, wie sich aus subtropischen Kräutern Hochgebirgspflanzen entwickelt haben, bietet die Sect. *Monocarpicae* mit vielen endemischen Arten im östlichen Hochasien. In den Alpen fehlen die Stammformen oder sind vernichtet worden, nur die oreophytischen Nachkommen sind erhalten.
Die südeuropäische Sect. *Auricula* (22 Arten; außer in den Alpen nur noch in den Pyrenäen, Karpaten, Balkan, Apennin) muß in Europa entstanden sein. Die ältesten Sippen der Ostalpen *P. auricula, wulfeniana, minima, glutinosa* könnten nach Gams im Balkan aus asiatischen Ahnen hervorgegangen sein (altertümliches Bindeglied *P. deorum* des Rhodopengebirges vermittelt zu den asiatischen Sippen) und haben seit dem Tertiär in den Alpen eine große Zahl neuer Arten gebildet. Der Wanderweg von Ost nach West wird sichtbar am Merkmalsgefälle (A. Kress, 1963, siehe Karte).

Eisglöckchen, *Soldanella.*
Rein südeuropäisch, wohl aus tertiären Waldprimeln hervorgegangen. Der Übergang ist bei den osteuropäischen *Soldanellen* gut zu sehen (*S. montana* – bis in die NO-Alpen, *S. villosa* – Pyrenäen). *S. alpina, minima* (Südalpen – Apennin), *austriaca* (NO-Alpen), *S. pusilla* (Alpen – südosteurop. Gebirge).

Mannsschild, *Androsace* sect. *Chamaejasme.*
Hat in der Untergattung *Aretia extreme* Hochgebirgspflanzen ausgebildet: *A. chamaejasme, helvetica, hausmannii* (südl. und nordöstl. Kalkalpen), *A. alpina* (endem. alpin, Silikat), *A. wulfeniana* (östl. Zentralalpen), *A. brevis* (endem. Comersee), *A. carnea, multiflora* (Westalpen und westeurop. Gebirge). Auf gleiche Wurzeln geht die südeuropäische gelbblühende *Vitaliana primuliflora* (= *Douglasia vitaliana*) zurück (Südalpen, Abruzzen, Sierra Nevada).

Nelkengewächse, *Caryophyllaceae* Unterfamilie *Alsinoideae.*
Cerastium, Minuartia, Moehringia mit zahlreichen hochalpinen Polsterpflanzen.

Heidekrautgewächse, *Ericaceae.*
Erica selbst wohl altafrikanisch, *Rhododendron* mit asiatischem Entwicklungszentrum. Eine *Rhododendron ponticum* nahestehende Form (*Rh. sordellii*) war noch in einer warmen Zwischeneiszeit in den Südalpen (Iseosee) und bei Innsbruck verbreitet, heute lebt es nur noch in Südportugal, Südspanien und am Schwarzen Meer. *Rh. hirsutum* Kalk-Ostalpen bis Genfersee. *Rh. ferrugineum* (Sauerboden) – westl. Alpen, Südkroatien, Nordapennin, Jura, Pyrenäen.
Läusekräuter, *Pedicularis.*
Sect. *Acaules*: entspricht boreal-tertiären Waldpflanzen, heute mit starker Disjunktion: Südalpen, China, Japan. In den Alpen reicher Endemismus: *P. acaulis, rosea, elongata, rostratocapitata, recutita, asplenifolia, gyroflexa, rhaetica, kerneri.*

Der mediterrane Stamm

Hahnenfußgewächse, *Ranunculaceae.*
Pfingstrose – *Paeonia,* Nießwurz – *Helleborus.*

Nelkengewächse, *Caryophyllaceae* Unterfamilie *Silenoideae.*
Viele Polsterpflanzen, besonders in den Mittelmeerländern reich entwickelt: *Silene auriculata* und Verwandte auf mediterranen Gebirgen, *S. elisabetha* (endem. Südalpen), *S. vallesia, S. saxifraga, S. acaulis* (Alpen, Arktis).

Strahlensame.
Heliosperma (Balkan, Alpen): *H. quadridentatum* (bis Pyrenäen), *H. alpestre* (bis Ostalpen).
Seifenkraut, *Saponaria.*
S. ocymoides (westmediterran. Alpen), *S. lutea* (Westalpen), *S. pumila* (zentr. Ostalpen).

Jupiternelke.
Lychnis flos-jovis (endemisch, Südalpen), Gletschernelke. *Dianthus glacialis* (östl. Zentralalpen, Karpaten), *D. alpinus* (östl. Kalkalpen).

Kreuzblütler, *Brassicaceae = Cruciferae.*
Schaumkraut – *Cardamine* wohl schon der tertiären Waldflora angehörend, *C. trifolia* und *asarifolia* (immergrün), *C. resedifolia* und *alpina* (kalkmeidende Hochgebirgspflanzen). Weitere rein mediterrane Gattungen: *Biscutella, Iberis, Aethionema, Hutchinsia, Petrocallis, Thlaspi, Kernera, Matthiola, Erysimum, Alyssum.*

Doldenblütler, *Apiaceae = Umbelliferae.*
Viele großwüchsige Gattungen südeuropäisch: *Molopospermum* (Südalpen, Pyrenäen), *Trochiscanthes, Grafia golaka* (Südostalpen, Illyrische Geb., Abruzzen), *Bupleurum* (*B. petraeum* – endem. Südalpen). *Eryngium alpinum* (Westalpen, Jura, Illyr. Geb.).

Korbblütler, *Compositae.*
Übergang von Wald- zu Gebirgspflanzen bes. schön an Hochstauden zu sehen: *Petasites paradoxus, Adenostyles glabra* und *alliariae* (südeurop. Geb.), *A. leucophylla* (zentr. Westalpen bis Ötztal), *Homogyne:* ursprünglicher Waldbewohner *H. sylvestris* (Illyr. Geb. bis SO-Alpen), *H. discolor* (Ostalpen), *H. alpina* (Balkan bis Pyrenäen), Gemswurz – *Doronicum:* Bergwaldpflanzen wie *D. austriacum* (Kleinasien bis Pyrenäen), *D. columnae* (Kleinasien bis Südostalpen, Apennin) und Oreophyten wie *D. clusii* (Spanien bis Karpaten), *D. grandiflorum* (Alpen, Pyrenäen, Korsika) und *D. glaciale* (endem. Zentr. Ostalpen).

Greiskraut, *Senecio.*
Lägerstauden *S. alpinus* (Alpen), *S. subalpinus* (Balk., Karpaten, Ostalpen), Oreophyten *S. incanus agg.* (Zentralalpen), *S. uniflorus* (Westalpen) und der altertümliche, verholzte *S. abrotanifolius* weisen nach Afrika.
Telekia speciosissima (endem. Südalpen) – Illyr.-balk. Waldstaude *Telekia speciosa.*

Schafgarbe, *Achillea.*
Subalpine Waldstaude *A. macrophylla* (Westalpen bis Tirol, Nordapennin) und mehrere Oreophyten wie *A. moschata* und *nana* auf Silikat, *A. clavenae* (Süd- und Ostalpen, Balkan), *A. atrata* (Westalpen bis Kleinasien) und *A. oxyloba* (Endem. Südalpen) auf Kalk.

Wucherblume, *Chrysanthemum.*
Die Gattung weist ebenfalls nach Afrika. *Ch. corymbosum* (submediterr.), Oreophyten: *Tanacetum alpinum* (Silikat) und *atratum* (Kalk). Edelrauten – *Artemisia:* alte Arten *A. spicata* (Alpen, Apennin) und *A. glacialis* (Westalpen), jüngere Abkömmlinge *A. laxa, nitida* (Südalpen, Apennin) und *A. nivalis* (Walliser Alpen). *Berardia subacaulis:* altertümliche Gattung (endem. Westalpen), nahe Verwandte *(Onopordon)* im Mittelmeerraum, andere in Nordwestafrika.

6. Tafelteil

Lichenes. Flechten **Flechtentafel**

Flechten sind merkwürdige Doppelwesen: aus dem für beide Partner vorteilhaften Zusammenleben von Pilzen – in den gemäßigten Zonen fast ausschließlich Schlauchpilz *(Ascomycetes)* und Algen (bes. Grün- und Blaualgen) entsteht ein völlig neuer Organismus mit neuer Gestalt und neuen Eigenschaften. Flechten gehören zu den widerstandsfähigsten Lebewesen, die wir kennen. Der oder die Algenpartner spielen dabei offenbar eher die Rolle der Arbeitssklaven, denn die Pilzfäden *(Hyphen)* umspinnen die Algenzellen oder dringen mit Saugorganen in sie ein. Die Flechtenpilze – mangels Blattgrün (Chlorophyll) auf Fremdnahrung angewiesen – versorgen sich so mit den nötigen organischen Nährstoffen, die die grünen Algen aus den Grundbausteinen CO_2 der Luft und Wasser mit Hilfe der Sonnenenergie „autotroph" erzeugen. Der Algenpartner wird durch den Pilz meist stark verändert und vermehrt sich nur durch einfache Zellteilung. Der Pilz hingegen prägt die Gestalt des Flechtenlagers (Thallus) und vermehrt sich geschlechtlich durch Sporen, die meist in besonderen, schalen- oder kugelförmigen Fruchtkörpern *(Ascokarpien)* gebildet werden. Die Form dieser Fruchtkörper ist ein wichtiges Einteilungsmerkmal. Ungeschlechtliche Vermehrung durch Abbrechen von Thallusstücken oder durch besondere Auswüchse des Flechtenkörpers, die entweder abfallen *(Isidien)* oder abgestoßen werden *(Soredien)*. Beim inneren Aufbau des Flechtenkörpers lassen sich zwei Grundtypen unterscheiden: entweder sind die Algen ± regellos zwischen den Pilzfäden eingestreut oder die Algen sind in einer Schicht angeordnet, während die darunterliegende „Markschicht" aus algenfreien Pilzhyphen besteht; nach außen ist der Thallus meist durch eine dickere Rinde geschützt.

Zur Übersicht genügt für unsere Zwecke die alte Einteilung nach der Wuchsform in Krustenflechten, Blattflechten, Strauchflechten und Bartflechten bzw. Haarflechten. Beschreibungen nach Poelt 1974.

Fig. 1. Letharia vulpina (L.) Vain., *Wolfsflechte.*

Lager strauchig, abstehend bis hängend, mit Haftscheibe festgewachsen, 2–15 cm lang, sehr selten fruchtend.

Auf Rinde und altem Holz von Lärche und Zirbe, seltener auch auf Föhren und Fichte. – In den kontinentaleren Teilen von Skandinavien, alpid. Gebirge. Giftig!

Fig. 2. Cetraria ericetorum Opiz (= C. cripa, C. tenuifolia).

Sehr schmal rinnigblättrige, dunkelbraune Art, oft mit voriger zusammen, aber seltener.

Fig. 3. Cetraria islandica (L.). Ach., *Isländisch Moos.*

Goaßstrauben (Tirol), *Kramperlmias* (O.N.-Österr.), *Graupn* (Kärnten, Steiermark).

Lager graugrün bis kräftig braun, Abschnitte breit oder schmal. Vielgestaltige Art.

Vom montanen Wald bis in die Nivalstufe.

Fig. 4. Cetraria nivalis (L.) Ach., *Gelbfüßige Moosflechte.*

Lager grünlich- bis gelblich-weiß, oberseits mit deutlichen Netzadern, nur wenig rinnig eingebogen, am Grund bräunlich-gelb verfärbt.

Häufig in windexponierten Zwergstrauch- und Grasheiden. Arktisch-alpin.

Fig. 5. Cetraria cucullata (Bellardi) Ach., *Rotfüßige Moosflechte.*

Sehr ähnlich Voriger, aber Lager nicht netzaderig, röhrig-rinnig eingerollt, am Grund purpurrot.

Fig. 6. Cetraria tilesii Ach. (= C. juniperina v. terrestris), *Gelbe Moosflechte.*

Lager gelb, ähnlich Vorigen, aber Abschnitte aufsteigend, ± eingerollt oder grubig vertieft.

Windgefegte Kalkböden der Gebirge, *Elynetum, Firmetum;* im Norden seltener.

Fig. 7. Cladonia arbuscula (Wallr.) Rabenh. (= C. sylvatica), *Weiße Renntierflechte.*

Ähnlich Voriger, aber Lager weißlich bis gelbl.-grünlich, dicht verzweigt, Hauptstamm meist über 1 mm dick, Endzweige meist stark einseitig gebogen.

Anspruchsloser und daher höher steigend als die Vorige (bis über 3000 m). Alpine Rasen, Zwergstrauchheiden. – Fast ganz Europa außer Mittelmeergeb.

Fig. 8. Cladonia rangiferina (L.), Web., *Graue Renntierflechte.*

Steinrute (Bern), *Fideri* (Glarus), *Zieger* (Außerfern), *Verwunschenes Gras* (Gailtal-Kärnten).

Lager grau bis blaugrau mit stark gebräunten Spitzen.

Wälder, Zwergstrauch- und Grasheiden.

Fig. 9. Cladonia alpestris (L.) Rabenh., *Kuppelflechte.*

Verzweigungen allseitig dicht; Rasen kuppelförmig gewölbt, weiß-grünlich bis gelblich.

Flechtentafel

An Orten mit längerer Schneebedeckung in alpinen Rasen und Zwergstrauchheiden, zwischen Blockwerk; oft in schwellenden Teppichen, auch in tieferen Lagen in Mooren. – Hauptverbr. im borealen Waldgebiet; Gebirge von den Alpen bis zum Ural.

Fig. 10. Solorina crocea (L.) Ach., *Safran-Flechte.*

Lager blättrig, starr, brüchig, grau- bis braungrün, unterseits leuchtend orange; Apothecien angedrückt.

Auf kalkarmen feuchten Böden mit längerer Schneebedeckung; meist über der Baumgrenze, bis in die Nivalstufe. – Gebirge von den Pyrenäen bis zum Ural, Arktis, Skandinavien, Schottland, Irland.

Fig. 11. Alectoria ochroleuca (Erh.) Nyl., *Windbart-Flechte.*

Lager niederliegend bis aufsteigend, starr; Äste verzweigt, gelb-grünlich, die Spitzen meist blauschwärzlich. Sehr selten fruchtend.

In windgefegten, im Winter schneefreien alpinen Rasen (*Curvuletum, Elynetum*). – Europäische Hochgebirge, Arktis.

Fig. 12. Stereocauion alpinum Laur., *Strunk-Flechte.*

Primärthallus körnig bis schuppig, Ästchen mit weißlichen, hell- oder dunkelgrauen, warzigen oder schuppenförmigen „Blättchen" besetzt. Schwierige Gattung mit mehreren ähnlichen Arten.

Auf sauren Moränenböden oft massenhaft und dichte Rasen bildend; bis zu den höchsten Gipfeln. – Arktisch-alpin.

Fig. 13. Haematomma ventosum (L.) Massal., *Blutaugen-Flechte.*

Lager gelblich-grünlich bis gelbgrau, meist dicklich, rissig bis gefeldert. Fruchtscheiben (*Apothecien*) blutrot.

Häufig und verbreitet, auf kalkfreiem Gestein von der subalpinen Stufe an. – Arktischalpin.

Fig. 14. Thamnolia vermicularis (Sw.) Ach. s. l., *Wurm-Flechte.*

Lager wurmförmig, einfach oder wenigästig, niederliegend od. aufrecht, dann oft dichte Rasen bildend; Äste drehrund od. etwas zusammengedrückt, hohl mit verschmälertem Ende. Nicht fruchtend.

In Windheiden verbreitet und häufig. – Arktis, Gebirge.

Zwei Kleinarten: *Th. subuliformis (Erh.)* Culb. auf saurem Substrat, in den Kalkalpen die sehr ähnliche, meist dünner ästige *Th. vermicularis (Sw.) Ach. s. str.*

Fig. 15. Xanthoria elegans (Link) Th. Fr. (= Caloplaca elegans), *Gelb-Flechte.*

Lager sehr wechselnd in Größe und Farbe (gelb, orange, ziegelrot), groß- bis kleinblättrig, meist reichlich fruchtend.

Stickstoffliebende Art (Vogelsitzplätze!) auf allen Gesteinsarten, aber auch auf Holz und Moosen. Sehr häufig und weit verbreitet. – Arktis, Gebirge, auch in tiefen Lagen.

Fig. 16. Rhizocarpon sp., *Landkarten-Flechten.*

Lager grüngelb bis gelb, bei manchen Arten auch weiß, grau od. braun, krustig, rissig-felderig, durch schwärzliche Felder verbunden.

Häufige Gesteinsflechten, fast ausschließlich auf Silikat. Sehr artenreiche und vielgestaltige Gattung; zur Unterscheidung Mikroskop nötig (Sporen!).

Fig. 17. Umbillicaria sp., *Nabel-Flechten.*

Lager blättrig, mit zentralem Nabel angeheftet, weißlich, grau, braun od. schwärzlich, glatt oder gefaltet.

Häufige Flechten der Silikatfelsen, bes. der alpinen Stufe. Artenreich, nicht leicht zu unterscheiden.

Häufigste Art *U. cylindrica (L.) Del.*: Einzellager grau, ca. 5 cm breit, in größeren kleinschuppigen Rasen, am Rand gewimpert, Unterseite hell. – Gebirge, Nordeuropa auch in tiefen Lagen. – *U. hirsuta (Sw.) Ach.*: Lager klein (bis 3 cm), papierartig bis dünn-lederig, oberseits in der Mitte rissig. Bes. auf gedüngten Felsen. – Fehlt in der Arktis und in hohen Gebirgslagen. – *U. deusta (L.) Baumg.*: Lager dunkelbraun, reich mit warzigen oder schuppig – blättrigen Isidien besetzt. Bes. auf lang schneebedeckten Blöcken. – Häufig und weit verbreitet; im Norden wie in den Gebirgen. – *U. virginis Schaer.*: Lager hellgrau bis weißlich, mit unregelmäßigen kräftigen Wülsten besetzt. Selten! Nivalstufe der Hochgebirge, Arktis.

Fig. 18. Polytrichum norvegicum Hedw. (= P. sexangulare), *Norwegisches Haarmützen-Moos.* – **(Musci** – *Laubmoose).*

Sporenkapsel 4–6eckig, von einer mützenförmigen behaarten Haube bedeckt. Ihr Stiel gelbrot, 2,5–4 cm lang, Blätter stumpf, 5–6 mm lang.

Bildet dichte, oft ausgedehnte dunkelgrüne Rasen auf sauren Schneeböden der ob. alp. Stufe (bis über 3400 m). – Höhere Geb., Arktis. – *Polytrichum piliferum Schreb.*: ähnlich, aber im Ganzen kleiner, Rasen bräunlich-grün, Blätter mit langer weißgrauer Haarspitze. Häufig auf trockenen sandigen Böden bis über 3700 m.

Textteil

Coníferae. Nadelhölzer **Tafel 1**

Meist immergrüne Bäume oder Sträucher mit vorherrschend einnervigen, starren, nadelförmigen Blättern. Blüten stets eingeschlechtig. Männliche Einzelblüte einen kleinen Zapfen bildend, ihre Staubblätter schuppenförmig (bei der Eibe tischchenförmig), unterseits mit einfächerigen Pollensäcken. Weibliche Blüten in zapfenförmige (beim Wacholder beerenähnliche) Blütenstände zusammengefaßt, mit je einer Samen- und Deckschuppe (letztere manchmal schwindend oder mit der Samenschuppe verwachsen), mit nackten Samenanlagen; nur bei der Eibe auch die weiblichen Blüten einzeln. Keimling mit zwei bis vielen Keimblättern. Der Blütenstaub wird durch den Wind übertragen (Windblütler).

Táxus baccáta L., *Eibe* (Naturschutztafel A).

Iwe(n), I(j)e, I, Ei, Eile, Ib(e), Ible (Schweiz), *Bölleli-ris* (Aargau), *Schnuderbeeriboum* (Thurgau), *Pippenholz, Rotzbeeren* (Salzburg), *asse, lai* (Waadt).

Immergrüner, bis 17 m hoher Baum oder Strauch mit anfangs rotbrauner, später graubrauner, abblätternder Borke. Äste waagrecht abstehend oder hängend. Nadeln oberseits dunkelgrün, glänzend, unterseits hellgrün, matt, kurz stachelspitzig, bis 35 mm lang, 2 mm breit. Blüten meist zweihäusig, männliche aus 6–15 Staubblättern bestehend. Der schwarzbraune, holzige Same ist von einem becherförmigen, scharlachroten, süßlich-schleimigen Mantel zum größten Teil umschlossen. – Blüht im März und April. – *Giftig!* Teilweise *geschützt!*

Stellenweise und meist vereinzelt als Unterholz in schattigen Laub- und Nadelwäldern auf milden, feucht durchrieselten Humuslehmböden, in wintermilden Klimagebieten, bis 1600 m ansteigend. Früher weiter verbreitet, heute stark zurückgehend. – Süd- und Mitteleuropa (nördlich bis Südskandinavien und Weißrußland), Algerien, Kleinasien, Kaukasus, Nordpersien. Subatlantisch-mediterran. Verwandte Sippen in Ostasien und Nordamerika.

Fig. 1. Lárix decídua Miller, *Lärche.*

Larch (Tirol), *Lerbaum* (Oberösterreich), *Lähra* (Niederösterreich), *Lorche, Lörche, Löre* (Solothurn), *Lörtschine* (Wallis), *lèresh* (Gröden), *Láresch, Láras* (Graubünden).

Sommergrüner Baum mit geradem Stamm und pyramidenförmiger Krone, bis 54 m hoch und bis 1,6 m dick; Hauptäste horizontal ausgebreitet, Nebenäste hängend. Junge Triebe hellgrüngelb. Blätter auf Kurztrieben zu 25–64 gebüschelt, 2–4 cm lang. Zapfen klein, eiförmig, hellbraun, mit dünnen, langzugespitzten, zur Blütezeit purpurroten Deckschuppen; diese viel länger als die sehr kleinen Samenschuppen. Samen glänzend hellbraun, 3–4 mm lang mit breitem, halbeiförmigem Flügel. – Blüht vom April bis Juni. – Harz („Venetianisches Terpentin") für Heilsalben.

Häufig in ausgedehnten, lichten Waldungen auf sonnigen, trockenen Höhenrücken und Berghängen, meist auf mäßig sauren, lange schneebedeckten, humosen Mineralböden über den verschiedensten Gesteinen, stellenweise (vielleicht im Osten allgemeiner) mehr auf kalkreicheren Böden. Licht-, trockenheit- und wärmebedürftig. Selbständig zu Beständen vereinigt oder im Verein mit Zirben, Fichten oder Bergföhren von (100–)800–2400 m ansteigend; bildet gemeinsam mit der Zirbe in den Zentralalpen die oberste Waldstufe. – Alpen (besonders in den zentralalpinen Trockentälern, von Dauphiné und Provence bis Niederösterreich und Kroatien) und Westkarpaten. Mit Einbeziehung naher Verwandter amphiboreal-montan(-kontinental).

Fig. 2. Juníperus commúnis L. ssp. **nána** Syme, *Zwerg-Wacholder.*

Jochkranawit (Tirol), *Jochmied* (Oberbayern), *Kromzach* (Unterinntal), *Almkranabet* (Kärnten), *Kranzach* (Salzburg), *Gióp, Güp, Ginaiver, Brinscier* (Graubünden).

Sparriger, dichte Teppiche bildender Spalierstrauch, bis 50 cm hoch. Zweige kurz und dick, oft hin- und hergebogen. Nadeln 4–8 mm lang, kahnförmig, meist etwas nach einwärts gekrümmt und in eine wenig stechende Spitze auslaufend. Blüten zweihäusig. Beerenzapfen blauschwarz, bereift, oben mit einer dreistrahligen Furche, ungefähr so lang wie die sie stützenden Nadeln. – Beeren gegen Gicht und Rheumatismus; Antiseptikum. – Teilweise *geschützt!*

Ziemlich häufig und größere Flächen überziehend an steinigen, besonnten Abhängen, auf mageren Wald- und Weideböden, auf meist kalkarmer, humoser Unterlage. Bildet, oft vergesellschaftet mit Bärentrauben und Krähenbeeren, auch mit Alpenrosen, die Zwergstrauchspaliere und -heiden der alpinen Stufe von 1600–3000 (–3570) m. – Alpen, Sudeten, Karpaten, Kaukasus, Himalaja, arktisches Eurasien und Nordamerika. Amphiarktisch-alpin.

1
2
3
4

Verwandt ist der *Sadebaum* oder *Sevenstrauch* (*Juníperus sabína* L.), ein niedergestreckter, stark riechender Strauch mit schuppenförmigen Blättern und blauschwarzen Beerenzapfen. An heißen, trockenen Felshängen (vor allem in der inneralpinen Föhrenzone) bis 3000 m ansteigend. Eurasisch-boreal-montan(-kontinental).

Fig. 3. Pínus múgo Turra, *Krummholz, Latsche, Knieholz, Legföhre.*

Zetten, Zotten, Zatten (Ostalpen), *Zerben, Zerm, Zermstaudn, Klepp'n* (Niederösterreich), *Zundern, Kuscheln* (Oberbayern, Tirol), *Löken, Lökerstaude* (Salzburg), *Lekhern* (Niederösterreich), *Lekha* (Steiermark), *Taufern, Tüfern, Dufe* (Allgäu), *Arle, Arele* (Graubünden), *Mign, Migstaudn, Reischtn* (Südtirol), *Müff, Burschína* (Engadin), *Agniía, Zuónder, Giaschígl* (Graubünden), *Barancle* (Buchenstein), *Allazz, Russe* (Friaul), *Mugoff, Muffol* (Veltlin).

Baumartig aufrecht (bis 20 m hoch), mit deutlichem Stamm und pyramidenförmiger Krone (Spirke), oder strauchartig, niederliegend (Legföhre, Latsche). Rinde nicht abblätternd, schwärzlich. Nadeln beiderseits dunkelgrün, zu zweien in einer Scheide steckend. Männliche Blüten goldgelb, weibliche dunkelrot. Samenschuppen mit pyramidenförmigen Schuppenschildern (Apophysen), die in der Mitte den warzig erhöhten, von einem schwarzen Ring umgebenen Nabel tragen. Junge Zapfen aufrecht, violett, ältere abstehend, glänzendbraun. Samen geflügelt. – Blüht im Mai und Juni. – Latschennadelöl zur Inhalation.

Die niederliegende, mehrstämmige „Legföhre" besitzt symmetrische, ungeschnäbelte Samenschuppen mit zentrischem (var. *múgo*) oder exzentrischem (var. *pumílio* [Haenke] Zenari) Schuppenschild; allgemein verbreitet und bestandbildend an trockenen Steilhängen, an Felsbändern und Geröllhalden, auf basischen bis schwachsauren, meist sehr flachgründigen Böden. Oft im Verein mit alpinen Zwergsträuchern (Almrausch), vielfach das Endstadium der pflanzlichen Besiedlung bildend. – Alpen (vereinzelt in den Seealpen, verbreitet vom Genfer See an ostwärts), Apennin, Illyrien, Balkanhalbinsel; deutsche Mittelgebirge, Karpaten. Süd-mitteleuropäische Gebirgspflanze (östlich).

Die hochstämmige, kegelgipfelige Bergföhre oder „Spirke" (*Pínus uncináta* Miller ex Mirbel) hat meist stärker unsymmetrische bis deutlich geschnäbelte Samenschuppen und bildet in der subalpinen Stufe auf kalkreichen Rohböden in trockenen, warmen Lagen ausgedehnte Bestände. – Nordwestspanische Gebirge, Pyrenäen, Alpen (von den Seealpen durch die westlichen und nördlichen Ketten bis zum Inn, auch noch bei Berchtesgaden). Süd-mitteleuropäische Gebirgspflanze (westlich).

Zwischen den beiden Arten hat sich auf weite Strecken durch frühere Bastardierungen eine unübersehbare Reihe von Zwischenformen gebildet.

Fig. 4. Pínus cémbra L., *Zirbelkiefer, Arve.*

Zirbm, Zirm (Ostalpen), *Arbe* (Schweiz), *Dschember, Araf* (die Zapfen Betschla, Nuschpinas, Nuschella) (Graubünden), *Zimber, Pigneu, Gémbro* (Tessin), *Zirbeltschurtschen, lincola, pinocchio* (Nüsse in Südtirol).

Baum mit aufrechtem Stamm und pyramidenförmiger Krone, bis 18 m hoch, bis 1,7 m dick. Rinde lange glatt bleibend, braun. Junge Triebe rostgelb, filzig. Nadeln steif, dreikantig, 5–9 cm lang, meist zu je 5 in einem Quirle stehend. Zapfen kurz gestielt, stumpf, 5–8 cm lang und 3–5 cm dick, eiförmig, unreif violett, reif zimtbraun. Samen haselnußgroß, ungeflügelt, eßbar. – Blüht im Juni und Juli. Die Zapfen reifen erst im zweiten Jahr. – *Geschützt!*

Verbreitet, aber nicht mehr allzu häufig auf frischen, humosen Berghängen und Höhenrücken, auch an steilen Felsbändern, auf meist tonigen, tiefgründigen, mäßig bis stark sauren Böden, über kalkarmen oder ausgelaugten Substraten. Vornehmlich an schattigen und bodenfeuchten Stellen, jedoch streng an kontinentales (trocken-warmes) Klima angepaßt. Seltener in Reinbeständen, meist mit Lärchen, auch Fichten und Bergföhren vergesellschaftet (mit Rhododendren und Vaccinien als Unterwuchs), von 1200–2850 m. – Alpen (vor allem in den zentralen Massiven größter Massenerhebung), Karpaten; nächstverwandte Formen in Nordrußland, Westsibirien, im Altai und (eine liegende Rasse) in Ostasien. Eurasisch-boreal-montan(-kontinental).

Poáceae (Gramíneae). Echte oder Süßgräser

Halm drehrund, hohl, durch Knoten gegliedert. Blätter zweizeilig angeordnet, mit den Stengel umschließender, tiefgespaltener Blattscheide und meist mit kleinem Blatthäutchen am Grunde der Spreite. Blüten zu Ährchen vereinigt, die direkt an der Hauptachse sitzen („Ährengräser", wie Roggen) oder in Rispen angeordnet sind („Rispengräser", wie Hafer). In der von spelzenartigen Hüllblättern umgebenen, zwitterigen Einzelblüte sind keine deutlichen Blütenblätter ausgebildet; Staubblätter 3, Narben 2. Einsamige Schließfrucht.

Fig. 1. Descháampsia flexuósa (L.) Trin., *Flatterschmiele.* **Tafel 2**

30–70 cm hoch, lockerrasig. Grundachse zahlreiche glatte Stengel treibend. Blätter mit borstenförmig zusammengefalteter Blattspreite. Rispe vor der Blüte zusammengezogen, später ausgebreitet. Rispenäste meist geschlängelt. Ährchen zweiblütig, 5 mm lang, hellbräunlich, wie die Rispenäste meist violett überlaufen. Granne der Deckspelzen gedreht und gekniet, das Ährchen weit überragend. – Blüht vom Juni bis August.

Häufig und oft bestandbildend in lichten, trockenen Wäldern, in Magerrasen und Zwergstrauchheiden, auch in Felsritzen, auf sauer-humosen trockenen Torfböden und meist sandigen, kalkarmen Steinverwitterungsböden. In den Alpen vornehmlich in Borstgrasmatten und Heidelbeergestrüppen; von der Ebene bis 2800 m ansteigend. – Fast durch ganz Europa (im Süden seltener), Kleinasien, Kaukasus; arktisches Eurasien, Japan, Nordamerika, südliches Südamerika. Amphiboreal-montan(-ozeanisch).

Fig. 2. Avenóchloa versícolor (Vill.) Holub, *Bunthafer.*

15–50 cm hoch, rasenbildend. Blätter lineal, mit durchscheinendem Rand. Blütenrispe kurz, zusammengezogen, fast eiförmig. Untere Rispenäste zu zweien, meist nur ein Ährchen tragend. Ährchen ziemlich groß, fünfblütig, braun, gelb und violett gescheckt. Granne dunkel, bis 1 cm lang. – Blüht im Juli und August.

Ziemlich verbreitet und oft gesellig auf trockenen Schafweiden, auf Humuspolstern der Grate und Kämme, in Zwergstrauchheiden; stets auf sauren, kalkarmen, lehmighumosen Böden. In den trockenen Magerrasen der Krummsegge, des Felsschwingels und des Borstgrases sowie im flechtenreichen Rauschbeer-Azaleenspalier, von 1530–3000 (–3500) m. – Pyrenäen, Alpen (in Bayern vor allem im Allgäu), Karpaten, Kaukasus, Altai. Eurasisch-alpin(-kontinental).

Fig. 3. Póa alpína L., *Alpen-Rispengras.*

Ritschlgras (Tirol), *Romeie(n)* (Schweiz, Vorarlberg), *Wildgras, Gämschgras, Füdlägras, Heuschmäle, Stoffel, Stofelgras* (Schweiz).

3–50 cm hoch, horstbildend. Stengelgrund durch Blattscheiden zwiebelig verdickt, Blätter graugrün. Ährchen fünf- bis zehnblütig, grüngelb und rotviolett gescheckt. Auffällig ist die var. **vivípara** L. (**Fig. 3b**), deren Blüten keine Samen bilden, sondern zu jungen Pflanzen auswachsen, die abfallen und als Stecklinge Wurzel schlagen. – Blüht vom Mai bis September.

Sehr häufig und gesellig auf fetten Wiesen und Weiden, auf Viehlägern, aber auch auf Schutthalden und im Bachgeröll, an Mauern und Straßenrändern; auf nährstoff-, oft auch stickstoffreichen und lehmigen Böden. Als wichtiger Rasenbildner in der Goldhafer-Fettmatte, der Milchkrautweide und ähnlichen Rasengesellschaften von (200–) 1400–2500 (–3630) m. Geschätzte Futterpflanze. – Gebirge von fast ganz Europa (bis in die Arktis); Kleinasien, Kaukasus; Nordasien, Nordamerika. Amphiarktisch-alpin.

Festúca vária Haenke, *Bunt-Schwingel.*
Fax (Bern), *Roßfaxen* (Wallis).

Ausdauernd, 15–35 cm hoch, graugrün, sehr dichte, feste Horste bildend. Triebe umscheidet. Stengel meist dünn, starr aufrecht, meist zweiblätterig. Blattspreiten dick, mit stechender Spitze, borstlich zusammengefaltet, fast binsenförmig. Blattscheiden glatt, Blatthäutchen kurz, gestutzt. Rispe 4–7 cm lang, etwas nickend, rauhästig. Ährchen lanzettlich, 4–7blütig, meist violett überlaufen, seltener bleich oder strohgelb. Obere Hüllspelze einnervig, untere schwach fünfnervig. Deckspelzen stumpflich, unbegrannt, seltener kurz stachelspitzig. – Blüht im Juli und August.

Stellenweise, aber bestandbildend (Magerrasen mit treppenartigen Absätzen) an flachgründigen, oft felsigen, sonnigen und warmen Hängen auf neutralen bis sauren, kalkarmen und trockenen Böden von (300 m bei Locarno –) ca. 1500–3000 m. Die hier beschriebene Sippe auf den Silikatmassiven der Süd- und südlichen Zentralalpen von den Seealpen bis in die Niederen Tauern; andere (kalkbewohnende) Sippen in den nordöstlichen, südlichen und südöstlichen Kalkalpen. Weitere Verbreitung: Pyrenäen, Italien, Riesengebirge, Karpaten, Balkan, Kleinasien, Kaukasus. Submediterrane Gebirgspflanze.

Fig. 4. Agróstis alpína Scop., *Alpen-Straußgras.*

Zierliches, dichtrasiges, 10–30 cm hohes Gras, am Grund von braunen, netzig zerfaserten Scheidenresten umgeben. Blätter meist borstig zusammengefaltet. Blütenstand rispig, während der Blütezeit locker ausgebreitet, sonst zusammengezogen. Rispenäste und Stiele der einblütigen, rotbraunen Ährchen r a u h h a a r i g. – Blüht vom Juli bis September.

Sehr häufig und bestandbildend auf trockenen, humusreichen Matten und Weiden, an windexponierten Graten und Rippen. Vielfach auf etwas saureren, humosen Böden, im

Tafel 2

allgemeinen anspruchslos. Fast stetig in der Nacktriedflur, in Krummseggen- und Buntschwingelrasen, seltener in Horstseggen-Blaugras-Halden von 1600–3000 m. – Spanische Gebirge, Pyrenäen, Jura, Alpen; Sudeten, Karpaten; Apennin. Süd-mitteleuropäische Gebirgspflanze.

Das sehr ähnliche Felsen-Straußgras (*Agróstis rupéstris* All.) mit g l a t t e n Rispenästen und ähnlicher geographischer Verbreitung geht auch auf flachgründigere, felsigere Standorte über.

Fig. 5. Sesléria vária (Jacq.) Wettst. (= S. coerúlea auct. non [L.] Ard.), *Blaugras.*

10–40 cm hoch, lockere Horste bildend, am Grund von verwitterten Blattscheiden umgeben. Blätter flach, derb berandet, ziemlich breit, stumpflich, nicht bereift. Stengelblätter sehr kurz. Blütenrispe in eine „Scheinähre" zusammengezogen, länglich-eiförmig. Ährchen zweiblütig, stahlblau überlaufen. – Blüht vom März bis August.

Sehr häufig und bestandbildend an trockenen, sonnigen Berghängen, an Felsgesimsen und Trümmerhalden, in lichten Kiefersteppenwäldern, immer auf offenen, flachgründigen, frischen Kalksteinböden. Wichtiger Beraser des Kalkschuttes, beim Rasenschluß gerne mit der Horstsegge vergesellschaftet, von der Ebene (auf Trockenrasen) bis 2900 m. – Weit verbreitet in Europa, nördlich bis Island und Britannien; fehlt jedoch in der Arktis. Süd-mitteleuropäische Gebirgspflanze.

Oreóchloa dísticha (Wulfen) Link (= Sesléria disticha [Wulfen] Pers.), *Zweizeiliges Kopfgras.*

10–20 cm hoch, dichte Horste bildend. Stengel steif, aber dünn; Blätter borstlich, mit verlängertem, spitzem Blatthäutchen. Ährenrispe einfach, 1–1,5 cm lang, etwa 1 cm breit, dicht. Ährchen zweizeilig, grün, weißlich, blau gescheckt, meist goldig überlaufen, breit eiförmig, 3–5blütig. Hüllspelzen häutig, stumpf, 3 mm lang. Deckspelzen mit kurzstacheliger Mittelspitze. – Blüht vom Juli bis September.

Häufig und oft herdenbildend an windexponierten Graten, in trockenen Matten und an berasten felsigen Abhängen, auf trocken-humosen, kalkarmen, sauren Böden. Bezeichnende Art des hochalpinen Krummseggenrasens, diese Segge gelegentlich vertretend, seltener in Buntschwingeltreppen von 1900–3300 m. – Alpen (vom Wallis und Berner Oberland an ostwärts, fehlt in den Nordalpen östlich vom Allgäu), Karpaten. Süd-mitteleuropäische Gebirgspflanze.

Fig. 6. Nárdus strícta L., *Borstgras.*

Grundachse dick, mit zahlreichen, aufrecht nebeneinander stehenden, umscheideten Trieben. Stengel 10–30 cm hoch, steif, nur am Grund beblättert, Blätter graugrün, borstig, starr. Ähre einseitswendig, schmächtig, Ährchen sehr schmal, schieferblau, gelb werdend. Hüllspelzen fehlend, Deckspelzen begrannt. Griffel mit nur 1 Narbe. – Blüht im Mai und Juni.

Weit verbreitet und häufig auf Weiden und ungedüngten Wiesen, auf trockenen, sonnigen Hochflächen, in Heiden und Mooren. Auf kalkfreien, mäßigsauren Rohhumusböden ausgedehnte Bestände bildend (vor allem an stark beweideten Stellen), Trockentorfbildner auf sandigen Lehmböden. Steigt bis 3000 m. – Ganz Europa (im Süden nur in den Hochgebirgen); Kleinasien, Kaukasus; Nordasien, Grönland. Europäisch-boreal (-montan).

Cyperáceae. Sauergräser

Grasartige, rasenbildende Kräuter. Halm im Gegensatz zu den echten Gräsern meist nicht hohl, oft dreikantig, knotenlos. Blätter schmal, lineal, dreizeilig, mit geschlossener Blattscheide. Blüten in Ährchen oder Köpfchen angeordnet, oft eingeschlechtig. Blütenhülle fehlend oder durch Borsten ersetzt. Staubblätter meist 3, Narben 2 oder 3. Einsamige Schließfrucht, bei *Carex* von dem verwachsenen Vorblatt („Schlauch") eingeschlossen.

Erióphorum scheuchzéri Hoppe, *Scheuchzers Wollgras.*

Pflanze 20–30 cm hoch, Ausläufer treibend. Stengel stielrund, glatt. Blätter rinnig, glatt, die stengelständigen sehr kurz. Blütenstand einzeln, endständig, kugelig. Blüte zwitterig, Blütenborsten zahlreich, nach der Blütezeit zu langen, schneeweißen Haaren auswachsend, später mit den Früchten abfallend. – Blüht im Mai und Juni.

Stellenweise, aber bestandbildend in der Verlandungszone von Tümpeln und kleinen Bergseen, in artenarmen, alpinen Flachmooren. Nur auf sauren Böden von 1500–2900 m.

– Pyrenäen, Alpen (fehlt in den östlichen Teilen), Karpaten, Apennin; nördliches und arktisches Eurasien und Nordamerika. Amphiarktisch-alpin.

Kobrésia myosuroídes (Vill.) Fiori et Paol. (= Elýna myosuroídes [Vill.] Fritsch), *Nacktried.*

10–20 cm hoch, dichte Horste bildend. Stengel stielrund, nur unten beblättert. Blattscheiden braungelb, zerfasernd. Spreiten borstig-rinnig, steif aufrecht. Ährchen einzeln, endständig, dünn, mit 10–20 Ährchen, die aus je einer unteren weiblichen (dreinarbig) und einer oberen männlichen Blüte bestehen und unten von einem glänzend braunen, weiß hautrandigen Tragblatt umgeben sind. Frucht dreikantig, stachelspitzig. – Blüht vom Juni bis August.

Zerstreut, aber gesellig auf basischen bis mäßig sauren Böden, bestandbildend auf trockenen, flachen, artenarmen Matten, dort durch starke Humusbildung von der Polster- zur Krummseggenflur überleitend. Mehr vereinzelt, aber stetig an scharfkantigen Graten und Windecken auf kalkreicheren Böden, besonders über Kalksilikaten, von 1800–3100 m. – Pyrenäen, Alpen, Siebenbürgen; Abruzzen, Kaukasus; Gebirge von Nordasien, Nordamerika; Island, Skandinavien. Amphiarktisch-alpin(-kontinental).

Tafel 3

Fig. 1. Cárex ferrugínea Scop., *Rost-Segge.*

30–60 cm hoch, mit die glänzend rostroten Scheiden durchbrechenden Trieben und oft langen, dünnen, unterirdisch kriechenden Ausläufern. Unterste Stengelblätter sehr kurz und breit, stummelförmig. Weibliche Ährchen 2–4, gestielt, meist von Anfang an nickend oder hängend, männliches Ährchen endständig, schmal lanzettlich, nickend. Deckspelzen eiförmig, braun mit hellem Mittelstreifen. Narben 3. – Blüht vom Juni bis September.

Häufig und bestandbildend auf feuchten (meist nordseitigen) Wildheumähdern, an wasserzügigen Hängen und in schattigen Runsen; auch als Unterwuchs im Nadelwald, im Legföhren- und Grünerlengebüsch, auf humosen, schwach basischen bis neutralen Mineralböden, vorwiegend über Kalk- und Schiefergesteinen, von ca. 1000–2680 m. – Die typische Sippe nur im Jura, in den Alpen und Illyrien. Mit Einschluß einiger weiterer (meist ausläuferloser) Kleinsippen süd-mitteleuropäische Gebirgspflanze.

Fig. 2. Cárex sempérvirens Vill., *Horst-Segge.*

10–50 cm hoch, Wuchs dichtrasig, horstbildend. Grundständige Blattscheiden in einen dunkelrotbraunen Faserschopf aufgelöst, von den Trieben nicht durchbrochen. Halm mittelständig, unterste Stengelblätter schmal und spitz. Weibliche Ährchen 2–3, stets aufrecht, lockerfrüchtig, Narben 3, männliches Ährchen endständig, langgestielt, dick, fast keulenförmig. – Blüht vom Juni bis August.

Verbreitet und bestandbildend, in sonnigen, trockenen Wildheuplanken (bevorzugt steile, früh schneefreie Südhänge), in mächtigen Polstern auf Schutthalden und an Steilhängen treppenbildend. Begleitet und ersetzt das Blaugras auf neutralen bis schwach sauren Böden. Steigt von 1700–3000 m, tiefer in trockenen Auwäldern (Schneeheide-Föhrenwald) und auf präalpinen Heidewiesen. – Pyrenäen, Jura, Alpen, Karpaten; Apennin, nördliche Balkanhalbinsel. Süd-mitteleuropäische Gebirgspflanze.

Fig. 3. Cárex cúrvula All., *Krumm-Segge.*

3–20 cm hohes, dichtrasiges Pflänzchen, mit bogig aufwärts gekrümmtem oder aufrechtem, glattem Stengel, am Grunde mit den Resten der vorjährigen Blätter besetzt. Blätter borstenförmig, hohlrinnig, rauh, zurückgekrümmt. Blütenstand eine dunkelbraune, eiförmige Ähre, mit kleinem, dunkelbraunem Hüllblatt, unten die weiblichen, oben die männlichen Ährchen tragend. Schläuche zweikielig, fast geflügelt, Narben 3. – Blüht im Juli und August.

Sehr verbreitet und bestandbildend auf hochalpinen Bergrücken und Hochflächen, auf kalkarmen, stark sauren Humusböden. Bedeckt (vorwiegend in den Zentralalpen) von 1900–3000 m weite, durch die stets abgestorbenen (Pilz!) Blattspitzen graugelb gefärbte Flächen. – Pyrenäen, Zentralmassiv, Alpen (gegen Südwesten seltener werdend, auch in den Nordost- (z. B. im Steinernen Meer) und Südostalpen nur ganz vereinzelt), Karpaten, Banat, nordöstliche Balkanhalbinsel. Süd-mitteleuropäische Gebirgspflanze.

Eine nur geringfügig verschiedene Sippe (ssp. *rósae* Gil.) auf kalkreicheren Böden mit mehr westlicher Verbreitung.

Fig. 4. Cárex fírma Mygind, *Polster-Segge.*

5–20 cm hoch, feste, derbe halbkugelige Rasenpolster bildend; Ausläufer fehlend. Triebe wie bei *Carex sempervirens* umscheidet, die Blätter jedoch viel kürzer, steifer, dichter gedrängt und horizontal abstehend. Stengel stumpf dreikantig, fast blattlos. Weibliche Ährchen meist 2, armblütig, aber dichtfrüchtig; Narben 3; männliches Ährchen endständig, gestielt. – Blüht vom Juni bis August.

Sehr häufig und bestandbildend an Felsbändern und Graten, an Schutthängen und auf mageren, offenen Halden. Kalkstete Pflanze basischer bis schwach saurer Kalkrohböden, wichtiger Humusbildner. Steigt von 1500–2900 m an, manchmal auch tiefer. – Pyrenäen, Alpen, Karpaten. Süd-mitteleuropäische Gebirgspflanze.

Gehört mit C. *sempervirens* und C. *ferruginea* zu einer wichtigen Gruppe alpiner Seggen, die in den Gebirgen Eurasiens und Nordamerikas weit verbreitet ist.

Fig. 5. Cárex atráta L., *Trauer-Segge.*

15–50 cm hoch, rasenbildend oder ganz kurze Ausläufer treibend. Stengel oberwärts scharf dreikantig. Blätter linealisch, 3–7 mm breit, mit schmaler, rinniger Spitze. Ährchen 3–5, ziemlich dick, kurz zylindrisch, bis 2,5 cm lang. Unterstes Hüllblatt blattartig. Deckspelzen länglich-eiförmig, zugespitzt, schwarzviolett mit grünem Mittelstreifen. Schläuche meist gelbbraun, kurz geschnäbelt, Narben 3. – Blüht vom Juni bis August.

Häufig und gruppenweise auf alpinen Weiden und Matten, in Felsritzen, Geröllfeldern und Gebüschen, meist auf humosen, kalkreichen Böden. In Zirbenwäldern und Legföhrengestrüppen, in lückigen Nacktried- und Schwingelfluren von 1600–3100 m. – Pyrenäen, Zentralmassiv, Alpen, Sudeten, Karpaten, Balkanhalbinsel, Kaukasus, Zentralasien; nördliches und arktisches Eurasien; Nordwestamerika. Amphiarktisch-alpin.

Fig. 6. Cárex capilláris L., *Haarfeine Segge.*

Zierliches, 5–30 cm hohes Pflänzchen. Stengel nur unten beblättert. Blätter viel kürzer als der Stengel, linealisch, flach, ziemlich starr. Hüllblätter langscheidig, laubblattartig. Männliche Ährchen einzeln, gestielt; weibliche Ährchen 2–3, lockerfrüchtig, auf fadendünnen Stielen nickend. Fruchtschläuche dreikantig, in den Schnabel allmählich zugespitzt. Narben 3. – Blüht vom Mai bis Juli.

Ziemlich häufig und gesellig in sumpfigen Wiesen, vereinzelter auf trockenen Matten, im Bachschotter und in Zwergstrauchheiden von 1400–2900 m (selten in Mooren bis 800 m herabsteigend). Auf trockenen, kalkreichen Böden, vor allem im Polsterseggen- und Nacktriedrasen, auf kalkarmen Böden nur an nasseren Standorten. – Pyrenäen, Alpen, Sudeten, Karpaten, Kaukasus; vereinzelt im Mittelmeergebiet; Ural, Altai, nördliches und arktisches Eurasien; Nordamerika. Amphiarktisch-alpin.

Fig. 7. Cárex baldénsis L., *Baldo-Segge.*

15–25 cm hoch, graugrün, lockere Horste bildend. Halm aufrecht, schwach dreikantig. Blätter sämtlich grundständig, ziemlich starr, am Rande rauh, am Grunde von den abgestorbenen, vorjährigen Blättern eingehüllt. Ährchen weißlich, in ein Köpfchen zusammengedrängt; dieses von 2–3 horizontal abstehenden, blattartigen Hüllblättern umfaßt. Ährchen an der Spitze männlich, unten weiblich. Fruchtschläuche ungeschnäbelt, dunkelbraun. Narben 3. – Blüht im Juli und August.

Selten, aber gesellig im Kalkgeröll steiniger, trockener Abhänge; gerne im schneeheidereichen Föhrenwald und in lichten Latschenbeständen von 120–2400 m. – In den Südalpen zwischen Luganer See und Valsugana ziemlich verbreitet, sehr selten in den Zentralalpen (östliches Graubünden: Ofenpaß) und Nordalpen (nur in den Ammergauer Bergen und von dort ins Vorland verschwemmt). Alpin **(Karte 1).**

Juncáceae. Binsengewächse

Grasartige Gewächse mit meist spirrenartigen Blütenständen. Blüten unscheinbar, nach Art der Liliengewächse mit 6 Blütenhüllblättern und 6 Staubfäden. 1 Griffel mit 3 langen, vom Wind bestäubten Narben.

Júncus trífidus L., *Dreispaltige Binse; Gamsbart, Gamsgras.*

Stengel aufrecht, fadenförmig, stielrund, am Grund von glänzenden gelbbraunen Blattscheiden umgeben. Laubblätter schmal, tiefrinnig. Blütenstand 2–4blütig, von 2–3 laubblattartigen, bis 10 cm langen fadenförmigen Hüllblättern überragt. Blüten etwas gestielt. Blütenhüllblätter kastanienbraun. Griffel mit nach rückwärts gebogenen Narben. – Blüht im Juli und August.

Häufig und bestandbildend auf trocken-humosen Matten und in Felsspalten, auf mäßig sauren, kalkarmen Fluren, vor allem in Buntschwingeltreppen und Horstseggenhalden, auch in Krummseggenrasen von 1700–3180 m. – In den Alpen besonders in den zentralen Teilen (nach Nordosten hin seltener werdend); allgemein in den höheren Gebirgen Europas und teilweise Asiens, in der Arktis und im atlantischen Nordamerika. (Atlantisch)-arktisch-alpin.

Tafel 3

Auf kalkreicheren Böden vertreten durch den schlankeren, meist nur einblütigen *Júncus monánthos* Jacq., der sich in den Alpen (mehr im Osten), in Illyrien und im Apennin findet.

Lúzula alpíno-pilósa (Chaix) Breistr. (= L. spadícea [All.] DC.), *Braune Hainsimse; Marbel, Marbei*.

Ausdauernd, 10–25 cm hoch, lockere Rasen bildend. Stengel meist aufrecht, mit braunen, bärtig gewimperten Blattscheiden. Blattspreite schmallinealisch, meist kahl. Blütenstand spirrenartig, mit zarten Ästen und kurzem Tragblatt. Blüten 2–2,5 mm lang, kastanienbraun, mit lanzettlichen, gleichlangen Blütenhüllblättern. Kapsel dreikantig, eiförmig; Samen rötlich, an Spitze und Grund mit kurzem Anhängsel. – Blüht im Juli und August.

Nicht selten, scharenweise in durchfeuchteten Schutthalden (als Verfestiger), in schattigen Runsen und Schneetälchen, meist in Nordlagen, auf lange schneebedeckten, kalkarmen sauren Böden. Bezeichnende Art des Braunsimsenrasens, seltener in Grünerlen- und Alpenrosengebüschen von (1250–)1700–3250 m. – Pyrenäen, Apennin, Alpen (fehlt im Nordosten, in Bayern nur im Allgäu und Wetterstein), Karpaten. Unter Einschluß naher Verwandter amphi-subarktisch-alpin.

Liliáceae. Liliengewächse **Tafel 4**

Mehrjährige Pflanzen mit Knollen, Zwiebeln oder kräftiger zylindrischer Grundachse und mit endständigem Blütenstande. Stengel meist einfach, unverzweigt, Blüten zwitterig, regelmäßig, dreigliedrig, meistens lebhaft gefärbt. Blütenhülle einfach, fast immer aus 6 gleichgestalteten und gleichgefärbten Blütenhüllblättern bestehend. Staubblätter 6, in 2 Kreisen angeordnet. Fruchtknoten oberständig, fast stets dreifächerig, zahlreiche Samen enthaltend. Frucht eine Kapsel oder Beere.

Verátrum álbum L., *Weißer Germer*.

Hemmern, Hemmerwurzen, Hammerwurz, Hemadwurzen, Lauswurz, Lauskraut (Ostalpen), *Schemer, Tschemer* (Kärnten), *Gerwere, Gerbere, Gerbele, Germäder* (Schweiz), *Luswurza, Chäferworzel* (St. Gallen), *Tuzchüls, Risch' malám, Malóm salvátg, Veladru* (Graubünden).

Ausdauernd, 50–150 cm hoch. Stengel kräftig, aufrecht, beblättert. Blätter wechselständig, tief längsgefaltet, unterseits flaumig, oberseits kahl; untere elliptisch, obere lanzettlich. Blüten bis 1,5 cm breit, weiß oder gelblichgrün bis grünlich, gestielt, zu einer endständigen, aus ährenartigen Trauben zusammengesetzen Rispe mit breit eiförmigen Hochblättern vereinigt. Kapsel 10–15 mm lang, in eine bogige Spitze verschmälert. Samen ringsum geflügelt. – Blüht vom Juni bis August. – *Giftig!*

Häufig und gesellig in feuchten Wiesen und Flachmooren, in Hochstaudenfluren und im Grünerlengebüsch; bezeichnend für die „Lägerflora" in der Umgebung der Almhütten. In der subalpinen und alpinen Stufe bis 2700 m. – Die wohl ursprünglichere grünblühende Sippe (*Verátrum lobeliánum* Bernh.) ist durch Europa und Asien ziemlich verbreitet (im Süden nur in den Gebirgen; von den Alpen weit ins Vorland ausstrahlend); die weißblühende Sippe ist dagegen auf die Alpen und Apenninen sowie Ungarn und Jugoslawien beschränkt. Eurasisch-boreal-montan(-kontinental).

Diese stattliche Weidepflanze, die im nichtblühenden Zustande leicht mit dem Gelben Enzian (Blätter dort gegenständig und unterseits kahl) verwechselt werden kann, wird vom Weidevieh stets unberührt stehengelassen.

Fig. 1. Állium victoriális L., *Allermannsharnisch, Siegwurz.*

Allermannsharnischwurzel (Tirol, St. Gallen), *Raunwurzel* (Unterinntal), *Wilder Knoblauch* (Tirol), *Neunhäuterwurz* (Salzburg), *Lanawurzen* (Niederösterreich), *Nünhemler, Nünhemmliwurz* (Schweiz).

30–60 cm hoch. Zwiebelhäute stark netzfaserig zerrissen. Stengel bis zur Mitte beblättert, stielrund, oberwärts kantig. Blätter kurzgestielt, flach, breit lanzettlich, 2–3 cm breit. Blütenstand eine kugelige Scheindolde mit häutiger Hülle. Blüten grünlichweiß bis gelblich. Staubfäden länger als die stumpfen Blütenhüllblätter. Kapsel zuletzt weit aufspringend. – Blüht im Juli und August. – Gilt im Volksaberglauben als Zauberpflanze („Glücksmännlein, Glücksalraun").

Verbreitet und gesellig an felsigen Hängen und in gedüngten Wiesen, gerne im Schutz von Zwergsträuchern, auf nährstoffreichen, schwach basischen bis sauren Böden. In hochrasigen, kräuterreichen Schwingelmatten, in Hochstaudenfluren und im Zwergwacholdergestrüpp von 1700–3050 m. – Pyrenäen, Zentralmassiv, Alpen, Jura, Vogesen, Feldberg, Sudeten, Karpaten, Balkanhalbinsel, Kaukasus, Ural, Altai, Nordamerika. Eurasisch-alpin.

Fig. 2. Llóydia serótina (L.) Reichenb., *Spätblühende Faltenlilie.*

Zierliches, 7–10 cm hohes Pflänzchen mit kleiner, länglicher Zwiebel, die von braunhäutigen Schuppenblättern bekleidet ist. Grundblätter meist 2, grasartig, so lang wie der Blütenschaft. Stengel mit wenigen, schmalen Blättern, am Ende eine einzige, aufrechte Blüte tragend. Blütenhüllblätter abstehend, weiß, am Grunde gelb und mit je 3 rötlichen Streifen. Fruchtkapseln rundlich, dreilappig. – Blüht vom Juni bis August.

Zerstreut und vereinzelt an windexponierten, früh schneefreien Graten und in humosen Felsritzen auf meist ziemlich sauren Unterlagen. In flechtenreichen Krummseggen- und Nacktriedfluren, in Azaleenspalieren von 1850–3100 m. – Alpen (vor allem in den Silikatmassiven; selten in den Bayerischen Alpen [Allgäu und Hoher Göll], in Ober- und Niederösterreich fehlend), Karpaten, Balkanhalbinsel, Kaukasus, Ural, Zentralasien; britische Inseln, arktische Gebiete bis Nordamerika. Eurasisch-arktisch-alpin.

Lílium bulbíferum L., *Feuerlilie* (Naturschutztafel A).

Gelbe Ilgen (Tirol), *Donnerrosen* (Kärnten), *Wildi Ilge, Rot-, Für-, Stein-, Berg-ilge, Goldrose* (Schweiz), *tulipána, fanzógna, machója* (Graubünden), *gil ross* (Tessin), preve (Gröden).

20–90(–120) cm hoch, mit weißer, schuppiger Zwiebel. Stengel aufrecht, dicht beblättert, im oberen Teil wollig-flockig. Laubblätter wechselständig, linealisch, bis 10 cm lang, in den Achseln vielfach Brutknospen tragend. Blütenstand flachdoldig, mit 1–5 aufrechten, glockig-trichterförmigen, geruchlosen Blüten. Blütenhüllblätter 4–6 cm lang, leuchtendrot oder gelbrot, warzig rauh. Staubbeutel rot. – Blüht von Mai bis Juli. – *Geschützt!*

Zerstreut, truppweise an Waldrändern, auf Bergwiesen, an warmen, sonnigen Abhängen, auch in Getreidefeldern, auf nährstoffreichen, basischen bis schwach sauren Böden. Unter Rosen-, Kreuzdorn- und Berberitzengebüschen, eine südliche Sippe (ohne Brutknollen: ssp. *cróceum* [Chaix] Baker) auch in Buntschwingeltreppen und in den Spaltengesellschaften des Stengelfingerkrauts, von der Ebene bis 2400 m. – Italien, Korsika, Alpen (von den Seealpen bis Niederösterreich und Bosnien; in den Nordketten seltener), Mittelgebirge Mitteleuropas; vielfach verwildert. Submediterran(-alpin).

Lílium mártagon L., *Türkenbund* (Naturschutztafel B).

Goldwurz(el), Sillingwurz, Sillingrube (Tirol), *Goldapfel* (Oberbayern), *Goldpfandl* (Salzburg), *Goldbölle* (St. Gallen), *Wild Lilien* (Bern), *Stein-ille* (Aargau), *Molzechöpf* (Schaffhausen), *gelgia cotschna* (Graubünden), *gili de montagna* (Tessin), *prévesh da mont* (Gröden).

30–60(–160) cm hohe Pflanze mit goldgelber, schuppiger Zwiebel. Stengel aufrecht, grün oder rot gefleckt. Laubblätter länglich spatelförmig, beiderseits verschmälert, zugespitzt, bis 15 cm lang, untere und obere meist einzeln und wechselständig, mittlere zu 5–6 quirlartig stehend. Blütentraube endständig, mit 3–10 nach abwärts gekrümmten Blüten. Blütenhüllblätter länglich, nach aufwärts gerollt, schmutzig-hellpurpurrot mit dunkleren Flecken. Staubbeutel mennigrot. Fruchtstiele nach aufwärts gerichtet. – Blüht im Juli und August. – *Geschützt!*

Selten, aber gesellig in Laubwäldern, Gebüschen und Bergwiesen, auf nährstoffreichen, mildhumosen, meist kalkigen Lehmböden. Bezeichnende Art der Buchenwälder, vielfach auch in den Hochgrasfluren der Reitgräser, von der Ebene bis 2650 m. – Verbreitet durch fast ganz Europa und das gemäßigte Asien. Eurasisch-kontinental.

Convallária majális L., *Maiglöckchen* (Naturschutztafel B).

Stoanbleaml, Stoanglöggei (Tirol), *Filumfalum* (Ostalpen), *Viglfalm* (Berchtesgaden), *Lilumfallum, Fillifoli* (Kärnten), *Faltrian, Feltrian, Felbrian* (Niederösterreich), *Filikum* (Oberösterreich), *Maierösle* (Vorarlberg), *Maieblüemli, Maierisli* (Schweiz), *Wasserperl* (Südtirol), *flur d'meg, flur San Gian, flur d'signuria* (Engadin), *mughetto, munighett* (Tessin), *kunfolja* (Gröden).

10–20 cm hoch, mit kriechender Grundachse, die jährlich meist 2 elliptische, langgestielte, zugespitzte, freudiggrüne Laubblätter treibt. Blütenstengel unbeblättert, mit einseitswendiger, 5–8 (–13)-blütiger Traube. Blüten weiß, nickend, wohlriechend, Blütenhüllblätter verwachsen. Frucht eine kugelige, scharlachrote Beere. – Blüht im Mai und Juni. – *Giftig!* Teilweise *geschützt!*

Verbreitet und meist gesellig in lichten Laubwäldern, in Gebüschen, auf Bergwiesen und in Flußauen, meist auf lockeren, aber tiefgründigen, mäßig trockenen bis leicht feuchten, mildhumosen, warmen Böden. Besonders in Buchen-, Au- und Bergföhrenwäldern, aber auch im Legföhrengebüsch von der Ebene bis 2100 m. – Verbreitet durch fast ganz Europa, das gemäßigte Asien und Nordamerika. Eurasisch-zirkumpolar.

Tafel 4

Amaryllidáceae. Narzissengewächse

Narcíssus radiiflórus Salisb., *Schmalblättrige Narzisse* (Naturschutztafel A).

Pankrazerln, Liabalan (Kärnten), *Engei, Aprilrosen* (Steiermark), *Abrelle(n)glogge(n)* (Bern), *Wiße Sterneblume* (Schaffhausen), *Saffertnägeli, Kapuzinerrösli* (St. Gallen), *arcis* (Tessin).

20–45 cm hohes Zwiebelgewächs mit meist 4 langen, graugrünen, linealischen Blättern. Stengel blattlos, meist einblütig. Blüten waagrecht abstehend, nach Nelken duftend, mit zylindrischer Röhre und schmalen abstehenden, spitzen, schneeweißen Zipfeln. Nebenkrone klein, gelb, flachschüsselig, meist mit krausem, scharlachrotem Rand. Staubblätter 6; Fruchtknoten unterständig, zweischneidig; Griffel 1 mit kurzer Narbe. – Blüht im April und Mai. – Teilweise geschützt!

Stellenweise, aber sehr gesellig auf fetten Matten und feuchten Bergwiesen, auch in Flußauen, auf frischen, nährstoffreichen Lehmböden. Vorzugsweise in den subalpinen Goldhafer-Fettmatten bis 2060 m ansteigend. – In einigen nur schwach geschiedenen Formen von Savoyen und durch die Schweiz nördlich bis zu den Vogesen und zum Südschwarzwald, dann vor allem in den nordöstlichen Kalkalpen (fehlt in Bayern und Salzburg) und in den Südalpen ostwärts bis in die Karawanken, ins Küstenland und auf die Balkanhalbinsel. Mit Einschluß weiterer, meist breiterblütiger Verwandter (*Narcíssus poéticus* L.) submediterran-montan.

Iridáceae. Schwertliliengewächse

Fig. 3. Crócus albiflórus Kit., *Frühlings-Krokus.*

Schneebleaml (Österreich), *Schneeröslan, Paterniesl, Perliesken, Vater und Mutter, Buabn und Diandeln* (Kärnten), *Schneegugger, Kasbleaml, Easchtkasei, Grandlan, Burzigageln, Burziganselen* (Tirol), *Beichtrösl* (Steiermark), *Keesrübl* (Salzburg), *Bluti Meitschi* (*blaublühend*), *Bluti Buebe* (*weißblühend*), *Zitlose* (Schweiz), *Guggesli* (St. Gallen), *Huetreif, Reifehuet, Fueterreif* (Graubünden, Wallis), *Paparella, Minchületta, Flur d'chavaigl, Claus d'prümavaira, Schiomblas, Schigomuli* (Graubünden), *Bucca neve* (Tessin).

6–15 cm hohes Knollengewächs, ohne oberirdischen Stengel. Blätter schmal-linealisch, grasartig, am Rande umgerollt, mit weißem Längsstreifen. Blütenhüllblätter am Grunde zu einer langen Röhre verwachsen, weiß, violett oder gestreift. Staubblätter 3, Fruchtknoten unterständig (Unterschied zu den Liliaceen!). Narbe trichterförmig, faltig dreilappig, intensiv gelbrot, kürzer als die Zipfel der Blütenhülle. – Blüht im März und April.

Sehr verbreitet und gesellig auf frischen, humusreichen Matten und Weiden, meist auf bewässerten, nähr- und stickstoffreichen Böden. Erstblüher der alpinen Fettwiesen und Läger. Von der Bergstufe bis 2700 m, zuweilen bis in die Ebene hinabsteigend (Garmisch, Berchtesgaden). – Pyrenäen, Zentralmassiv, Jura, Alpen, Karpaten; Apennin, Balkanhalbinsel. Süd-mitteleuropäische Gebirgspflanze.

Orchidáceae. Knabenkräuter

Alle Orchideen sind geschützt!

Mehrjährige Kräuter mit unterirdischer Grundachse oder mit meist paarigen Knollen. Stengel einfach, unverzweigt. Blätter einfach, parallel- oder bogennervig. Blüten zu ährigen oder traubigen Blütenständen vereinigt, seltener einzeln und endständig, zwitterig, in der Achsel von Tragblättern stehend. Blütenhülle sechsblätterig; das hintere Blatt des inneren Kreises, die „Lippe", meist größer als die übrigen, von abweichender Gestalt und häufig mit einem Sporn versehen. Durch Drehung des Fruchtknotens wird die Lippe nach unten gedreht. Staubblätter 1 oder 2, mit dem Griffel zu einer Säule verwachsen. Fruchtknoten unterständig, einfächerig. Frucht meist eine sechsklappig aufspringende Kapsel, Samen sehr zahlreich, äußerst klein, staubartig.

Cypripédium calcéolus L., *Frauenschuh* (Naturschutztafel B).

Almschuh, Lahnerkachl, Wassergatzl (Oberbayern), *Paterknoschpen, Sackei* (Nordtirol), *Holztschugge, Bad-holsche, Jumpfereschüehli, Herrgottsschüehli, Pfaffeschüehli, Schlotterhose, Hoselatz, Ankebälli* (Schweiz), *s-charpas u pantoflas, scalfins de Nossadunna, calcés* (Graubünden), *ciauzei dal cuc* (Gröden).

15–50 cm hoch. Grundachse fast horizontal kriechend, schuppig. Stengel rundlich, kurzhaarig, am Grunde mit bräunlichen Schuppenblättern, darüber 3–4 breit-elliptische, den Stengel scheidig umfassende Laubblätter tragend, 1–2(–4)-blütig. Lippe bauchig aufgeblasen (Schuh!), 3–4 cm lang, zitronen- bis goldgelb, innen mit purpurnen Punkten und Adern. Von den 5 purpurbraunen, etwas gedrehten Blütenhüllblättern sind die beiden äußeren verwachsen. – Blüht von Mai bis Juli. – *Geschützt!*

Selten, aber meist truppweise in lichten Laub- und Nadelwäldern, an Waldrändern, in Flußauen und an buschigen Abhängen, meist auf lockeren, kalkreichen Lehmböden. In Buchenwäldern, erikareichen Föhrenwäldern und in Legföhrengebüsch von der Ebene bis gegen 2000 m. – Von Nordeuropa durch Mitteleuropa bis in die nördlichen Mittelmeerländer, Kaukasusländer, Nordasien. Eurasisch-kontinental.

Fig. 4. Traunsteínera globósa (L.) Reichenb., *Kugelblütiges Knabenkraut.*

15–50 cm hoch. Knollen länglich, ungeteilt. Stengel aufrecht, am Grunde mit kurzen Scheidenblättern. Blätter wenige, langscheidig, ungefleckt, auf der Unterseite bläulichgrün. Blütenähre anfänglich kurz pyramidenförmig, später kugelig, mit zahlreichen kleinen, rosafarbenen Blüten. Lippe dunkler punktiert. Tragblätter so lang oder länger als der Fruchtknoten. Blütenhüllblätter helmförmig zusammenneigend, später glockig abstehend. Sporn dünn, etwa halb so lang wie der Fruchtknoten. – Blüht von Ende Mai bis August. – *Geschützt!*

Zerstreut und einzeln auf feuchten Wiesen und Weiden auf kalkreicher Unterlage (wie die meisten *Orchis*-Arten). In Blaugrashalden und Goldhafer-Fettmatten, seltener in Hochstaudenfluren und Legföhrengebüschen von 1000–2600 m, zuweilen auch im Vorland. – Pyrenäen, Zentralmassiv, Alpen, Jura, deutsche Mittelgebirge, Karpaten; Apennin, Balkanhalbinsel, Südwestrußland, Kaukasus, Armenien. Süd-mitteleuropäisch-montan.

Fig. 5. Chamórchis alpína (L.) Rich., *Zwerg-Knabenkraut.*

6–12 cm hoch. Knollen ungeteilt, länglich-eiförmig, höchstens kirschgroß. Stengel am Grunde mit wenigen kurzen Scheiden, darüber wenige grasartige, rinnige, schmale, linealische Blätter. Blüten klein, grünlichgelb, in lockerer, fünf- bis zehnblütiger Ähre stehend. Tragblätter linealisch, spitz, länger als die Blüten. Lippe schwach dreilappig, mit großem Mittellappen, ohne Sporn. – Blüht im Juni und Juli. – *Geschützt!*

Zerstreut und einzeln in mageren, etwas feuchten Weiden und an steinigen Grasplätzen auf basischem bis schwachsaurem Substrat. In Polsterseggenrasen, Nacktriedfluren und (seltener) Blaugrashalden von 1900–2700 m. – Alpen, Karpaten, Rumänien; subarktisches Skandinavien. Subarktisch-alpin.

Fig. 6. Coeloglóssum víride (L.) Hartman, *Grüne Hohlzunge.*

6–25 cm hoch. Knolle abgeflacht, länglich, meist zweispaltig. Blätter eiförmig bis lanzettlich. Blüten gelblichgrün, bräunlich überlaufen, in länglicher und etwas lockerer Ähre. Blütenhüllblätter eiförmig, stumpf, helmförmig zusammenneigend. Lippe vorn dreizähnig, mit zahnförmigem, sehr kurzem Sporn; mittlerer Zahn der Lippe sehr kurz. Tragblätter lanzettlich spitz, länger als die Blüten. – Blüht im Juni und Juli. – *Geschützt!*

Verbreitet, aber meist einzeln auf feuchteren Weiden und kurzbegrasten Wiesen, in lichten Waldungen; vielfach im Borstgrasrasen, jedoch ohne besondere Ansprüche an Boden und Gesellschaft. Von der Bergstufe bis 2600 m. – Weit verbreitet in Europa und Nordamerika. Amphisubarktisch-alpin.

Fig. 7. Leucórchis álbida (L.) E. Meyer, *Weißliche Händelwurz.*

10–30 cm hoch. Knollen in schmale Abschnitte zerteilt. Stengel steif aufrecht mit 4–5 länglich-verkehrteiförmigen, stumpflichen, freudiggrünen Blättern. Ähre meist schmal, walzlich, 2–6 cm lang, mit zahlreichen kleinen, weißlichen Blüten. Tragblätter so lang oder länger als der Fruchtknoten. Blütenhüllblätter in einen Helm zusammenneigend; Lippe dreilappig, Mittellappen zungenförmig. Sporn nach abwärts gerichtet, $^1/_2$–$^1/_3$ so lang wie der Fruchtknoten. – Blüht vom Mai bis September. – *Geschützt!*

Zerstreut, jedoch nirgends selten in alpinen Trockenrasen und im subalpinen Zwergstrauchgestrüpp; gerne auf etwas saureren Böden. Vielfach in Borstgrasrasen, in Horstseggenfluren und Blaugrasmatten. In den Gebirgen bis 2500 m ansteigend, außerhalb der Alpen auch in den Mittelgebirgen und (selten und nur im Norden) in der Ebene. – Europa (im Süden seltener), nördlich bis Grönland und Westsibirien. Europäisch-boreal-montan.

Fig. 8 a. Nigritélla nígra (L.) Reichenb., *Schwarzes Kohlröschen.*

Kohlröserl, Braunellen, Brunellen, Blutrösl, Blutströpfel (Ostalpen), *Schwoaßbleaml* (Oberbayern, Tirol), *Jochbrändli* (Niederösterreich), *Schwarzröserl, Stanrösel, Sonnwendschöberl* (Steiermark), *Brändeli, Ruesseli, Naseblüeter, Bergchölbli, Vanilleblüemli, Schokoladeblüemli, Chammblüemli, Schabeblüemli, Chäsbläjerli* (Schweiz), *Fluor da tschigolátta, Brünettas, flur vin, tucca meuns* (Graubünden), *Sangóns* (Gröden).

8–15 cm hoch. Knolle handförmig gespalten. Laubblätter linealisch, stumpf. Blütenähre gedrungen, kugelig bis eiförmig. Blütenhüllblätter schwarzpurpurn, mit starkem Vanilleduft. Äußere Blütenhüllblätter lanzettlich, 5–8 mm lang und ca. 2 mm breit, innere seitliche schmal lanzettlich. Lippe dreieckig mit langer, gerader Spitze, gegen den Grund zu verjüngt, nach aufwärts gerichtet.

Sporn sehr kurz, etwa ein Drittel so lang wie der nicht gedrehte Fruchtknoten. – Blüht vom Juni bis September. – *Geschützt!*

Häufig und oft truppweise in sonnigen, trockenen Magerwiesen (vielfach in Blaugrashalden und Borstgrasmatten), auch an offenen, etwas humosen Stellen im Zwergstrauchgestrüpp. Auf basischen und sauren Böden in den Alpen und Voralpen von 1700–2780 m. Pyrenäen, Auvergne, Schweizer und Badischer Jura, Alpen, Karpaten; Apennin, Balkanhalbinsel; Skandinavien. Subarktisch-alpin.

Vereinzelt findet sich eine rosa blühende Form (**f. rósea** Goiran, **Fig. 8b**), die stellenweise den Typus fast ganz ersetzt (so in den Sanntaler Alpen).

Das nahe verwandte *Rote Kohlröschen* (**Nigritélla miniáta** [Cr.] Janchen, **Fig. 9**; = *N. rubra* [Wettst.] Richter) ist etwas höher und stattlicher, seine Blütenähre mehr langgestreckt. Die seitlichen inneren Blütenhüllblätter sind so breit wie die äußeren, die Lippe ist eiförmig und gegen den Grund zu tütenförmig eingerollt. Blüte weißlichrosa bis hellrot. – Ostalpen (von Graubünden und Tessin an ostwärts); auch in den Ostkarpaten und, in einer abweichenden Sippe, in den Südwestalpen.

Gymnadénia odoratíssima (L.) L. C. Rich., *Wohlriechende Händelwurz.* (Naturschutztafel B).

Geiß (St. Antönien in Graubünden), *Brändeli-Wibli* (Bern).

Knollen zweispaltig, mit meist zweilappig geteilten Zinken. Stengel schlank, 15–30 cm hoch, unten stielrund. Blätter linealisch bis lineal-lanzettlich, spitz, bläulichgrün, oberseits etwas glänzend. Blütenähre anfangs kegelförmig, ziemlich dicht. Blüten klein, purpurrot, hellrosa-violett bis weiß, angenehm duftend. Lippe seicht dreilappig, Mittellappen zugespitzt. Sporn fadenförmig, so lang oder (meist) etwas kürzer als der gedrehte Fruchtknoten. – Blüht vom Juni bis August. – *Geschützt!*

Stellenweise, aber meist gesellig auf feuchten, moorigen Wiesen, an trockenen, steinigen Hängen, auch in lichten, erikareichen Föhrenwäldern, auf meist kalkreichen Böden. In Blaugrashalden und Horstseggentreppen, seltener in Borstgrasmatten von der Ebene bis 2700 m. – Gemäßigtes Europa von Südskandinavien bis ins nördliche Südeuropa. Südmitteleuropäisch-montan.

Cephalanthéra rúbra (L.) L. C. Rich., *Rotes Waldvögelein* (Naturschutztafel B).

20–50 cm hoch. Grundachse kurz, fast walzlich, mit zahlreichen büscheligen Wurzeln. Stengel hin und her gebogen, oberwärts kurzhaarig. Laubblätter länglich, spitz, die mittleren am größten, die oberen lanzettlich wie die Tragblätter; diese länger als die Fruchtknoten Blütenstand locker, 2–12blütig. Blütenhüllblätter 15–20 mm lang, zur Blütezeit offen, rosa oder rotlila. Lippe tief dreilappig, ungespornt. Fruchtknoten behaart. – Blüht im Mai und Juni. – *Geschützt!*

Selten und meist wenig zahlreich in lichten, trockenen Laub- und Nadelwäldern, an sonnigen, buschigen Abhängen, auf nährstoffreichen, lockeren, kalkhaltigen Böden. Im Kieferngehölz, Fichten-Kiefern-Mischwald, auch im Buchenwald von der Ebene bis 1800 m.– Von Schweden durch Mittel- und Südeuropa bis nach Kleinasien und Nordpersien. Südeuropäisch-montan-mitteleuropäisch.

Salicáceae. Weidengewächse — **Tafel 5**

Sträucher oder Bäume mit einfachen, wechselständigen Blättern und mit kleinen, oft bleibenden Nebenblättern. Blüten einzeln in den Achseln von kleinen, häutigen Tragblättern, zu männlichen oder weiblichen Ähren („Kätzchen“) vereinigt, die aber nicht auf dem gleichen Strauche auftreten („zweihäusig“). Blütenhülle fehlend, doch ein oder zwei Nektardrüsen oder eine becherförmige Nektarscheibe entwickelt. Staubblätter 2 bis viele. Fruchtknoten kapselig, einfächerig und mit 2 Klappen aufspringend, zahlreiche, mit einem Haarschopfe ausgerüstete Samen enthaltend.

Die Weiden der Hochalpen und der arktischen Zone sind kleine, oft fast ganz dem Boden aufliegende Sträucher von zwergigem Wuchse oder kleine Büsche.

Fig. 1. Salix waldsteiniána Willd. (= S. arbúscula auct. non L.), *Bäumchen-Weide.*

Aufrechtes, bis 50 cm hohes, dichtbuschiges Sträuchlein. Blätter kahl, verkehrt-eiförmig oder länglich, über der Mitte am breitesten, kerbig gesägt, oberseits sattgrün, unterseits matt und etwas blaugrün, gezähnelt, in der Mitte am breitesten. Kätzchen kurz gestielt, an den beblätterten Zweigen seitenständig, aus Seitenknospen vorjähriger Triebe hervorgehend. Kätzchenschuppen behaart. Staubblätter 2, kahl und frei. Staubbeutel rötlich oder gelblich, Fruchtknoten filzig. – Blüht im Juni und Juli.

Ziemlich verbreitet auf frischen, meist kalkhaltigen Lehmböden, vor allem in Hochstaudenfluren, oft mit anderen Zwergweiden vergesellschaftet, von 1400–2200 m. – Ostalpen (vom Vierwaldstätter See ostwärts bis zum Wiener und zum Krainer Schneeberg); Karpaten. – Die nahe verwandte, kleinerblättrige und scharf drüsig-gesägte *Sálix foétida* Schleicher vertritt unsere Sippe auf saureren Gesteinen der mittleren und westlichen Alpen, vor allem in den zentralen und südlichen Ketten, sowie in den Pyrenäen. Unter Einschluß weiterer Sippen amphiarktisch-alpin **(Karte 2).**

Fig. 2a. Sálix retúsa L., *Stumpfblätterige Zwergweide.*

Kriechende Spalierrasen mit knorrig gewundenen Stämmchen. Blätter klein, sehr kurz gestielt, rundlich, verkehrt-eiförmig oder spatelig, vorn meist stumpf oder schwach ausgerandet, völlig kahl, meist ganzrandig, im Herbst goldgelb gefärbt. Kätzchen endständig, arm- und lockerblütig. Tragblätter bleich, fast zungenförmig, vor der Fruchtreife abfallend. Staubblätter und Honigdrüsen je 2. Fruchtknoten walzig-kegelförmig, kahl, kurz gestielt. – Blüht vom Juni bis August.

Verbreitet und häufig an Felsgesimsen, auf steinigen, mageren Weiden, in Felsschutt, Runsen und Erdabrissen, meist an frischen, etwas beschatteten Stellen auf basischen bis schwach saueren Böden. Im losen Schutt bodenbindend, Felsen überwachsend. In Blaugras- und Polsterseggenhalden, auf kalkreicheren Schneeböden von 1700–2500 (– 3000) m. – Pyrenäen, Jura, Alpen, Apennin, angeblich auch Balkanhalbinsel. Süd-mitteleuropäische Gebirgspflanze.

Nahe verwandt ist die auf die Alpen beschränkte *Quendelblättrige Zwergweide* **(Sálix serpyllifólia** Scop. **Fig. 2b),** die an ihren gedrungenen, dichten Rasenpolstern und den auffallend kleinen Laubblättern leicht kenntlich ist und besonders als Pionier auf offenen Kalkrohböden in der Polsterseggenmatte angetroffen wird.

Fig. 3. Sálix herbácea L., *Krautige Zwergweide, Krautweide.*

1–8 cm hohes Sträuchlein, von dem nur die Zweigspitzen aus dem Boden hervorragen (Linné nannte es den kleinsten Baum der Erde). Blätter klein, kreisrund, am Rande fein gesägt, kurzgestielt, beiderseits hellgrün. Kätzchen wenigblütig (4-12 Blüten), endständig. Kätzchenschuppen fast kahl, bleich, gelbgrün. Staubblätter 2, frei oder halb verwachsen. Staubbeutel zuerst purpurrot, beim Verstäuben goldgelb. – Blüht vom Juni bis August.

Ziemlich häufig und gesellig in feuchten Rasen, Runsen, auf Felsschutt und an steinigen Abhängen auf schwach saurer bis basischer, meist kalkarmer Unterlage. Bezeichnende Art der „Schneetälchen", in denen der Schnee lange liegenbleibt und deren humusreicher, schwarzer Boden vom Schmelzwasser stark durchtränkt wird; seltener in Krummseggenrasen und Zwergstrauchheiden. In den Alpen oberhalb der Waldgrenze von etwa 1600–3350 m. – Pyrenäen, Auvergne, Alpen, Sudeten, Karpaten; Apennin, Balkanhalbinsel; Ural; boreales und arktisches Eurasien und Nordamerika. (Atlantisch-)arktischalpin.

Fig. 4. Sálix reticuláta L., *Netzaderige Zwergweide.*

Schneehühnlweide (Pinzgau), *palma cuccu* (Graubünden).

Zwergiges Sträuchlein mit am Boden anliegenden, verzweigten und überall wurzelnden Stämmchen. Blätter ziemlich groß, langgestielt, elliptisch oder rundlich, am Rande umgerollt; unterseits seidig behaart, später verkahlend, netzaderig, bläulichgrün; oberseits dunkelgrün. Kätzchen ziemlich langgestielt, endständig. Kätzchenschuppen einfarbig rot. Blüten mit gelappter Honigscheibe; die männlichen mit 2 vor dem Aufblühen intensiv roten Staubbeuteln. Fruchtkapsel eiförmig, dichtfilzig. – Blüht im Juli und August.

Häufig und gesellig an steinigen, feuchten Abhängen, in Grus und Geröll, auf humosen Rasen und Weiden über meist basischer Unterlage. Als Unterwuchs in der Zwergstrauchheide, an offenen Stellen der Nacktriedflur und des Polsterseggenrasens, auf kalkreicheren Schneeböden (dort im Verein mit *Salix retusa* das „Gletscherweidenspalier" bildend) von 1700–2500 (–3185) m. – Pyrenäen, Jura, Alpen, Karpaten, Balkanhalbinsel; Nordeuropa, nördliches und arktisches Asien und Nordamerika. Amphiarktisch-alpin.

Diese Art ist wie *Salix herbacea* fossil an zahlreichen, in der heutigen Areallücke zwischen Arktis und Alpen liegenden Fundstätten in eiszeitlichen und nacheiszeitlichen Ablagerungen festgestellt worden.

Sálix helvética Vill., *Schweizer Weide.*

Niedriger, bis 70 cm hoher, reichästiger und sparriger Strauch. Laubblätter länglich, über der Mitte am breitesten, ganzrandig oder schwach gezähnelt, spitz, oberseits fast kahl, unterseits weißfilzig. Kätzchen fast sitzend, aufrecht, dichtblütig. Kätzchenschuppen grün bis rotbraun, mit schwärzlicher Spitze. Staubblätter 2, frei, Staubbeutel länglich, gelb. Fruchtknoten kurzgestielt, kegelförmig, graufilzig. – Blüht vom Mai bis Juli.

Tafel 5

1

2b

2a

3

5

4

19C50

Stellenweise an schattigen Blockhalden, auf Moränen- und Lawinenschutt, im Bachgeröll, fast ausschließlich auf kalkarmen Böden. In oft großen und fast reinen Zwergstrauchbeständen von 1700–2620 m vor allem in den zentralen und südlichen Ketten (fehlt in Bayern) von den Seealpen bis in die Stubaier und Kitzbüheler Alpen. Mit Einschluß nahe verwandter Sippen (= *Sálix lappónum* L. s. lat.) eurasisch-arktisch-alpin.

Betuláceae. Birkengewächse

Fig. 5. Álnus víridis (Chaix) DC., *Grün-Erle.*

Ludern, Luttern (Tirol), *Lutterach* (Kärnten), *Ampalter, Abfalterstauden* (Tauern), *Alm-Erl* (Niederösterreich), *Druse* (Allgäu), *Tros-Stude* (Schweiz), *Malánza, Maros, Agn* (Graubünden).

0,5–2,5 m hoher, freudiggrüner, vielästiger Strauch. Knospen ungestielt, sitzend; Nebenblätter frei, früh abfallend. Blätter in der Jugend klebrig, eiförmig-elliptisch, spitz, scharf doppelt gesägt, beiderseits grün. Blüten zu eingeschlechtigen Kätzchen vereinigt, mit dem Laub aufblühend. Männliche Kätzchen lang-walzlich, lebhaft gefärbt, über den weiblichen stehend; weibliche eirund, später zu Zapfen verholzend und lange stehenbleibend, anfangs grün, sehr klebrig, später braun. – Blüht im Mai und Juni.

Sehr verbreitet und bestandbildend an schattigen, feuchten Abhängen, in Lawinenzügen und Runsen, meist auf tonigen oder sandigen, kalkarmen Böden, auf denen sie die Legföhrengebüsche der Kalkböden vertritt. In großen Beständen vor allem an feuchten Nordhängen (Gehängeschutz!) gesellschaftsbildend, als Unterholz in Lärchen- und Zirbenwäldern, im Vorland auch auf mageren Weiden, in Auwäldern und Moorbrüchen. – In verschiedenen Formen in den Alpen (von 1500–2430 m) und im Alpenvorland, Jura, Schwarzwald, Böhmerwald, Böhmisches Mittelgebirge, Elbsandstein- und Lausitzer Gebiet, Karpaten, Balkanhalbinsel. Unter Einschluß nahe verwandter Sippen amphisubarktisch-alpin.

Santaláceae. Sandelholzgewächse **Tafel 6**

Halbschmarotzer (bei uns mit grünen, flachsartigen Blättern), die mit Hilfe von eigentümlichen Saugwarzen auf den Wurzeln anderer Pflanzen leben. Blätter ungeteilt, ohne Nebenblätter. Blüten zwitterig, radiär, in trauben- oder rispenartigen Blütenständen. Blütenhülle einfach, d. h. nicht in Kelch und Krone gegliedert, kelchartig, grünlich bis weißlich, verwachsenblätterig. Staubblätter der Blütenröhre eingefügt. Fruchtknoten einfächerig, unterständig. Frucht meist nußartig.

Fig. 1. Thesíum alpínum L., *Gebirgs-Leinblatt, Bergflachs.*

Fetzkraut, Vermainkraut (Tirol), *Johanneskraut* (Niederösterreich).

10–30 cm hoch, zuerst grasgrün, zur Fruchtzeit gelbgrün, mehrere aufsteigende Stengel treibend. Laubblätter schmal linealisch, einnervig. Blütenstand rispig, einseitswendig, unter jeder Blüte 3 Hochblätter (1 Tragblatt und 2 Vorblätter). Blütenhülle meist vierzipfelig; Saum der Blütenhülle nach dem Verblühen röhrenförmig, nur an der Spitze eingerollt. Frucht kugelig, durch Ameisen verbreitet. Fruchtstiele aufgerichtet. – Blüht im Juni und Juli. – Soll bei Kühen das Trächtigwerden begünstigen (Wallis).

Verbreitet und meist häufig an trockenen, kurzrasigen Abhängen und Weiden, in lichten Wäldern und Gebüschen, in Schluchten, auf mineralkräftigen, basischen bis schwach sauren, meist kalkhaltigen Böden. In Blaugras- und Horstseggenhalden, Borstgrasmatten, Fels- und Buntschwingeltreppen, auch in Schneeheidegestrüppen und lockeren Zirben- und Fichtenwäldern, von der Ebene bis 3000 m ansteigend. – Weit verbreitet in Süd- und Mitteleuropa (vor allem in den gebirgigen Teilen, vereinzelt bis Schweden). Süd-mitteleuropäisch.

Polygonáceae. Knöterichgewächse

Meist krautartige Pflanzen mit stielrundem, oft knotig gegliedertem Stengel. Blätter wechselständig, meist ungeteilt, am Grund mit einer Tüte, d. h. einer häutigen, röhrenförmigen Nebenblattscheide (óchrea) versehen, welche den Stengel und die Achselknospe umfaßt. Blüten klein, radiär, mit einfacher Blütenhülle. Staubblätter 3–9. Fruchtknoten oberständig, einfächerig. Frucht nußartig, einsamig, oft dreikantig, zuweilen mit der Blütenhülle abfallend.

Tafel 6

Fig. 2. Rúmex scutátus L., *Schildblätteriger Sauerampfer.*

10–50 cm hoch. Wurzel holzig, tief in den Boden eindringend und meistens mehrere Stengel treibend. Blätter oft bläulich bereift, spießförmig; die grundständigen breit eiförmig oder geigenförmig, alle deutlich gestielt. Stengel niederliegend oder aufsteigend, meist etwas hin und her gebogen, an sonnigen und dürren Standorten mit rotem Anfluge. Blütenstiele zart, unter der Mitte gegliedert. Blüten hängend, eine Scheintraube bildend. Blütenhülle fünfspaltig. Staubblätter 6–8. Frucht eine scharfkantige, glänzende Nuß. – Blüht vom Mai bis Juli. – Zuweilen als Gemüse („Römischer oder Französischer Spinat") angebaut.

Ziemlich häufig und oft herdenweise auf Geröllhalden, in Mauerritzen, an sonnigen, steinigen Abhängen, auch im Flußgeschiebe; bodenbindender Schuttwanderer auf kalkreichem und kalkarmem Gestein. Charakterpflanze der Pestwurzhalden, von 250–2750 m, meist in der subalpinen Stufe. – Ziemlich verbreitet in Süd- und Mitteleuropa, vereinzelt bis Nordafrika, Persien und Kaukasus. In Deutschland häufig in den Alpen, im außeralpinen Süddeutschland (wohl meist als Kulturrelikt) und im Rheingebiet. Südmitteleuropäische Gebirgspflanze.

Fig. 3. Rúmex alpínus L., *Alpen-Sauerampfer.*

Butterbletschen, Fabespletschen, Schmalzplätschen, Fabesen, Foißen, Scheißhuefe (Tirol), *Plotschen, Scheißplotschen* (Kärnten), *Rhabarber* (Allgäu), *Rebarbere, Blacke, Blackte, Süblacke, Schwi(n)blacke, Chile(n)* (Schweiz), *Emtblackte, Bofelblackte, Lavaza, Platese* (Graubünden), *Lavac* (Gröden).

Kräftiges, aufrechtes, bis 200 cm hohes Kraut. Grundständige Blätter sehr groß (bis 50 cm lang und bis 20 cm breit), rundlich oder herzförmig, langgestielt, stumpf, am Rande etwas wellig, die stengelständigen lanzettlich; alle mit großer, weißlicher Scheide. Blattstiel oberseits rinnig. Blütenrispe stark verzweigt, mit dichtstehenden Blütenquirlen. Blütenhüllblätter grünlich, ohne Schwielen. – Blüht vom Juni bis August.

Sehr verbreitet und bestandbildend an feuchten Viehlägern, in der Nähe von Sennhütten und Ställen, auf überdüngten Wiesen, auf feuchten, humosen und nitratreichen Böden. Bezeichnende Pflanze der alpinen Lägerflur, von 1200–2640 m, vereinzelt tiefer. – Pyrenäen, Zentralmassiv, Alpen, Vogesen, Schwarzwald, Sudeten, Karpaten; Apennin, Balkanhalbinsel, Kaukasus. Süd-mitteleuropäische Gebirgspflanze.

In verschiedenen Gebieten der Schweiz und des Montafon werden die Pflanzen gekocht, wie Sauerkraut in Gruben eingegraben und im Winter als Schweinefutter verwendet. In Oberbayern werden die großen und breiten Blätter auf leidende und heiße Hautstellen gelegt. Sie wirken sehr kühlend und werden im warmen Sommer benutzt, um ungesalzene Butter frisch zu halten. Die jungen Blätter liefern unmittelbar nach der Schneeschmelze ein spinatähnliches Gemüse, die Blattstiele schmecken wie Rhabarber.

Polýgonum bistórta L., *Schlangen-Knöterich.*

Natternzunge (Südtirol, Niederösterreich), *Schlupfa, Schafzunge* (Westtirol), *Ochsenzunge, Schluckere, Schluche* (Schweiz), *Chölbli, Strupfeblacke* (St. Gallen), *Schluchbätze, Fläschebürstli* (Bern), *Badalest, Laungia d'bóuv, Lungas bov* (Graubünden).

30–120 cm hoch, zahlreiche Ausläufer treibend. Grundachse dickwalzlich, schlangenartig gekrümmt, mit Blattresten bedeckt. Blütenstengel seitenständig, entfernt beblättert, einfach, kahl. Untere Stengelblätter eirund oder länglich, spitz, am Grunde gestutzt oder herzförmig, langgestielt, die oberen lanzettlich oder lineal, sitzend; alle am Rande kerbig-wellig, oberseits dunkelgrün, unterseits bläulichgrün. Nebenblattscheide röhrig, braun, nicht zerschlitzt, kahl. Scheinähren endständig, dicht, walzlich bis länglich, bis 9 cm lang. Blütenhülle hell- oder dunkelrosa, selten weiß, ca. 3 mm lang. Staubblätter meist 8, aus der Blüte hervorragend. Griffel 3, frei. Nuß scharf dreikantig, glänzend, tief kastanienbraun, bis 5 mm lang, länger als die Blütenhülle. – Blüht vom Mai bis August. – Wurzelstock Volksheilmittel gegen Darmstörungen.

Häufig und bestandbildend in etwas feuchten und fetten Bergwiesen, in lichten Auwäldern, an buschigen, staudenreichen Hängen, im Umkreis von Sennhütten, auf meist humosen, frisch-kühlen, nährstoffreichen Lehm- und Tonböden. Bezeichnende Pflanze der Goldhafer-Fettmatte, im Grünerlengebüsch, in der Meisterwurz- und Ampferflur, von der Ebene bis in die subalpine Stufe (vereinzelt bis 2500 m). – Europa (in Nordeuropa seltener, in Südeuropa nur auf den Gebirgen), Kaukasus, gemäßigtes Nordasien, Himalaja, arktisches Nordamerika. Amphiboreal-montan.

Fig. 4. Polýgonum vivíparum L., *Knöllchen-Knöterich.*

Otterzünglan (Kärnten), *Bring-mas-wida* (Niederösterreich), *Bringherwieder* (Steiermark), *Pan d'umblana, panetscha d'utschi* (Graubünden).

15–25 cm hoch. Wurzelstock dicht mit kleinen Blattschuppen besetzt. Stengel aufrecht. Untere Laubblätter langgestielt, lanzettlich, beiderseits verschmälert, unterseits graugrün und am Rande umgerollt; Nerven am Blattrande verdickt. Blütenstand eine endständige Scheinähre bildend. Blüten weiß mit rosarotem Anfluge. Staubblätter 6–8. Die Ähre trägt im unteren Teil dunkelbraune Brutzwiebelchen („Bulbillen"), die sich von der Pflanze loslösen und zu neuen Pflänzchen heranwachsen. In den Alpen werden diese besonders gern vom Schneehuhn verzehrt. – Blüht vom Mai bis August.

Häufig und verbreitet an trockenen, berasten Hängen und steinigen Matten, in Schneetälchen, Flachmooren, lichten Wäldern; ohne besondere Ansprüche an die Bodenverhältnisse. In Krummseggen- und Blaugrashalden, Nacktried- und Polsterseggenrasen, als Erstbesiedler in Zwergstrauchspalieren, auf Blaukressen- und Krautweidenböden von 1000–3060 m, im Vorland als Eiszeitrelikt. – Pyrenäen, Alpen, Jura, Karpaten; Apennin, Illyrien, Balkanhalbinsel, Kaukasus, Zentralasien; nördliches und arktisches Eurasien und Nordamerika. Amphiarktisch-alpin.

Fig. 5. **Oxýria dígyna** (L.) Hill, *Alpen-Säuerling.*

5–15 cm hoch, in der Tracht von *Rumex scutatus*, Wurzelstock vielköpfig. Stengel blattlos oder ein- bis zweiblätterig. Blätter langgestielt, nierenförmig, vorn ausgerandet, fast alle grundständig. Blüten in quirligen, endständigen, lockeren Trauben, zwitterig, hängend. Blütenhülle vierblätterig; die 2 inneren Blütenhüllblätter größer, der Frucht anliegend, die äußeren kleiner und zurückgeschlagen. Staubblätter meist 4. Griffel und Narben 2. Frucht linsenförmig, zweiflügelig, 3–4 mm lang; Flügel anfangs lichtgrün oder hellrot, später blutrot. – Blüht im Juni und Juli.

Zerstreut und scharenweise auf feuchten Schutthalden, auf Moränenhängen und Schneeböden, auf lange durchfeuchteten, meist etwas tonigen und kalkarmen, neutralen bis sauren Böden. Bezeichnende Pflanze der „Säuerlingsflur", von (600–) 1700–3400 m ansteigend. – Pyrenäen, Korsika, Alpen (vor allem in den silikatreicheren Massiven, fehlt im äußersten Nord- und Südosten; in Bayern selten), Karpaten, Balkanhalbinsel; Asien vom Kaukasus bis zum Himalaja; nördliches und arktisches Eurasien und Nordamerika. Amphiarktisch-alpin.

Caryophylláceae. Nelkengewächse **Tafel 7**

Kräuter oder Halbsträucher mit einfachen, in der Regel gegenständigen, ungeteilten, meist schmalen Blättern. Stengel oberwärts meist gabelig verzweigt. Blüten fünfgliederig, strahlig, meist zwitterig, seltener eingeschlechtig. Kelchblätter frei oder miteinander verwachsen. Kronblätter 4, 5 oder gänzlich fehlend, zuweilen mit einem Nebenkrönchen ausgestattet, sehr oft in eine breite Platte und in einen schmalen Nagel gegliedert. Fruchtknoten oberständig, mehr oder weniger vollständig einfächerig. Frucht meist eine vielsamige Kapsel, selten eine einsamige Schließfrucht.

Fig. 1. **Saponária ocymoídes** L., *Rotes Seifenkraut.*

10–35 cm hoch, rasenbildend. Stengel ausgebreitet-ästig, niederliegend. Blätter verkehrt-eiförmig, in den kurzen Blattstiel verschmälert. Blütenstand ebensträußig-rispig, klebrig. Kelch walzlich, rot gefärbt, drüsig-klebrig. Kronblätter lebhaft rosarot, selten weiß, stumpf oder ein wenig ausgerandet, plötzlich in den schmalen Nagel zusammengezogen; Krönchen zweizähnig. Kapsel häutig, vierzähnig. Samen nierenförmig. – Blüht vom Mai bis Oktober.

Zerstreut und scharenweise auf sandigen und felsigen Hängen, an Erdabrissen und Schutthalden, auch im Kies der Alpenflüsse, auf meist kalkhaltigen, basischen bis schwachsauren Rohböden. In Föhrenwaldsteppen und -heiden, in lichten Lärchen- und Legföhrenbeständen, von den Tälern bis 2000 m ansteigend. – Spanien, Pyrenäen, Zentralmassiv, Jura. Tyrrhenis, Apennin, Alpen (vor allem in den Südalpen und von dort in die wärmeren nördlichen Alpentäler ausstrahlend; in Bayern nur im Werdenfels im Anschluß an die Südtiroler und Inntaler Vorkommen; fehlt in den nordöstlichen Kalkalpen). Submediterran (westlich).

Fig. 2. **Saponária pumílio** (L.) Fenzl ex A. Braun, *Niedriges Seifenkraut.*

Saupeterstamm, Zigeunerwurz (Kärnten).

Dichte, polsterförmige Rasen mit kurzen, einblütigen Stengeln und sehr großen, in den Rasen eingesenkten Blüten. Blätter lineal, nach der Spitze zu etwas verbreitert, stumpf. Kelch aufgeblasen, stumpfzähnig, kurzzottig, grün, oft rot überlaufen. Kronblätter lebhaft rosarot mit zweispitzigem Krönchen, deutlich ausgerandet, breiteiförmig. Griffel 3, fädlich. – Blüht vom Juli bis September.

Stellenweise, aber gesellig auf dürren Alpentriften, an Erdabrissen und in Zwergstrauchheiden, auf sauren, kalkarmen, vielfach humosen Böden. In Krummseggenrasen und Azaleenspalieren von 1900–2600 m. – In den zentralen Ostalpen von den Hohen Tauern und vom Defreggengebirge ostwärts, in den Südalpen nur in den Dolomiten und Sarntaler Alpen; ferner in Siebenbürgen. Ostalpin **(Karte 3)**.

Fig. 3. Lýchnis alpína L. (= Viscária alpína [L.] Don), *Alpen-Lichtnelke.*

5–15 cm hohes, kleine Rasen bildendes Pflänzchen, mit grundständiger Blattrosette. Stengel aufrecht, kahl, mit endständigem, dichtkopfigem Blütenstande. Blätter lanzettlich, sitzend, kahl, am Grund etwas gewimpert. Kelch kahl, glockenförmig. Kronblätter zweispaltig, prächtig hellrot, mit Krönchen. Griffel meist 5. Samen sehr klein, nierenförmig, papillös. – Blüht im Juli und August.

Selten und vereinzelt auf trockenen Weiden und kurzrasigen, steinigen Abhängen, in Geröll- und Schutthalden, nur auf flachgründigen, sauren, meist kalkarmen Böden. In Krummseggen- und Braunsimsenrasen, Nacktriedfluren und Gletscherweidenspalieren von 1900–3100 m. – Pyrenäen, Alpen (nur in den West- und Zentralalpen, lückenhaft von Piemont bis in die Hohen Tauern) und ganz vereinzelt im Apennin; nördliches und arktisches Eurasien und Nordamerika. (Atlantisch-)arktisch-alpin **(Karte 4)**.

Fig. 4. Siléne rupéstris L., *Felsen-Leimkraut.*

10–25 cm hohes, ein- bis mehrjähriges, kahles Pflänzchen. Stengel meist gabelig verzweigt, aufsteigend. Blätter bläulichgrün, länglich-eiförmig, spitz; die unteren nach dem Grunde zu verschmälert. Blütenstand gabelig, endständig. Blüten ziemlich langgestielt. Kelch stumpfzähnig. Kronblätter ausgerandet, fast doppelt so lang wie der Kelch, weiß oder rosarot. Kapsel im Kelch eingeschlossen bleibend. – Blüht im Juli und August.

Häufig und verbreitet an trockenen, steinigen Abhängen, in offenen Magerrasen, in Fels- und Mauerritzen, auf meist sauren, kalkarmen oder ausgelaugten Rohböden. In den Silikatspalten-Gesellschaften des Vielblütigen Mannsschilds und Nordischen Streifenfarns, in Fels- und Buntschwingelfluren, auch in lichten Fichtenwäldern von (280–) 1600–2800 m. – Nordspanische und französische Gebirge, Korsika und Sardinien, Alpen (besonders in den silikatreicheren Ketten; fehlt in den äußersten Süd- und Nordostalpen, in Bayern selten), Vogesen, Schwarzwald und ganz vereinzelt in den Karpaten; Skandinavien, Ural. Arktisch-alpin.

Fig. 5. Siléne pusílla Waldst. et Kit. (= Heliospérma quadridentátum [Murr.] Sch. et Thellg.), *Vierzähniger Strahlensame.*

5–20 cm hoch, meist lockerrasig, vielstengelig, gabelig verzweigt. Obere Stengelglieder und Blütenstiele klebrig, haardünn. Blätter sehr schmal, gegen den Grund zu schwach bewimpert. Kelch kahl, kreiselförmig, schwach zehnnervig, mit eiförmigen, stumpfen Zähnen. Kronblätter schmal, weiß, selten rosarot, v i e r z ä h n i g (Unterschied vom Felsen-Leimkraut), mit kurzem Krönchen. Fruchtkapsel eiförmig, so lang oder etwas länger als der Kelch. Samen stark flachgedrückt, kammförmig gewimpert. – Blüht vom Juni bis September.

Häufig und verbreitet an quelligen Stellen, im Bachgeröll, an oder unter feuchten Felsen und im Felsschutt, nur auf basischen, kalkreichen Substraten. Vorzüglich in kalkreichen Quellfluren, seltener in den Spaltengesellschaften des Stengelfingerkrauts und im Rostseggenrasen, von (500–)1200–2500 m. – Pyrenäen, Jura, Alpen (in den zentralen Massiven nur sehr vereinzelt), Korsika, Apennin, Balkanhalbinsel, Karpaten. Süd-mitteleuropäische Gebirgspflanze.

Fig. 6. Gypsóphila répens L., *Kriechendes Gipskraut.*

8–25 cm hoch, blaubereift. Stengel kriechend oder aufsteigend, locker beblättert, oft rasenbildend, nebst den Seitenästen kahl. Blätter etwas fleischig, linealisch, spitz, bläulichgrün, nach beiden Enden zu verschmälert, meist etwas sichelförmig gekrümmt. Kelch kreiselförmig-glockig, bis zur Hälfte fünfspaltig, weißhäutig-gestreift. Kronblätter weiß oder hellrot, gekerbt oder ausgerandet, allmählich in den Schlund verschmälert. Samen schwarz, nierenförmig, papillös. – Blüht vom Mai bis August.

Sehr häufig und verbreitet in den Schotterfluren der Flüsse und an den Grobschutthalden der Berge („Schuttdecker"), oft auch an sonnigen, steinigen Halden und offenen Matten, auf basischen, kalkreichen Stein- und Kiesverwitterungsböden. In Blaugras- und Horstseggentreppen, in Tamariskenauen und Erikaheiden, an Pestwurzhalden und im Legföhrengestrüpp, vom Alpenrand bis 1800(–2700) m; als Schwemmling weit ins Vorland hinabsteigend. – Pyrenäen, Apennin, Alpen (in den Silikatmassiven selten), Jura, vereinzelt in Mitteldeutschland und Polen, Karpaten. Süd-mitteleuropäische Gebirgspflanze.

Tafel 7

Fig. 7. Siléne acaúlis (L.) Jacq., *Stengelloses Leimkraut.*

Steinguckerli (Tirol), *Gamskraut* (Zillertal), *Moosbleaml, Teufelspeitschen* (Niederösterreich), *Zigeunerkraut* (Kärnten), *Rotes Mies* (Oberösterreich), *Alpe(n)polster* (St. Gallen), *flur d'uost, flur medeschina* (Graubünden).

Pflanze dichte, flache, rasenförmige, mit Blüten reichbesetzte Polster bildend. Blätter linealisch. Blüten einzeln, endständig, auf kurzen Stielchen nur wenig aus dem Polster herausragend. Kelch länglich-walzenförmig, zehnnervig, halb so lang wie die Fruchtkapsel, am Grunde quer gestutzt oder in den Stiel verschmälert. Kronblätter verkehrteiförmig, schwach ausgerandet, lebhaft rot, selten weiß. Die einen Polster sind zwitterig, die anderen eingeschlechtig. – Teilweise geschützt!

Häufig und weit verbreitet auf steinigen Weiden, felsigen Hängen, im Geröll und in Felsspalten, die Kalkrassen (rasig, locker, großblütig) in Blaukressenböden, in Blaugras- und Polsterseggenmatten, die Rassen sauerer, silikatischer Böden (polsterig, dicht, klein- und blaßblütig: ssp. *exscápa* [All.] J. Braun) oft in hochalpinen Krummseggentriften. Von 1550–3600 m, selten herabgeschwemmt. – In einer Anzahl geographisch getrennter Rassen in den Pyrenäen, Alpen, Karpaten; Apennin, Illyrien, Balkanhalbinsel; Nordural, arktisches Asien und Amerika. Amphiarktisch-alpin.

Tafel 8

Fig. 1. Sagína saginoídes (L.) Karsten, *Alpen-Mastkraut.*

2–10 cm hoch, polster- oder rasenbildend. Stengel niederliegend oder aufstrebend. Blätter linealisch, kahl, kurz stachelspitzig. Blüten sehr klein, fünfzählig. Kelch und Krone fünfblätterig. Kronblätter weiß, kürzer als die Kelchblätter. Staubblätter 10, Griffel 5. Fruchtkapsel länger als der Kelch, mit 5 Klappen sich öffnend. – Blüht vom Juni bis August.

Häufig und gesellig an etwas feuchten oder gut gedüngten Stellen, an Kohlenplätzen und an frisch abgerutschten Hängen, gelegentlich auch an Wegen und auf Schuttstellen, auf basischen und sauren Böden. In Rispengras- und Ampferfluren, auf Krautweidenböden von (480–)1700–3000 m. – In verschiedenen, schwer unterscheidbaren Sippen weit verbreitet: Gebirge von Spanien, Pyrenäen, Jura, Alpen, deutsche Mittelgebirge, Karpaten, Balkanhalbinsel, Kaukasus; nördliches und arktisches Eurasien und Nordamerika; Mexiko. Amphiarktisch-alpin.

Fig. 2. Moehríngia muscósa L., *Moosartige Nabelmiere.*

5–20 cm hoch, Stengel zart, lockere, feine und dünne Rasen bildend. Blätter fadenförmig, nervenlos, halbstielrund, hellgrün. Blütenstand locker, Blüten in der Regel vier-, selten fünfzählig. Kelchblätter etwas kürzer als die weißen, abgerundeten und verkehrt-eiförmigen Kronblätter. Staubblätter 8, Griffel meist 2. Kapsel fast kugelig, mit 4 breiten Klappen sich öffnend. – Blüht vom Mai bis September.

Sehr häufig und rasenbildend an schattigen, feuchten Felsen und Mauern, im Schluchtwald zwischen Moospolstern, auf lockeren, meist kalkhaltigen, humosen Steinböden; gerne in Gesellschaft des Grünen Streifenfarns. In der subalpinen Stufe von 800–2300 m, vielfach im Bergwald tief in die Alpentäler herabsteigend. – Gebirge von Spanien, Frankreich und Italien, Alpen, Jura, Böhmerwald, Karpaten, nordwestliche Balkanhalbinsel. Süd-mitteleuropäische Gebirgspflanze.

Fig. 3. Moehríngia ciliáta (Scop.) Dalla Torre, *Wimper-Nabelmiere.*

Pflänzchen fast kahl, rasenbildend, niederliegend oder etwas aufsteigend. Blätter schmallinealisch, die untersten oft etwas breiter, gegen den Grund zu häufig gewimpert. Stengel ein- bis dreiblütig. Blütenstiele nach aufwärts gebogen, oft behaart. Kelchblätter eiförmig-lanzettlich, stumpf, ein- bis dreinervig, wenig kürzer als die abgerundeten, weißen Kronblätter. Blüten fünfzählig. Staubblätter 10, Griffel 3. Kapsel mit 6 Zähnen sich öffnend – Blüht vom Juni bis August.

Ziemlich häufig im rutschenden und ruhenden Kalkschutt, im Bachgeröll, seltener an Felsbändern und auf steinigen Weiden, nur auf kalkreichen, meist gut durchfeuchteten Unterlagen. Fast stetig in der Täschelkrautflur von 1600–3100 m, selten tiefer; mitunter herabgeschwemmt. – Ostpyrenäen, Alpen (vom Dauphiné bis Niederösterreich und Steiermark), nordwestliche Balkanhalbinsel. Südmitteleuropäische Gebirgspflanze.

Vor allem in den zentralen Hochalpen (jedoch auch hier nur über Kalk) findet sich die zwergige, stets einblütige *var. sphagnoídes* (Froel.) Rchb. mit dachziegelartig sich deckenden Blättern und fast sitzenden Blüten.

Fig. 4. Cerástium latifólium L., *Breitblätteriges Hornkraut.*

Lockere Rasen mit am Grund wenigblätterigen Stengeln. Nicht blühende Sprosse wenig zahlreich, kriechend; blütentragende 4–15 cm hoch, ziemlich aufrecht. Blätter mit breitem Grund sitzend, eiförmig, deutlich zugespitzt, etwas starr, dicht mit kurzen Borsten- und Drüsenhaaren besetzt,

Tafel 8

jedoch nie zottig. Krone weiß, weit beckenförmig (im Durchmesser 24–32 mm). Kronblätter zweispaltig; Staubblätter 10, Griffel 5. Fruchtkapsel zehnzähnig, am Grund etwas bauchig. – Blüht im Juli und August.

Ziemlich verbreitet und gesellig im beweglichen Grobschutt, in der lockeren, rutschenden Grobgeröllflur, nur selten auf Felsen übergehend; ausschließlich über Kalk und Hauptdolomit, auf basischen Böden. Als Schuttüberkriecher bezeichnende Art der Täschelkrautflur, gerne mit der vorhergehenden Art vergesellschaftet. Von 1600–3500 m ansteigend. – In den westlichen und mittleren Alpen, nordöstlich bis zum Inn. In Bayern im Allgäu, Wetterstein und Karwendel. Alpin (westlich) **(Karte 5)**.

Das nahe verwandte Einblütige Hornkraut, *Cerástium uniflórum* Clairv. (zahlreiche sterile Triebe, Stengel unten dichtblätterig, Blätter am Grund verschmälert, meist spatelig, von langen Gliederhaaren zottig, Blüten oft kleiner) findet sich von Savoyen bis Oberösterreich und Krain (in Bayern in den Berchtesgadener Alpen) sowie in den Westkarpaten und vereinzelt auf der Balkanhalbinsel, vielfach auf Silikaten, aber auch über Kalk auf ruhendem Schutt, in Felsspalten und auf Polsterrasen.

Fig. 5. **Minuártia vérna** (L.) Hiern, *Frühlings-Miere.*

5–15 cm hoch, kleine Rasen bildend. Nichtblühende Sprosse gedrungen und dicht beblättert; blühende aufrecht, entfernter und oft etwas breiter beblättert. Stengel kahl, meist vielblütig. Blätter linealisch, meist gerade, dreinervig. Kelchblätter eilanzettlich, dreinervig. Blütenstiele samt dem Kelch drüsig behaart. Kronblätter eiförmig, länger als der Kelch. Staubblätter 10, Griffel 3. – Blüht von Mai bis August.

Sehr verbreitet und häufig auf trockenen, offenen Weiden und Matten, auf Schutt und Kies, auf basischen bis mäßig sauren Böden. Vielfach auf kalkreicherer Unterlage, besonders in Blaugrashalden und Polsterseggenrasen von 1500–3200 m. – Vielgestaltig und sicher in mehrere Sippen zu gliedern, durch ganz Europa (besonders in den gebirgigen Teilen; im Süden bis in die iberischen, sizilianischen und balkanischen Gebirge, im Norden bis England und Island, jedoch nicht in Skandinavien); Nordafrika, Kaukasus, nördliches und arktisches Asien und Nordamerika. Amphiarktisch-alpin.

Fig. 6. **Arenária ciliáta** L., *Wimper-Sandkraut.*

3–10 cm hoch, rasenbildend, Stengel kriechend, ausgebreitet ästig, mit zahlreichen, nicht blühenden Sprossen. Blätter eiförmig lanzettlich, am Grunde gefranst. Blüten endständig, meist einzeln. Kronblätter 5, weiß, ungeteilt; Griffel 3, Kapsel mit 6 kurzen Klappen sich öffnend. – Blüht im Juli und August.

Zerstreut auf steinigen Triften und Matten, im Feinschutt der Moränen und auf schrofigen Graten, auf mäßig saurer bis neutraler Unterlage. In Nacktriedtriften und Polsterseggenrasen, auch in der Blaukressenflur, von 1800–3100 m. – Formenreich in den spanischen und französischen Gebirgen, den Alpen (vorzugsweise in den zentralen Massiven, weit seltener in den Randketten) und Karpaten; subarktische und arktische Zone. Amphiarktisch-alpin.

Fig. 7. **Minuártia sedoídes** (L.) Hiern, *Zwerg-Miere.*

Dichte, moosähnliche Polster bildendes Pflänzchen. Blätter derb, lanzettlich, rinnig, stumpf, etwas abstehend, hie und da etwas wimperig gefranst. Blüten einzeln, endständig, kurzgestielt. Kelchblätter 5, hellgrün. Kronblätter oft fehlend oder, wenn vorhanden, klein und fädlich. Staubblätter 10; die äußeren am Grunde mit 2 kleinen Drüsen. Griffel 3. – Blüht im Juli und August.

Ziemlich verbreitet, polsterbildend an vegetationsarmen Graten und Felsgesimsen, an Windecken, auch im Grus der Schutthalden, auf mäßig sauren bis basischen Unterlagen. Als Berasungspionier in der alpinen und nivalen Stufe nur mit anderen einzelstehenden Polsterpflanzen vergesellschaftet, manchmal auch mit Krummseggen, Nacktried, Polsterseggen oder Felsschwingel, von 1800–3800 m. – Schottland, Pyrenäen, Alpen, Illyrien, Karpaten. Europäisch-(subarktisch-)alpin.

Fig. 8. **Diánthus alpínus** L., *Alpen-Nelke.*

Kuhdrecknagerl (Nieder- und Oberösterreich), *Almanagerl* (Steiermark).

2–20 cm hoch. Pflanze mehrere grundständige Blattrosetten und wenige aufrechte, armblütige Stengel treibend. Stengel mit 2–3 Blattpaaren besetzt. Blätter lanzettlich, stumpf, einnervig, nach dem Grunde zu verschmälert. Hüllblätter lanzettlich, mit krautartiger Spitze. Kronblätter oberseits prächtig fleischfarben, im Schlund tiefpurpurrot und weiß gesprenkelt. – Blüht vom Juni bis August.

Ziemlich häufig und gesellig auf steinigen Triften und Matten, an felsigen, buschigen Hängen, seltener im lockeren Legföhrengebüsch; auf basischen bis neutralen Böden. Von 1000 m (Wiesen der angrenzenden Voralpen) bis 2250 m ansteigend. – Nur im östlichsten Teil der Nordalpen vom Toten Gebirge bis zum Wiener Schneeberg, südlich bis in die Eisenerzer Alpen. Nordostalpin **(Karte 6)**.

Die verwandte Gletschernelke (*Diánthus glaciális* Haenke) mit dichtrasigem, zwergigem Wuchs und kleinen, einfarbig-fleischroten Blüten, besiedelt die saureren Böden der höheren Zentralalpen von Graubünden bis in die westlichen Niederen Tauern sowie der Karpaten **(Karte 7)**.

Fig. 9. Diánthus sylvéstris Wulfen, *Stein-Nelke.*

Flueh-, Tschupp-, Steinnägeli. Wildes Nägeli, Berg-Nägeli (Schweiz), *Steinnagele, Stoannagerl* (Tirol), *Almnagerl* (Kärnten), *Flur da meil, Gróffel, Garófel* (Engadin).

Pflanze kahl, 5–30 cm hoch. Wurzelstock mehrere verkürzte Blattbüschel bildend. Stengel aufrecht, entfernt beblättert, ein- bis dreiblütig. Blätter schmal-linealisch, spitz, am Rande etwas rauh, grasgrün oder bläulichgrün. Hüllblätter klein, abgestumpft, mit kurzer, fast dreieckiger Spitze, kürzer als die halbe Kelchröhre. Kronblätter rosarot, am Rande etwas gefranst, im Schlunde nicht bärtig. – Blüht vom Juni bis August.

Ziemlich häufig und verbreitet an sonnigen, warmen Standorten, auf steinigen, ungedüngten Wiesen und an buschigen Abhängen, oft auch in Felsspalten und an Gesteinsblöcken. Ohne besondere Ansprüche an Boden und Gesellschaft; vielfach in Trockenrasen (Bunt- und Walliser Schwingel) und Blaugrashalden von der Ebene bis 2800 m. – Südeuropa (von Spanien bis Thessalien), Alpen (in Bayern nur bei Immenstadt) und Schweizer Jura. Submediterrane Gebirgspflanze.

Diánthus monspessulánus L. ssp. **sternbérgii** (Sieber) Hegi, *Alpen-Federnelke.*

10–20 cm hoch, lockerrasig. Stengel meist einblütig. Blätter seegrün, steif, fast waagrecht abstehend. Kelchschuppen 4, etwa halb so lang wie der Kelch, aus eiförmiger Basis plötzlich in eine grüne, krautige Granne zusammengezogen. Blüten rosa bis hellpurpurn, am Schlund schwärzlich gebärtet. Platte vorn bis zur Hälfte unregelmäßig, fein zerschlitzt. – Blüht im Juli und August.

Zerstreut und truppweise im Felsschutt, auf grobem Geröll, in steinigen Matten, auf kalkreichen, basischen Roh- und Steinböden. In Täschelkrautfluren und locker berasten Blaugrashalden von 500–2200 m. – In den südöstlichen Kalkalpen von der Etsch ostwärts bis in die Illyrischen Gebirge; sehr vereinzelt in den nördlichen Kalkalpen in der Dachsteingruppe und in den Hallstätteralpen. (Süd)-ostalpin.

Ranunculáceae. Hahnenfußgewächse **Tafel 9**

Meist mehrjährige Kräuter (Stauden) mit in der Regel wechselständigen (selten, so bei *Clématis*, gegenständigen) Blättern; Nebenblätter fehlen. Blüten meist regelmäßig, seltener, wie beim Rittersporn und Eisenhut, dorsiventral. Blütenhülle nicht immer in Kelch und Krone gegliedert, sondern oft einfach; zwischen ihr und den Staubblättern dann öfters blütenblattartige „Nektarblätter" eingeschaltet. Frucht aus mehrsamigen Bälgen oder einsamigen Nüßchen bestehend.

Fig. 1. Clématis alpína (L.) Miller, *Alpen-Rebe.*

Goaß-Strauben (Salzburg), *Staud'nrogei* (Kitzbühel), *Blaue Waschl* (Niederösterreich), *Blauer Hopfen* (Steiermark).

1–2 m hohe Schlingpflanze (die einzige Liane der Alpen). Blätter gegenständig, langgestielt, doppelt dreischnittig. Blüten einzeln, achselständig, an langen Stielen. Blütenblätter 4 oder 5, glockig zusammenneigend, groß, prächtig violett bis hellblau; Nektarblätter zahlreich (10–12), um die Hälfte kürzer, länglich-spatelförmig, weißgelb. Staubblätter zahlreich, gelb. Nüßchen mit verlängerten, federig behaarten Griffeln. – Blüht vom Mai bis Juli.

Stellenweise in lichten Wäldern und Gebüschen kletternd, in Schutthalden Felsen überspinnend, auf basischen bis mäßig sauren Böden. In Laubgebüschen, Zirben-, Fichten- und Lärchenwäldern, im Legföhren- und Alpenrosengesträuch von 1000–2200 m; in schattigen Tälern oft tief (an der Isar bis München) herabsteigend. – Pyrenäen, Apennin, Alpen (westalpines Areal von den Seealpen bis Savoyen, ostalpines von Graubünden an ostwärts; wenige verbindende Zwischenstellen), Karpaten und nördliche Balkanhalbinsel. Unter Einschluß nahe verwandter Sippen amphisubarktisch-alpin.

Fig. 2. Aquilégia atráta Koch, *Dunkle Akelei.*

40–80 cm hohe Staude mit beblättertem, drei- bis zehnblütigem Stengel. Grundblätter gestielt, doppelt-dreiteilig mit eingeschnittenen Endfiedern, oberste Stengelblätter einfacher, aber zumindest dreiteilig. Blüten nickend, langgestielt, etwa 4 cm breit, braunviolett, mit 5 langen, zugespitzten Blütenblättern und 5 hakig-gespornten Nektarblättern. Staubblätter zahlreich, herausragend. Balgkapsel fünfteilig, drüsig flaumig. – Blüht vom Mai bis Juli. – *Geschützt!*

In lichten Wäldern und Gebüschen, auf schattigen Waldwiesen, auf mäßig frischen, gut durchlüfteten, basischen und sauren Böden. In Fichten- und Buchenwäldern, in Kiefernheidewäldern, seltener im Krummholz, von den Tälern bis 2150 m ansteigend, oft auch ins Vorland hinausgehend. – Alpengebiet und Voralpen; angrenzende Mittelgebirge. Alpin.

Die weiterverbreitete, blaublühende Sippe (*Aquilégia vulgáris* L.) ist in Mittel- und Südeuropa (bis Südskandinavien und Westrußland) und Nordafrika heimisch, in den Alpen jedoch seltener. – *Geschützt!*

Fig. 3. Aquilégia einseleána F. W. Schultz, *Einseles Akelei.*

15–40 cm hoch, Stengel wenigblütig. Laubblätter zierlich geteilt, Blättchen länglich bis eiförmig; oberste Stengelblätter ungeteilt. Blüten ungefähr halb so groß wie bei der vorigen Art, prächtig blauviolett. Sporn wenig gekrümmt, nie hakig. – Blüht im Juni und Juli. – *Geschützt!*

Stellenweise, aber gesellig auf Geröllhalden und Schotterflächen, in Felsspalten und Blockhalden, auch im erikareichen Bergföhrenwald. Auf lockeren, gerne im Untergrund etwas durchfeuchteten, basischen Böden (ausschließlich auf Kalk), von (300–) 1000 bis 1800 m. – Südliche Kalkalpen vom Luganer See bis zu den Westkarawanken; selten in den Nordalpen (Salzburger Alpen bis Sonnwendgebirge) und fraglich im Lungau. (Süd-)ostalpin **(Karte 8).**

Fig. 4. Thalíctrum alpínum L., *Alpen-Wiesenraute.*

5–12 cm hohes, unscheinbares Pflänzchen. Blätter grundständig, langgestielt, doppelt gefiedert. Blättchen verkehrt-eiförmig, grob eingeschnitten gekerbt. Stengel einfach, blattlos oder einblättrig, in eine armblütige, lockere Traube endigend. Blüten klein, zierlich und überhängend. Blütenhülle unscheinbar, hinfällig, vierblättrig. Staubblätter etwa 15, Bestäubung durch den Wind. Nüßchen gefurcht, mit roter, gekrümmter Narbe. – Blüht im Juli und August.

Stellenweise, aber sehr gesellig auf steinigen Alpenwiesen, auf Hochflächen, an Windecken; ziemlich boden- und gesellschaftsvag. Im Blaugras-Nacktried-Mischrasen, in Borstgrasmatten, gern auch in Quell- und Zwischenmooren von 1900–2800 m. – Pyrenäen; sehr vereinzelt in den Westalpen sowie in den Ostalpen vom Engadin bis Kärnten; Balkanhalbinsel, Siebenbürgen, Kaukasus, Zentralasien, nördliches und arktisches Eurasien und Nordamerika. Amphiarktisch-alpin **(Karte 9).**

Fig. 5. Aconítum napéllus L., *Blauer oder Echter Eisenhut.*

Tuifelskappe, Muttergottesschühlein, Paterpatschen, Wujawurzen (Tirol), *Tauberl im Schlag* (Oberbayern), *Apolloniawurzen* (Salzburg, Oberösterreich), *Fuchsblüah* (Niederösterreich), *Bönere, Bönerne, Laubritsche, Lupritsche, Wolfswurz* (Schweiz), *Kapuzinerchäpple* (St. Gallen), *Teufelskraut, Bösekraut* (Uri), *Blutze, Chile, Strafusari, Malam, Felesch, Tus-cin, Colümb* (Graubünden), *iärba dal louf* (Gröden).

50–150 cm hohe, stattliche Pflanze. Wurzel schwärzlich, fleischig, rübenartig. Stengel kräftig, aufrecht, meist unverzweigt. Blätter handförmig, bis zum Grunde fünf- bis siebenteilig, mit schmalen, linealen Abschnitten; Oberseite meist dunkelgrün, Unterseite hellgrün und glänzend. Blütentraube ziemlich gedrungen. Blütenhülle tiefblau, kronblattartig, aus 5 Blättern bestehend. Das oberste Blütenblatt, „der Helm", die 2 langgestielten Nektarblätter, die „Tauben des Venuswagens", sturmhutartig umschließend. Staubblätter zahlreich. Bälge 3, mehrsamig, nach dem Verblühen auseinandertretend. Samen dreikantig, braun. – Blüht vom Juni bis August. – Knollen gegen Fieber- und Nervenleiden. *Giftig!* – Teilweise *geschützt!*

Häufig und herdenbildend an überdüngten Lägerstellen, Viehtränken und Weiden, in quelligen Hochstaudenfluren, auf Schutthalden und an Bachufern; auf mineralkräftigen, humosen Böden. Kennzeichnende Art der Ampferflur. Von der Bergstufe bis 3000 m, im Grauerlen-Auenwald tief in die Täler hinabsteigend. – In einer Reihe von geographisch geschiedenen Rassen in den Gebirgswäldern von fast ganz Europa (besonders in den Alpen und Karpaten, nördlich bis England und Schweden). Süd-mitteleuropäische Gebirgspflanze.

Aconítum lamárckii Reichenb. (= A. lycóctonum L. ssp. ranunculifólium [Reichenb.] Sch. et Keller), *Südlicher Wolfs-Eisenhut.*

50–150 cm hohe Staude. Blätter handförmig, fast bis zum Grund fünf- bis siebenspaltig, ihre Abschnitte in schmale Zipfel zerteilt. Blütenstände steif aufrecht, meist unverzweigt dichttraubig. Blüten gelb, Helm walzlich, an der Spitze meist etwas aufgeblasen, vorn eingebuchtet, Bälge kahl oder seltener behaart. – Blüht im Juni und Juli. – *Giftig!* Teilweise *geschützt!*

Häufig und truppweise in feuchten, schattigen Bergweiden, in Hochstauden- und Karfluren, auf nährstoffreichen, kühlen, humosen Böden. Besonders im Legföhren- und Grünerlengebüsch, von ca. 1200–2400 m. – Spanische und südfranzösische Gebirge, Alpen (Westalpen, in den Mittel- und Ostalpen vor allem in den südlicheren Ketten, nördlich

Tafel 9

bis zum Vierwaldstätter See und Graubünden, östlich bis zu den Julischen Alpen), italienische und balkanische Gebirge **(Karte 10)**.

Der vor allem nördlich der Alpen verbreitete Gemeine Wolfs-Eisenhut (*A. vulpária* Reichenb.) besitzt weniger tief geteilte Blätter mit breiteren Abschnitten und meist bogig-ästige, lockerblütige Trauben. – Gesamtverbreitung (unter Einschluß verwandter Sippen) eurasisch-boreal-montan.

Hellébborus niger L., *Schneerose, Christrose.*

Schneekadern (Oberbayern), *Schneebleaml, Märzenkaibln* (Oberösterreich), *Almresedl, Güllwurz, Güllkräutl* (Steiermark), *Krätzenblume* (Niederösterreich), *Winterblume, Wihnachtsblum* (Schweiz).

10–30 cm hoch, mit schwarzem Wurzelstock, Grundblätter überwinternd, lederig, gestielt, **fußförmig**, sieben- bis neunteilig. Schaft dick, einblütig, oben mit schuppenförmigen Hochblättern. Blüten groß, weiß oder rosa, beim Abblühen grün oder purpurn. Blütenblätter 5, bleibend. Nektarblätter gelb, tütenförmig, Staubblätter zahlreich. Bälge etwa 7, groß, geschnäbelt. Blüht von (November–) Februar bis April. – Wurzel volkstümliches Brech- und Abführmittel. *Giftig! – Geschützt!*

Stellenweise, aber gesellig an steinigen, buschigen Abhängen, in Legföhrengebüschen und lichten Gebirgswäldern, auf humosen, nährstoffreichen Kalkböden. In dichten Fichten-Bergwäldern (im Schneeheidegestrüpp), in tannenreichen Buchenwäldern, im Südosten auch im Hopfenbuchen-Trockenwald; von der Talsohle bis 1850 m. – Nordöstliche und südliche Kalkalpen (westlich bis zum Inn, abgesprengt im Brandnertal in Vorarlberg; sehr vereinzelt und lückenhaft bis ins Tessin und in die Provence), im Süden meist in einer größerblütigen Rasse; Apennin, Illyrien, Balkanhalbinsel. Süd-mitteleuropäische Bergwaldpflanze.

Calliánthemum coriandrifólium Reichenb., *Korianderblätterige Schmuckblume.*

Jagerbleaml (Tirol)

5–20 cm hoch, mit meist ein- bis zweiblütigem Stengel. Grundblätter breit bescheidet, unpaarig gefiedert, mit zwei- bis dreifach fiederteiligen oder lappigen Fiedern, blaugrün, kahl. Stengelblätter meist 2, kleiner und weniger geteilt. Blüten 1–3 cm groß, mit 5 grünlichen oder weißen Kelchblättern und 6–13 größeren, breit-ovalen Kronblättern, weiß oder schwachrosa. Staubblätter und Fruchtknoten zahlreich. Einsamige, geschnäbelte Nüßchen. – Blüht vom Juni bis August.

Zerstreut und vereinzelt auf etwas feuchten Matten und steinigen Triften, zwischen Krummholz, seltener in Felsspalten, auf meist humosen, neutralen bis schwach sauren Böden. Vielfach in Blaugrasmatten und Blaukressenfluren, im Gletscherweidenspalier; von (1260–)2000–2800 m. – Pyrenäen, Alpen (vom Dauphiné durch die zentralen Teile recht lückenhaft bis zur Stangalpe), Bosnien, Karpaten. Süd-mitteleuropäische Gebirgspflanze. Die Gattung altaiisch-alpin **(Karte 11)**.

Tafel 10

Fig. 1 u. 2. Pulsatílla alpína (L.) Delarbre, *Alpen-Küchenschelle.*

Petersbart, Haarige Männle, Bergmännle, Wilde Männle, Bärentatzen, Nogen (Tirol, Kärnten), *Grantiger Jager* (Ober- und Niederösterreich), *Rugei* (Salzburg), *Strublabuabn* (Vorarlberg), *Teufelsbart* (Allgäu, Schweiz), *Bocksbart* (Davos, Uri), *Hexenbesen* (St. Gallen), *Bäre(n)plumpe(n), Pavun, plumatsch, Niessegner* (Graubünden).

15–30 cm hoch. Grundständige Blätter dreizählig, doppelt fiederschnittig, mit eingeschnittenen oder tief gespaltenen Abschnitten, abstehend zerstreut behaart. Blüten einzeln, die Hülle bedeutend überragend. Blüten meist sechsblätterig, flach ausgebreitet, weiß und außen violett überlaufen, oder schwefelgelb. Hüllblätter meist zu dreien, gestielt, in der Gestalt den Laubblättern sehr ähnlich. Nüßchen mit langem, federig behaartem Griffel. – Blüht vom Juni bis August. – *Giftig! Geschützt!*

Häufig und gesellig in 3 auch geographisch und ökologisch gut geschiedenen Unterarten durch die ganzen Alpen von (1100–) 1500–2800 m verbreitet. Die stattliche typische Sippe, ssp. **alpína (Fig. 1)**, mit 4–6 cm großen, weißen Blüten auf frischen, steinigen Matten und Triften, im Legföhrengebüsch und an Felsbändern auf mineralkräftigen, basischen bis neutralen, kalkreichen Böden; in Blaugrashalden, Horst- und Rostseggenrasen und in Hochstaudenfluren der Pyrenäen, nördlichen und südlichen Kalkalpen, des Südjura und des Apennin. – Die zierlichere ssp. *austriaca* Aichele et Schwegler mit kleinen (2–3 cm) weißen Blüten und schmäleren Blütenhüllblättern auf sonnigen, trockenen Magerrasen und Zwergstrauchheiden, meist auf sauren, kalkarmen Rohhumusböden, seltener auch auf Kalk, in den Ostalpen (von den Tauern an ostwärts,

Tafel 10

vor allem in den zentralen und nordöstlichsten Teilen). – Die schwefelgelb blühende, wieder stattlichere ssp. **apiifólia** (Scop.) Nyman (= ssp. *sulphúrea* auct., **Fig.** 2) ausschließlich auf sauren Böden (oft in Buntschwingeltreppen und Borstgrasmatten) in den Pyrenäen sowie in den West- und Mittelalpen (in den Südost- und Nordalpen sehr vereinzelt, in Bayern nur im Allgäu). – Verwandte Sippen finden sich in den Mittelgebirgen und Karpaten, im Kaukasus und im pazifischen Nordamerika. Amphialpin(-ozeanisch).

Fig. 3. Pulsatílla montána (Hoppe) Reichenb., *Berg-Küchenschelle.*

Osterblume, Osterglöckl (Südtirol), *Blaue Häschi* (Wallis).

8–30 cm hoch. Grundblätter zur Blütezeit noch sehr wenig entwickelt, anfangs seidenhaarig, später fast kahl werdend, doppelt fiederschnittig, mit linealen Zipfeln, Schaft einblütig, unter der Blüte eine vielteilige, behaarte Hülle tragend. Blüte dunkelviolett, auf der Außenseite stark seidig behaart, anfangs glockig, später sternförmig ausgebreitet. Nüßchen rauhhaarig, mit dem abstehend behaarten Griffel bis 3 cm lang. – Blüht im März und April. – *Giftig! Geschützt!*

In den südalpinen Alpentälern nicht selten und scharenweise, auf trockenen, sonnverbrannten Buckeln und Bergnasen, an buschigen Abhängen, auf basischen, kalkreichen Böden. Vornehmlich in Burstwiesen, seltener in lichten Föhren- und Eichenbeständen, von den Tälern bis 2150 m. – Von den Cottischen Alpen bis Istrien und auf den Karst (vor allem in den südlicheren Alpentälern und von dort in die zentralalpinen Quertäler einstrahlend) sowie auf der Balkanhalbinsel bis Ostrumänien und Bulgarien. Submediterran (-kontinental).

Fig. 4. Anemóne narcissiflóra L., *Narzissenblütiges Windröschen, Berghähnlein.*

10–50 cm hohe, stattliche Pflanze, mit abstehenden Haaren besetzt. Blätter langgestielt, grundständig, handförmig drei- bis fünfteilig, mit tief eingeschnittenen Abschnitten. Blüten 3–8, zu einer Dolde vereinigt; unter der Blütendolde eine dreiteilige, blattartige Hülle. Blütenblätter meist 5, ausgebreitet, vorn stumpf, weiß, außen oft rötlich überlaufen. Nüßchen wenig zahlreich, rundlich, kahl, kurz geschnäbelt. – Blüht vom Mai bis Juli. – *Giftig! Geschützt!*

Ziemlich häufig auf hochgrasigen Wildheuplanken, in Hochstaudenfluren zwischen Legföhrengebüsch, an Felsbändern, auf frischen, mild-humosen, meist kalkreichen Böden. In Blaugras- und Rostseggenhalden, auch im Latschen-Almrausch-Gestrüpp von 1500 bis 2200 m, selten auch tiefer (im oberbayerischen Moränengebiet bei Andechs 680 m). – Spanische Gebirge, Pyrenäen, Jura, Alpen, Vogesen, Sudeten, Karpaten, Balkanhalbinsel, Kleinasien, Kaukasus, Ural; Mittel- und Nordostasien (auf Steppen wie die folgende Art) bis Japan und Kamtschatka, westliches Nordamerika. Eurasisch-alpin (-kontinental).

Fig. 5. Pulsatílla vernális (L.) Miller, *Frühlings-Küchenschelle.*

Karwengel, Teufelsabbiß, Haarmandli (Tirol), *Alte Gitsche, Rogalle, Rauchale* (Osttirol), *Pfaffenblumen* (Schlern), *Rauchblum* (Salzburg), *Gugazlan* (Kärnten), *Schneeglogge, Trübchrut, Fluor d'luf, lúffas* (Graubünden), *Anemono primaticcio* (Tessin).

5–15 cm, im Fruchtzustand bis 35 cm hohe, zerstreut behaarte, stattliche Pflanze. Blätter grundständig, überwinternd, einfach gefiedert, mit ungleich zwei- bis dreispaltigen Blättchen. Blüten einzeln, anfangs nickend und glockig, später aufrecht und offen, innen weiß oder blaßviolett, außen glänzend seidig behaart. Hüllblätter am Grunde in eine Scheide verwachsen, gefingert-vielteilig, nur wenig von der Blüte entfernt, bronzegoldig behaart. Nüßchen zottig, zur Fruchtzeit mit gelbhaarigem, stark verlängertem (bis 4 cm) Griffel. – Blüht gleich nach der Schneeschmelze vom März bis Juni. – *Giftig! Geschützt!*

Weit verbreitet, aber zerstreut auf trockenen, ungedüngten Magermatten und Weiden, in Zwergstrauchheiden, auf schwach sauren Humusböden. In Borstgrasmatten, Nacktried- und Krummseggenrasen bis 3600 m ansteigend. In der Ebene auf Heidewiesen und in lichten, sandigen Kiefernwaldungen. – Spanische und französische Gebirge, Alpen (vom Dauphiné bis zur Stangalpe, in Bayern nur an der Höfats und im Grenzgebiet des Wettersteins), Sudeten, Karpaten; Mittel- und Südosteuropa, Skandinavien, Nordrußland. Subarktisch-alpin.

Ranúnculus aconitifólius L., *Eisenhutblätteriger Hahnenfuß.*

Schneekrut (Vorarlberg), *Fidertsche, Fideritsch, Fidris* (Schweiz), *Tribchrut, Bön(d)le, garschine* (Graubünden).

20–50 (–130) cm hoch, mit aufrechtem, oben verzweigtem Stengel. Grundblätter langgestielt, handförmig drei- bis siebenteilig mit tief gesägt-gelappten Abschnitten. Stengelblätter ungestielt. Blütenstiele behaart, Blüten weiß, 1–2 cm groß. Kelchblätter 5, klein, rötlich oder bläulich überlaufen, bald abfallend. Kronblätter 5, eiförmig, weiß. Fruchtboden behaart, Nüßchen gedunsen, mit sehr kurzem, gebogenem Schnabel. – Blüht vom Mai bis Juli. – In der Schweiz geschützt!

Ziemlich häufig und gesellig an Bachufern und in Quellsümpfen, in nassen Wiesen und Auwäldern, auf sickernassen, humosen Böden. In Quell- und Karfluren, in Grauerlen-

brüchen, Meisterwurz- und Ampferfluren, von den Tälern bis 2600 m. – Spanische und französische Gebirge, Jura, Alpen, Apennin und isoliert in Bosnien; Mittelgebirge von Westfalen bis Böhmen. Süd-mitteleuropäische Gebirgspflanze.
Eine nahe verwandte Art (*Ranúnculus platanifólius* L.) mit nicht bis zum Grund geteilten Blättern und kahlen Blütenstielen an weniger nassen bis trockenen Stellen in lichten Ahorn-Buchen-Bergwäldern und in steinigen, kräuterreichen Legföhren- und Grünerlengebüschen. – Fast ganz Europa (fehlt in Großbritannien, ebenso z. T. im Süden). Wohl boreal-montan.

Tafel 11

Fig. 1. Ranúnculus parnassifólius L., *Herzblatt-Hahnenfuß.*

4–10 cm hoch, unten knollenartig verdickt und mit Niederblättern besetzt. Grundständige Blätter gestielt, herz-eiförmig, ungeteilt, bläulichgrün, oberseits (besonders auf den starken Nerven und am Rande) wollig behaart. Stengel aufrecht, mehrblütig, wie die Blütenstiele mit weißen Wollhaaren besetzt. Kelchblätter rötlich behaart, halb so lang wie die weißen, außen zuweilen rötlich überlaufenen Kronblätter. Fruchtschnäbel hakenförmig gekrümmt. – Blüht vom Juni bis August.

Zerstreut und truppweise an steinigen, feuchten Hängen, an Moränenhalden, im etwas gefestigten Feinschutt, seltener im beweglichen Grobgeröll, nur auf kalkreichen Gesteinen. In den offenen Pioniergesellschaften des Berglöwenzahns, in fragmentarischen Polsterseggenbeständen, auch in der Täschelkrauthalde von 1700–2900 m. – Nordspanische Gebirge, Pyrenäen, Alpen (vor allem in den kalkreicheren Gebieten der zentralen Ketten; sehr vereinzelt in den Nord- und Südalpen, im Osten dort nur in den Eisenerzer Alpen). Süd-mitteleuropäische Gebirgspflanze (westlich).

Fig. 2. Ranúnculus montánus Willd., *Berg-Hahnenfuß.*

Tschäppelblüemli (St. Antönien), *Flur d'painch, flur paentg* (Oberengadin).

8–15 (–50) cm hoch, in der Größe sehr wechselnd. Grundständige Blätter drei- bis fünfspaltig, mit verkehrt-eiförmigen, gezähnten Abschnitten, schwach behaart. Stengel aufrecht, solid (nicht wie beim gemeinen Scharfen Hahnenfuß, *Ranúnculus acer* L., hohl), mit 1 oder 2 sitzenden, tiefgeteilten Stengelblättern (Abschnitte hier elliptisch bis lineallanzettlich), ein- bis dreiblütig. Kelch fein behaart, Kronblätter glänzend, tiefgelb. Blütenstiele stielrund, nicht gefurcht. Fruchtboden behaart, Nüßchen gekielt, kahl, mit kurz gekrümmtem, deutlich abgesetztem Schnabel. – Blüht vom April bis August.

Sehr häufig und gesellig auf fetten Weiden und Matten, auf Lägern und Schneeböden, in Halbtrockenrasen und Karfluren, auf frischen bis mäßig feuchten Böden über jeder Unterlage. Fast in allen alpinen Rasenbeständen (am wenigsten in den trocken-sauren) und Geröllfluren von etwa 1000–2950 m, im Alpenvorland in Halbtrockenrasen (zusammen mit dem Frühlingsenzian), Pfeifengras-Streuwiesen und Kleinseggenrieden. – Mittlere und östliche Alpen, Schweizer Jura und Alpenvorland (in Bayern bis München und Augsburg); verwandte Sippen mit meist stärkerer ökologischer Spezialisierung in vielen Gebieten der Alpen und der angrenzenden Gebirge. Süd-mitteleuropäische Gebirgspflanzen **(Karte 12).**

Fig. 3. Ranúnculus glaciális L., *Gletscher-Hahnenfuß.*

Gamskreß, Ribiol, Tribiol (Tirol), *Steinbockchrut* (Bern), *Creschun d'chamoutsch, Erba di camósch, flur reps* (Graubünden)

4–15 cm hoch. Wurzelstock zwiebelartig verdickt, mit zahlreichen Faserwurzeln. Grundständige Blätter dreizählig, mit gestielten, dreiteiligen bis vielspaltigen Blättchen, ziemlich dick und dunkelgrün. Stengel ein- bis mehrblütig, im oberen Teile mit wenigen, geteilten und sitzenden Laubblättern. Kelch dunkelrostbraun behaart. Krone groß, beckenförmig, weiß und außen meist rosarot, oder ganz tiefrot. Kelch und Krone bis zur Fruchtreife bleibend. Nüßchen flachgedrückt. – Blüht im Juli und August.

Stellenweise häufig und gesellig als Schuttdecker im ständig von Schmelzwasser berieselten Felsschutt, an Moränenhalden und in Grusmulden, vereinzelt auch in Felsspalten, auf kalkarmen, sauren und frischen Böden. In Alpenmannsschild- und Säuerlingsfluren, in höheren Lagen Pionierpolster bildend, von 2000–4000 m Als höchststeigende Blütenpflanze der Alpen am Finsteraarhorn in 4275 m Höhe. – Sierra Nevada, Pyrenäen, Alpen (besonders in den zentralen Teilen; in Bayern nur im Allgäu), Karpaten; nördliches und arktisches Europa, Island, Ostgrönland. (Atlantisch-)arktisch-alpin.

Fig. 4. Ranúnculus thóra L., *Gift-Hahnenfuß.*

5–30 cm hoch. Wurzelfasern knollig verdickt. Stengel wenig verzweigt, ein- bis fünfblütig. Grundständige Blätter frühzeitig vertrocknend. Unteres Stengelblatt rundlich-nierenförmig, kleingekerbt-gesägt, 8–10 cm lang, ungeteilt; die oberen schmallanzettlich, dreiteilig; alle derb, bläulichgrün, kahl. Kelch kahl, halb so lang wie die gelbe Krone. Nüßchen wenig zahlreich, fast kugelig, aufgeblasen, mit kurzem, gebogenem Schnabel. – Blüht vom Mai bis Juli. – *Giftig!*

Zerstreut und vereinzelt auf Schutthalden und Felsbändern, auf schrofigen Matten, nur auf basischen Böden über kalkreichen Unterlagen. In offenen Blaugrashalden, in Horstseggentreppen, im lockeren Legföhrengebüsch, auch in lichten Bergföhrenwäldern von (650–) 1700–2400 m. – Nordspanische Gebirge und Pyrenäen, Jura, Alpen (in den südlicheren Zügen von den Westalpen bis Krain; fehlt in den Nordalpen und in Österreich auch in den Zentralalpen), Karpaten, Illyrien, Balkanhalbinsel. Süd-mitteleuropäische Gebirgspflanze.

Fig. 5. Ranúnculus alpéstris L., *Alpen-Hahnenfuß.*

Gamskreß (Niederösterreich), *Arone, Jegerblettleni* (Bern).

5–10 cm hoch, ein- oder zweistengelig. Grundblätter ziemlich lang gestielt, mit herzförmigem Grunde, drei- bis fünflappig oder -spaltig, mit grob gekerbten Zipfeln. Stengel aufrecht, kahl, gefurcht, blattlos oder mit ein bis zwei schmalen, ungeteilten oder dreispaltigen Blättchen, fast immer einblütig. Kelchblätter 5, grün. Kronblätter 5, ausgerandet, leuchtend weiß. Nüßchen fast kugelig aufgeblasen. Fruchtschnabel lang, gerade, an der Spitze etwas gekrümmt. – Blüht vom Mai bis September.

Sehr häufig und gesellig an lange schneebedeckten, vom Schmelzwasser durchfeuchteten Stellen, im ruhenden Feinschutt und rutschenden Grobschutt, auf frischen, kurzrasigen Triften in der Nähe des Schnees, auf basischen bis schwach sauren, mild-humosen, kalkreichen Böden. In Blaukressenfluren, in Täschelkraut- und offenen Rostseggenhalden, auch in Zwergweidenspalieren von 1500–2760 m, in Schuttfluren tief (bis 500 m) herabsteigend. – Pyrenäen, Jura, Alpen (weit verbreitet in allen Kalkgebieten, in den Südostalpen eine nahe verwandte Sippe mit feiner zerteilten Blättern: *Ranúnculus traunfellnéri* Hoppe), Karpaten; Apennin. Süd-mitteleuropäische Gebirgspflanze.

Fig. 6. Ranúnculus pyrenaéus L., *Pyrenäen-Hahnenfuß.*

5–15 cm hoch, am Grunde mit zerfaserten Blattresten besetzt. Blätter schmal, grasartig, lanzettlich, kahl, etwas bläulichgrün, ganzrandig. Stengel ein- bis mehrblütig, mit wenigen, schmalen, 2–5 mm breiten Stengelblättern. Blütenstiel am Ende wollig. Kelch kahl. Krone rein weiß. Nüßchen aufgeblasen, glatt, kurzgeschnäbelt. Die var. *plantagíneus* All. besitzt 3–7 Blüten und breitere (5–10 mm) Stengelblätter. – Blüht im Juni und Juli.

Selten und zerstreut auf frischen Weiden und schwach gedüngten, oft versumpfenden Wiesen, an sonnigen, etwas humosen Hängen; auf schwach basischen bis mäßig sauren, lange vom Schmelzwasser durchrieselten Böden über kalkreichen und kalkarmen Unterlagen. Vielfach in Violettschwingelrasen von 1750–2780 m. – Gebirge der Iberischen Halbinsel, Pyrenäen, Korsika, Alpen (von den Seealpen bis Kärnten vor allem in den zentralen Massiven; in den Nordalpen östlich vom Arlberg wohl gänzlich fehlend). Süd-mitteleuropäische Gebirgspflanze (westlich).

(Fortsetzung der *Ranunculáceae* auf Tafel 12)

Papaveráceae. Mohngewächse

Steifhaarige, oft milchsaftführende Kräuter mit wechselständigen, meist fiederförmig eingeschnittenen Blättern. Kelchblätter 2, in der Regel vor der Blütenentfaltung abfallend. Kronblätter meist 4. Staubblätter zahlreich. Frucht eine oberständige, meist mehrkammerige und vielsamige Kapsel. – Die alpinen Mohnarten sind in der Schweiz *geschützt!*

Fig. 7. Papáver alpínum L. ssp. **sendtnéri** (Kerner) Sch. et Keller, *Weißer Alpen-Mohn.*

5–20 cm hoch. Stengel einblütig, mit gelben, steifen Haaren besetzt. Blätter grundständig, einfach- bis doppeltgefiedert, mit ziemlich breiten, oft gelappten Zipfeln, spärlich behaart. Blüten groß, Kelch dicht schwärzlich behaart. Kronblätter rein weiß, am Grund grünlichgelb bis schwärzlich, getrocknet gelblich. Staubblätter zahlreich. Kapsel ellipsoidisch, mit flacher Narbenkrone und durchschnittlich 5 Narbenstrahlen. – Blüht im Juli und August.

Zerstreut, aber scharenweise an Geröllhängen und in Karen, im rutschenden Grobschutt, nur auf Kalk und Dolomit. Bezeichnende Art der Täschelkrauthalden von (1400–) 2000–2600 m. – Nur in den nördlichen Kalkalpen vom Pilatus bis zum Dachstein; angeblich auch im Lungau und auf der Rax; eine ähnliche Sippe mit spitzer Narbenkrone (ssp. *ernésti-mayéri* Markgr.) in den Julischen Alpen und in den Abruzzen.

Andere weißblühende Sippen mit kahlen, doppelt- bis dreifachgefiederten Blättern mit schmallinealischen Abschnitten und mit den gleichen ökologischen Ansprüchen kommen in den nordöstlichen Kalkalpen (vom Toten Gebirge bis zum Wiener Schneeberg: ssp. *alpínum*) und in den westlichen Kalkalpen (von Grenoble bis ins Berner Oberland: ssp. *tátricum* Nyár.) sowie in der Tatra vor. Süd-mitteleuropäische Gebirgspflanzen **(Karte 13).**

Fig. 8. Papáver alpínum L. ssp. **rhaéticum** (Ler.) Markgr., *Bündner Alpen-Mohn.*

5–15 cm hoch. Stengel einblütig, steifhaarig. Laubblätter einfach fiederteilig, mit breit lanzettlichen, vorn zuweilen zwei- bis dreilappigen Zipfeln, meist stark behaart. Kelch dicht dunkel-

Tafel 11

braun behaart. Kronblätter goldgelb, getrocknet rotgelb. Kapsel ellipsoidisch, mit flacher Narbenkrone und durchschnittlich 5–7 Narbenstrahlen. – Blüht im Juli und August.

Stellenweise, aber gesellig an Geröllhalden und Schuttfeldern, auf Moränenhügeln und selbst im Flußschotter, auf stets kalkreichem Gestein (auch auf Kalkschiefern). Charakterart der Täschelkrauthalden der zentralen und südlichen Alpenketten von (1300–) 1800–3040 m. – In den Südwestalpen und, davon durch eine große Lücke getrennt, von den Bergamasker Alpen und vom Engadin ostwärts bis in die Tauern und Julischen Alpen, ferner in den Ostpyrenäen und auf den Illyrischen Gebirgen.

Auch dieser gelbblühenden Rasse entspricht eine Parallelsippe mit schmalen, kahlen Fiedern (ssp. *kernéri* [Hayek] Fedde), die sich ausschließlich auf Kalk in den südöstlichen Alpen (Julische und Steiner Alpen, Karawanken) und in Illyrien findet. Südmitteleuropäische Gebirgspflanzen **(Karte 14)**.

In jüngster Zeit breitet sich an verschiedenen Stellen der Alpen ein nahe verwandter, vielfach kultivierter zentralasiatischer Mohn (*Papáver cróceum* Ledeb.; viel staatlicher, stärker behaart, breitlappige Blätter) durch Verwilderung aus. Die ganze Gruppe ist als amphiarktisch-alpin zu bezeichnen.

Ranunculáceae. Hahnenfußgewächse **Tafel 12**

(Fortsetzung)

Fig. 1. Ranúnculus hýbridus Biria, *Bastard-Hahnenfuß.*

Hahnakampl (Berchtesgaden, Niederösterreich), *Gelbe Gamswurz* (Kärnten).

Ähnlich dem *Ranúnculus thóra* L., jedoch meist niedriger, nur 10–15 cm hoch. Grundständige Blätter stets vorhanden, meist 2, lang gestielt, nierenförmig, vorne eingeschnitten gezähnt. Stengel aufrecht, kahl, wenig verzweigt. Obere Stengelblätter drei- bis fünfzähnig, oberste lanzettlich, ganzrandig; alle Blätter derb, blaugrün bereift. Kronblätter meist 5, gelb, breit eiförmig, bis 6 mm lang. Nüßchen wenig zahlreich, bis 4 mm lang, fast kugelig, kahl, kurz geschnäbelt. – Blüht vom Juni bis August. – *Giftig!*

Stellenweise, aber oft gesellig auf steinigen Triften und Wildheuplanken, in Schuttfluren und Felsspalten auf basischen, kalkreichen Unterlagen. In offenen Polsterseggenrasen und auf Horstseggentreppen, auch im Almrauschgestrüpp von (930–)1600–2500 m. – Nur in den Kalkzügen der Ostalpen, westlich bis in die Ammergauer Berge und zum Ortler, südöstlich bis zum Krainer Schneeberg. Ostalpin **(Karte 15)**.

Fig. 2. Ranúnculus pygmaéus Wahlenberg, *Zwerg-Hahnenfuß.*

1–4 cm hohes, kahles Pflänzchen. Grundständige Blätter wenige, gestielt, im Umriß nierenförmig, meist fünflappig, am Grunde breit-weißhäutig bescheidet. Stengelblätter meist 2, tief dreispaltig. Stengel einblütig, Blüten klein, unscheinbar. Kelchblätter 5, eiförmig, blaßgelb. Kronblätter 5, blaßgelb, eiförmig, schwach ausgerandet. Nüßchen sehr zahlreich (50–60), eiförmig, glatt, mit gebogenem Schnabel. – Blüht im Juli und August.

Sehr selten und zerstreut an lange schneebedeckten Stellen, an Moränenhängen, in Lawinenzügen, auf kalkarmen, schwarzen Humusböden. Meist in sauren Moosschneetälchen von 2350–2840 m. – Als Glazialrelikt in den Silikatmassiven der östlichen Zentralalpen (Unterengadin, Tirol, Salzburg, Oberkärnten) und in den Westkarpaten; nördliches und arktisches Eurasien und Nordamerika. Amphiarktisch-alpin.

Fig. 3. Anemóne baldénsis L., *Baldo-Windröschen.*

5–12 cm, im Fruchtstand bis 20 cm hoch. Stengel aufrecht, einblütig, flaumig behaart. Grundblätter lang gestielt, dreiteilig, mit gestielten, doppelt dreiteiligen Abschnitten und gelappten Zipfeln. Hochblätter gleichgestaltet, meist unter der Stengelmitte. Blüten in der Regel einzeln, etwas nickend, weiß, bis 4 cm breit, mit meist 8–10 eiförmigen, spitzen, außen behaarten Blütenblättern und mit zahlreichen gelben Staubblättern. Fruchtköpfchen auf sehr verlängertem Stiele aufrecht, mit zahlreichen geschnäbelten, rauhhaarig-bärtigen Nüßchen. – Blüht vom Juni bis August. – *Giftig! Geschützt!*

Zerstreut und truppweise auf steinigen, trockenen Wiesen, an Geröllhalden und in Felsspalten auf basischen bis schwach sauren Böden. In Horst- und Polsterseggenrasen, auch in Täschelkrauthalden von 1800–3000 m. – Pyrenäen, Alpen (mehr in den südlicheren Ketten von Piemont bis Krain, isoliert am Wiener Schneeberg), südöstliche Karpaten und vereinzelt auf der Balkanhalbinsel; Gebirge des pazifischen Nordamerikas. Amphiatlantisch-alpin.

Tafel 12

3

5

7

4

8

2

1

6

19 © 49

Fig. 4. Tróllius europaéus L., *Trollblume.*

Bobbala (Oberbayern), *Butterblume, Butterknollen, Schmalzbulle, Moosglogge* (Tirol), *Almkaibl* (Steiermark), *Butterrosen* (Salzburg), *Troldara, Rolle(n)bluem, Moosrolle, Rietrolle, Rigirolle, Schwabe(n)rolle, Anke(n)balle(n), Töni* (Schweiz), *Gelbe Maien* (Wallis), *bots S. Cuncrest* (Bergün), *nuv d'aur* (Graubünden).

10–60 cm hoch, Stengel meist unverzweigt mit endständiger Blüte. Blätter handförmig geteilt mit lappig gesägten Zipfeln; grundständige langgestielt, obere sitzend, meist dreizählig. Blütenblätter etwa 10, gold- bis grüngelb, dazu 5–10 schmale Nektarblätter. Staubblätter und Fruchtknoten zahlreich. Bälge geschnäbelt. – Blüht im Mai und Juni. – Teilweise geschützt!

Verbreitet und gesellig in frischen, feuchten Fettwiesen, in Flachmooren und Hochstaudenfluren auf humosen kühlen Ton- und Lehmböden. Auf etwas versumpften Goldhafermatten (meist mit Schlangenwurz-Knöterich), in Pfeifengrasfluren, in grasreichen Lärchenwäldern und auf flachen Rostseggenmatten von der Ebene bis 3000 m. – Fast ganz Europa (im Süden nur in den Gebirgen), Kaukasus; arktisches Nordamerika. Amphiboreal-montan(-kontinental).

Brassicáceae (Crucíferae). Kreuzblütler

Kräuter mit wechselständigen, ungeteilten oder geteilten Blättern. Blütenstand fast immer eine Traube, vor dem Aufblühen oft schirmartig zusammengedrängt. Trag- und Vorblätter meist fehlend. Kelch aus 2 äußeren und 2 inneren Blättern bestehend, bald abfallend. Kronblätter 4, Staubblätter 6, 2 äußere kürzere und 4 innere längere. Fruchtknoten oberständig, durch eine falsche Scheidewand in 2 Fächer geteilt. Frucht meist eine (lange) zweiklappige, vielsamige Schote oder ein (kurzes) ein- bis vielsamiges Schötchen, seltener eine Gliederschote.

Cardámine pentaphýllos (L.) Crantz (= Dentária digitáta Lam.), *Finger-Zahnwurz.*

Grundachse waagrecht, mit sehr großen, dreieckigen fleischigen Niederblattschuppen („Zähnen") besetzt. Stengel 25–50 cm hoch, aufrecht, unverzweigt, mit 3–4 wechselständigen, fünfzählig-gefingerten, einfach bis doppelt gesägten Blättern. Blütenstand traubig, die Blätter weit überragend. Kelchblätter kurz, grün mit violettem Hautrand. Kronblätter bis 2 cm lang, purpurn. Schoten 4–7 cm lang. Blüht von April bis Juni.

Zerstreut, aber scharenweise in frischen, mild-humosen Wäldern und kräuterreichen Schluchten, auf steinigen, aber lockeren, nährstoffreichen und wasserdurchsickerten Böden. Meist im Buchenwald, seltener in felsigen Fichten-Bergwäldern von 380–1700 m. – Pyrenäen, Cevennen, Alpen, nördliche und südliche Voralpen und anschließende Mittelgebirge (nördlich bis Südvogesen, Schwarzwald und Schwäbische Alb). Südmitteleuropäische Bergwaldpflanze.

Fig. 5. Erýsimum rhaéticum (Schleicher ex Hornem.) DC., *Schweizer Schotendotter.*

10–50 cm hoher Halbstrauch mit grundständigen Blattrosetten und kantigen, beblätterten Stengeln. Blätter lineallanzettlich, in den stielartigen Blattgrund verschmälert, spitz, meist ganzrandig, grauhaarig. Blüten in armblütiger Traube auf 5 mm langen Stielen. Kelchblätter in der vorderen Hälfte weißhautrandig. Kronblätter gelb, 15–18 mm lang, lang genagelt. Schoten 4–9 cm lang, 1 mm breit. – Blüht im Juni.

Ziemlich verbreitet und truppweise an sonnigen Felsgesimsen, auf Flußschottern und Dämmen, an warmen, steinigen Hängen über jeder Unterlage. Meist in Trockenrasen (Walliser Schwingel u. a.) und in den Spaltengesellschaften des Nördlichen Streifenfarns von 250–2150 m. – Zentrale und südliche Ketten der Alpen vom Dauphiné bis in die Dolomiten; das nahe verwandte, schmälerblätterige *Erysimum sylvestre* (Cr.) Scop. vom Brenner bis in die Niederen Tauern sowie in den nordöstlichen und südöstlichen Kalkalpen. Mit Einschluß nahe verwandter Sippen süd-mitteleuropäische Gebirgspflanze.

Fig. 6. Drába tomentósa Clairv., *Filziges Hungerblümchen.*

3–12 cm hoch, in kleinen, unten mit abgestorbenen Blattresten dicht besetzten Polstern. Stengel dicht sternhaarig, fast blattlos. Blätter verkehrt-eiförmig, von Sternhaaren grau. Blüten in gedrängter, kurzer Traube, kurz gestielt, klein (4 mm lang), weiß. Kelch weiß hautrandig. Schötchen breit-elliptisch (breiter als die der folgenden Art), bis 1 cm lang, locker, sternhaarig. Samen glatt, hellbraun. – Blüht vom Juni bis August.

Zerstreut in sonnigen Felsspalten, seltener im Felsschutt, nur auf Kalk. In den Polstervereinen des Schweizer Mannsschilds von (1260–) 1700–3400 m. – Alpen (vom Dauphiné bis Oberösterreich und Krain, mit großen Lücken in den Silikatmassiven), sowie vereinzelt in den Abruzzen, Tatra und Rilagebirge. Süd-mitteleuropäische Gebirgspflanze (östlich) **(Karte 16).**

Fig. 7. Drába dúbia Suter, *Kälteliebendes Hungerblümchen.*

3–14 cm hoch, in kleinen lockeren Rasen. Stengel spärlich beblättert, mehr oder weniger sternhaarig. Blätter schmal verkehrt-eiförmig, ganzrandig, locker sternhaarig. Blütenstand ziemlich reichblütig, locker doldentraubig. Blüten auf aufrechten, bis 4 mm langen Stielen. Kelchblätter kahl oder einfach behaart, weiß hautrandig. Kronblätter 4 mm lang, weiß. Schötchen auf aufrecht-abstehenden Stielen, schmal-elliptisch, 6–13 mm lang und 2–3 mm breit, kahl oder am Rande behaart. – Blüht vom April bis Juli.

Zerstreut und vereinzelt in Felsritzen und Spalten, auf Graten und Feinschutthalden, gelegentlich in Pionierrasen; auf basischen und sauren Unterlagen, jedoch vielfach auf kalkärmeren Gesteinen. In den Spaltengesellschaften der Mannsschildarten von (1300–) 1700–3800 m. – Sierra Nevada, Pyrenäen, Alpen (vor allem in den zentralen Gebieten, von den Seealpen bis in die Niederen Tauern und Julischen Alpen; in den Nordalpen sehr vereinzelt ostwärts bis in die Eisenerzer Alpen), Tatra. Süd-mitteleuropäische Gebirgspflanze.

Fig. 8. Drába fladnizénsis Wulfen, *Fladnitzer Hungerblümchen.*

1–8 cm hoch, dichtrasig bis polsterförmig, Sprosse zahlreich, mit den Resten der abgestorbenen Blätter bedeckt. Stengel fast blattlos. Blätter verkehrt-eiförmig bis lanzettlich, in den Stiel verschmälert, am Rand mit einfachen Haaren bewimpert, auf der Fläche kahl oder mit Sternhaaren spärlich besetzt, seltener ganz kahl. Blüten in armblütiger Doldentraube, auf abstehenden, bis 2 mm langen Stielen. Kelchblätter kahl, weiß hautrandig. Kronblätter 2–3 mm lang, keilförmig verschmälert, weiß. Schötchen an aufrecht-abstehenden, kahlen Stielen, eiförmig-elliptisch, kahl, Griffel fast fehlend. – Blüht vom Juni bis August.

Zerstreut, oft scharenweise an windexponierten, ständig schneefreien Graten und Gipfeln, zwischen Felsen und auf Feinschutt, auf kalkreichen und kalkarmen Böden. In Pionierpolstern, Krummseggen- und Nacktriedflecken von 1600–4200 m. – Pyrenäen, Alpen (vor allem in den Silikatmassiven von den Westalpen an ostwärts bis ins Murtal; in den Nordalpen sehr vereinzelt, ostwärts bis ins Allgäu), Karpaten; Zentralasien; subarktisches Eurasien und Nordamerika. Amphiarktisch-alpin(-kontinental) **(Karte 17).**

Tafel 13

Fig. 1. Drába aizoídes L., *Immergrünes Hungerblümchen.*

5–10 cm hohes Pflänzchen mit grundständiger Blattrosette. Blätter hellgrün, schmal, lederig, von steifen Borsten kammförmig gewimpert. Stengel blattlos, mit einer fast kopfigen Doldentraube von goldgelben Blüten. Fruchttraube verlängert. Schötchen länglich-eiförmig, stark zusammengedrückt, in jedem Fach 6–12 Samen. Fruchtstiele 5–15 mm lang. Griffel etwa so lang wie die Breite des Schötchens. – Blüht vom April bis August.

Ziemlich verbreitet und häufig auf exponierten Graten und trockenen Felsbändern, in Felsspalten und im ruhenden Feinschutt, auch in offenen Rasenbeständen auf basischen bis schwach sauren Böden. Als Pionierpolster, in Polsterseggen- und Nacktriedfluren, in Silberwurz- und Weidenspalieren, auch in fragmentarischen Blaugras- und Horstseggenrasen von (350–) 1600–3400 m. – Pyrenäen, französisches und belgisches Bergland bis Süd-England, Gesamt-Jura, Alpen (fehlt in den reinen Silikatmassiven), Kroatien, Nordkarpaten. Südmitteleuropäische Gebirgspflanze.

Fig. 2. Petrocállis pyrenáica (L.) R. Br., *Steinschmückel.*

Pflänzchen klein, 2–8 cm hoch, steinbrechartige Polster bildend. Blätter rosettenartig gehäuft, vorn spitz dreilappig, 4–6 mm lang, bewimpert. Blüten in gedrungener Doldentraube, rosa- oder lilafarben, auf zarten Stielchen sitzend, die sich später bedeutend verlängern. Kronblätter breit verkehrt-eiförmig, doppelt so lang wie die rot gerandeten Kelchblätter. Schötchen elliptisch, kahl, mit kurzem Griffel, einsamig. – Blüht im Juni und Juli.

Ziemlich verbreitet, aber nicht häufig auf Felsbändern, an Schutt- und Geröllhalden, nur auf kalkreichem Gestein. In Polsterseggenfluren und Täschelkrauthalden von 1700–3400 m. – Pyrenäen, Alpen (besonders in den nördlichen Ketten, fehlt in den Zentralalpen) bis Kroatien, Karpaten. Süd-mitteleuropäische Gebirgspflanze.

Fig. 3. Árabis alpína L., *Alpen-Gänsekresse.*

6–40 cm hoch, aus grundständiger Blattrosette mehrere aufrechte oder aufsteigende, blühende und nicht blühende Stengel treibend. Blätter mit herzförmigem Grunde stengelumfassend, am Rande grob geschweift, sägezähnig, sternhaarig. Kronblätter keilförmig, weiß. Schoten kurz gestielt, etwas abstehend, 25–60 mm lang und bis 2 mm breit. Samen flach rundlich, geflügelt. – Blüht vom Mai bis September.

In Schluchtwäldern und Karen, gerne an quelligen Stellen, im ruhenden Grobschutt und in feuchten Felsspalten, auf basischen bis schwach sauren, vielfach kalkreichen Böden. In den Spaltengesellschaften des Stengelfingerkrauts und des Blasenfarns, in Quellfluren (mit Stern-Steinbrech und Bitterem Schaumkraut) und Täschelkrauthalden von den Tälern bis über 3250 m, mit den Flüssen weit ins Vorland getragen. – Spanische und französische Gebirge, Alpen, Jura, deutsche Mittelgebirge, Karpaten; Apennin, Illyrien, Balkanhalbinsel, Ägäis und bis weit nach Innerasien hinein; subarktisches und arktisches Eurasien und Nordamerika. (Atlantisch-)arktisch-alpin.

Fig. 4. Árabis púmila Jacq., *Zwerg-Gänsekresse.*

5–20 cm hoch. Pflanze mit grundständiger Blattrosette und 2–3 sitzenden Stengelblättern. Blätter fast ganzrandig, eiförmig länglich, von Sternhaaren rauh; die grundständigen in den kurzen Blattstiel verschmälert. Doldentraube armblütig. Kronblätter weiß. Schoten bis 4 cm lang und 2 mm breit. Samen glatt, rundlich, ringsum breithäutig geflügelt. – Blüht vom Juni bis August.

Ziemlich verbreitet, jedoch nicht häufig in Felsspalten und Geröllhalden, besonders an trockenen, sonnigen Standorten, nur auf kalkreichem Gestein. In den Spaltengesellschaften des Stengelfingerkrauts, in Täschelkrauthalden, in offenen Polster- und Rostseggenrasen; von (600–)1500–3000 m. – Alpen und Apennin. Süd-mitteleuropäische Gebirgspflanze.

Die Blaukresse, *Árabis coerúlea* (All.) Haenke (mit niedrigem Stengel, spateligen, gezähnten, dicklich-glänzenden Blättern, bläulicher Krone, dichtem, kurzem Fruchtstand und breit geflügelten Samen) ist eine bezeichnende Pflanze der kalkreicheren Schneeböden und findet sich in den Alpen vom Dauphiné bis Niederösterreich und Krain.

Fig. 5. Hutchínsia alpína (L.) R. Br., *Alpen-Gemskresse.*

Gamskresse (Ostalpen), *Gemsblüemli, Zigerblüemli* (Schweiz), *Creschun d'chamuótsch* (Graubünden).

Zierlich, 5–12 cm hoch, aus grundständiger Blattrosette mehrere einfache, blattlose Blütenstengel treibend. Blätter zart, gefiedert und gestielt. Blütentraube anfangs gedrungen, später locker, verlängert. Blüten klein, ziemlich langgestielt. Kronblätter weiß, doppelt so lang wie der Kelch. Schötchen lanzettförmig, 5 mm lang, in den 1 mm langen Griffel zugespitzt. Samen in jedem Fache 1 oder 2. – Blüht vom Juni bis August.

Häufig und verbreitet auf feuchtem Grus und Schutt, an quelligen Stellen, auch in Schneeböden, jedoch nur auf basischen bis neutralen, kalkreichen Böden. In Täschelkrauthalden und Blaukressenfluren (eine gedrungene, griffellose, vorwiegend zentralalpine Rasse auf Kalkschiefern); von (800–) 1600–3400 m. Vielfach in den Tamariskenauen der Alpenflüsse bis weit ins Vorland verschwemmt. – In mehreren, z. T. auch geographisch geschiedenen Rassen von den Asturischen Gebirgen und Pyrenäen über Jura, Alpen, Apennin und illyrische Gebirge bis zu den Karpaten und nach Mazedonien. Südmitteleuropäische Gebirgspflanze.

Fig. 6. Cardámine resedifólia L., *Resedenblättriges Schaumkraut.*

5–15 cm hoch. Pflanze meist mehrere Sprosse treibend, jedoch ohne eigentliche grundständige Blattrosette. Unterste Laubblätter stumpf, eirund, gestielt, ungeteilt oder dreiteilig; die stengelständigen Blätter zwei- bis dreipaarig gefiedert, mit größerem Endblättchen. Blüten weiß, den Kelch überragend. – Blüht vom Juni bis August.

Ziemlich verbreitet und truppweise in beschatteten Felsspalten, auf feuchtem Grus und Schwemmböden, in offenen Rasen und Gebüschen, auf kalkarmen, mäßig sauren Böden. In den Silikatspaltengesellschaften des Vielblütigen Mannsschilds, seltener in offenen Buntschwingelhalden und feuchteren Krummseggenrasen von (650–) 1500–3280 m. – Spanische und französische Gebirge, Alpen (vornehmlich in den zentralen Massiven), Korsika, Apennin; Böhmerwald, Sudeten, Karpaten. Süd-mitteleuropäische Gebirgspflanze.

Das nahe verwandte Alpen-Schaumkraut, *Cardámine bellidifólia* L. ssp. *alpína* (Willd.) Jones (mit einfachen, meist ganzrandigen Blättern) ist eine Charakterpflanze der „Schneetälchenflora" der Alpen und Pyrenäen.

Fig. 7. Aëthionéma saxátile (L.) R. Br., *Felsen-Steinkresse.*

5–20 cm hohes, zartes Pflänzchen, oft vom Grund an vielästig. Blätter länglich-linealisch, stumpf, blaugrün, ganzrandig; die untersten etwas eiförmig. Blüten klein, rötlich. Fruchttraube zuletzt verlängert. Schötchen von der Seite her zusammengedrückt, oval, mit breitem, am Rande fein gekerbtem, vorn ausgebuchtetem Flügel, zum Teil aufspringend, zum Teil Schließfrüchte. – Blüht vom April bis Juni.

Zerstreut, aber scharenweise in Schutt und Grobgeröll an steinigen Abhängen und in Flußauen auf kalkigen und dolomitischen Unterlagen. In Pestwurzfluren und locker berasten Blaugrashalden bis 1850 m ansteigend; in den Tamariskenauen der Alpenflüsse weit bis ins Vorland herabsteigend (so mit der Isar bis Landshut). – Formenreich von Algerien und Spanien über Pyrenäen, Zentralfrankreich, Jura, Alpen, Apennin, Illyrien, Karpaten, Balkanhalbinsel bis Kleinasien. Submediterran.

Tafel 13

Fig. 8. Thláspi rotundifólium (L.) Gaudin, *Rundblätteriges Täschelkraut, Gamskresse.*

5–15 cm hoch, mit tiefverankerter Pfahlwurzel und vielen blütentragenden und unfruchtbaren Trieben. Grundständige Laubblätter fast rosettig, kahl, bläulichgrün; stengelständige Blätter am Grunde breit geöhrt und umfassend. Blütenstand eine kugelige, reichblütige Doldentraube. Blütenkrone hell-violett, mit dunkleren Adern. Fruchtstiele waagrecht abstehend, Schötchen kurzgestielt, verkehrt-eiförmig. – Blüht vom Juni bis September.

Ziemlich häufig und oft quadratmetergroße Flecken überwachsend im Geröll und im beweglichen Grobschutt, seltener auf Schwemmböden, nur auf Kalk- und Dolomitgestein. Als typischer „Schuttstrecker" wichtiger Bestandteil der „Täschelkrauthalde"; von (800–) 1300–3300 m ansteigend. – Nur in den Alpen (vor allem in den nördlichen und südöstlichen Kalkalpen häufig); in den Westalpen ist die typische Sippe zum Teil durch sehr ähnliche, aber kalkarme Böden bewohnende Vertreter ersetzt. Unter Einschluß naher Verwandter süd-mitteleuropäische Gebirgspflanze.

Fig. 9. Kérnera saxátilis (L.) Reichenb., *Stein-Löffelkraut.*

10–30 cm hoch. Grundständige Blätter rosettig, länglich, stumpf, ganzrandig oder gezähnt, von angedrückten, borstigen Haaren etwas rauh; stengelständige lineal-lanzettlich. Blüten klein, weiß, 4 mm lang, kurz benagelt. Die inneren Staubblätter in der Mitte knieförmig gebogen. Fruchttraube zuletzt sehr locker; Fruchtstiele dünn, abstehend. Schötchen kugelig bis birnförmig. – Blüht vom Mai bis Juli.

Verbreitet und häufig an Felsen und Schutthalden, an steinigen Hängen, in offenen Rasen und lichten Wäldern, nur über kalkreichen Substraten. Bezeichnende Art der Kalkspaltengesellschaften des Stengelfingerkrauts und des Schweizer Mannsschilds, von da in Täschelkrautfluren und Blaugrastreppen übergehend. Von den Tälern bis 2000 (–2800) m ansteigend, im Flußgeröll weit ins Vorland hinausgehend (so an der Isar bis Landshut). – In mehreren, auch geographisch geschiedenen Sippen in den spanischen und französischen Gebirgen, Alpen, Gesamtjura, Karpaten, Apennin, Balkanhalbinsel. Südmitteleuropäische Gebirgspflanze.

Fig. 10. Biscutélla laevigáta L., *Brillenschötchen.*

15–30 cm hoch, blühende und nichtblühende Sprosse treibend. Grundständige Blätter keilförmig länglich, in den Blattstiel verschmälert, steifhaarig, ganzrandig oder etwas gezähnt; obere Blätter schmal und sitzend. Kronblätter hellgelb. Fruchtstand locker traubenförmig. Schötchen brillenförmig, kahl oder etwas rauh. – Blüht vom Mai bis August, in tiefen Lagen bis November oder Januar.

Sehr häufig und verbreitet an sonnigen Hängen, auf steinigen Weiden, an Felsbändern, auf Schutthalden und Schwemmböden, auf basischem bis schwach sauerem, meist kalkreichem Substrat. In offenen Blaugras-, Polster- und Horstseggenrasen, Pestwurzfluren und Silberwurzspalieren, in den Kalkspaltengesellschaften des Stengelfingerkrauts von der Ebene (dort in Trockenrasen) bis 2800 m. – In vielen, zum Teil nur schwer unterscheidbaren Sippen weit verbreitet im Mittelmeergebiet, in den Alpen und in Mitteleuropa. Submediterran.

Crassuláceae. Dickblattgewächse **Tafel 14**

Pflanzen mit fleischigen, ungeteilten, oft zu grundständigen Rosetten angeordneten Blättern. Blüten strahlig, in Trugdolden oder Wickeln. Kelchblätter frei oder verwachsen. Kronblätter 4–18. Staubblätter 3–30. Früchtchen fast ganz getrennt, aufrecht oder strahlig abstehend, mehrsamige Bälge.

Alle Hauswurzarten sind teilweise geschützt!

Fig. 1. Sempervívum wulfénii Hoppe ex Mert. et Koch, *Gelbe Hauswurz.*

10–30 cm hoch, mit sehr großen, sternförmig ausgebreiteten Rosetten. Blätter seegrün, breit, nur am Rand dichtdrüsig bewimpert, sonst kahl. Stengel oberwärts drüsig-zottig wie auch der reichverzweigte, dichtblütige Blütenstand. Krone sternförmig, 2–3 cm breit, intensiv goldgelb, außen (wie auch der Kelch) drüsig-flaumig, mit 12–18 Kronblättern. Fruchtknoten drüsig, Griffel kahl. – Blüht im Juli und August.

Ziemlich selten und meist nicht häufig auf steinigen Weiden und Matten, an offenen Erdstellen und im ruhenden Gesteinsschutt, auf neutralen bis sauren, meist kalkarmen Böden. In sonnigen, trockenen Schwingelrasen und Zwergstrauchheiden von 1750 bis 2610 m. – Alpen: vorwiegend in den zentralen Massiven von den Niederen Tauern (mit einigen Vorposten in der Oststeiermark) bis ins Engadin, vereinzelt bis zum Monte Rosa; fehlt in den nördlichen und in den Kalkgebieten der südlichen Alpen. Alpin (östlich).

Tafel 14

Fig. 2. Sempervívum arachnoídeum L., *Spinnweben-Hauswurz.*
Stoanäpfel (Kärnten).

5–12 cm hoch, mit kleinen, halbkugeligen Rosetten. Blätter lanzettlich, dichtdrüsig, an der Spitze mit langen, weißen Wollhaaren besetzt, die die Blätter untereinander spinnwebartig verbinden (kahlere, grüne Formen mit nur gebärteten älteren Blättern; behaartere mit schneeweiß übersponnenen Rosetten). Kronblätter 8–12, breitlanzettlich, lebhaft hellrot mit purpurnem Mittelnerv, Staubblätter 16–20, purpurn. – Blüht vom Juni bis September.

Verbreitet und meist häufig an sonnigen, trockenen Erdabrissen, in Fels- und Mauerritzen, auf Schutthalden und mageren, steinigen Weiden; auf schwach basischen bis sauren Böden, mehr auf kalkärmeren Gesteinen. Als Berasungspionier in Felsfluren und Spaltengesellschaften, in Lärchen-Arven-Wäldern und Strauchfluren (u. v. a.), vorzüglich in der subalpinen Stufe von 280–2900 m. – Pyrenäen, Alpen (fehlt in den Nordalpen östlich vom Allgäu), Apennin. Süd-mitteleuropäische Gebirgspflanze (westlich).

Sempervívum montánum L., *Berg-Hauswurz; Donnerknöpf (Kärnten).*

5(–25) cm hoch, mit kugeligen oder sternförmigen Rosetten von 1–2(–5) cm Breite. Blätter grün, mit kurzer, zuweilen roter Spitze, beiderseits wie der Stengel drüsig-zottig. Blütenstand drei- bis elfblütig; Blüten sternförmig, Kronblätter 12–16, lineal-lanzettlich, rotviolett mit dunklerem Mittelstreif. – Blüht vom Juli bis September.

Häufig und verbreitet auf steinigen, kurzrasigen Weiden, in Fels- und Schuttfluren, auch im Strauch- und Zwergstrauchgürtel auf neutralen bis sauren, kalkarmen oder ausgelaugten Böden. In Krummseggen- und Borstgrasrasen, in Violett- und Felsschwingelfluren, Horstseggentreppen, in Spaltengesellschaften der alpinen und nivalen Stufe von (300–) 1700–3400 m. Die meist zierlichere typische Sippe (ssp. *montánum*) mit kugeligen Rosetten, einheitlich grünen Blättern und kleineren Blüten in den Pyrenäen, Alpen (vor allem in den zentralen Massiven, östlich bis in die Hohen Tauern und Dolomiten), Ostkarpaten, auch auf Korsika und im Apennin. Die stattlichere ssp. *stiriacum* Wettst. ex Hayek mit größeren, geöffneten Rosetten, braunbespitzten Blättern und doppelt so großen Blüten vom Großglockner ostwärts bis in die Westkarpaten. Süd-mitteleuropäische Gebirgspflanze.

Fig. 3. Sempervívum tectórum L., *Dach-Hauswurz.*

10–35 cm hoch, mit 2–6 cm breiten Rosetten. Rosettenblätter stachelig zugespitzt, bläulichgrün, am Rand kurz gewimpert, auf den Flächen kahl. Stengel und Stengelblätter drüsig behaart. Blütenstand reich- und dichtblütig. Kronblätter 12–16, sternförmig, schmal-lanzettlich, blaßrosenrot, rotlila gestrichelt, mit gelbem Mittelnerv. – Blüht vom Juli bis September.

Ziemlich häufig auf Felsen und Schuttfluren, auf Wiesen und Weiden, auf schwach basischen bis mäßig sauren Böden. Vielfach in Buntschwingel- und Krummseggenfluren, an Blaugras- und Horstseggenhalden von 600–2770 m. – In mehreren, noch nicht klar unterschiedenen Rassen von den Pyrenäen durch die mittel- und südfranzösischen Gebirge (bis herüber zum mittleren Rheintal) und den Jura bis in die Alpen (östlich bis ins Allgäu und zum Brenner) und durch die Südalpen bis Istrien. Süd-mitteleuropäische Gebirgspflanze. Eine Kulturform findet sich vielfach auf Mauern und Dächern (Name!) gepflanzt.

Zu einer mit den Hauswurz-Arten nahe verwandten Gruppe gehört der vor allem in den Zentralalpen ostwärts vom Pustertal verbreitete *Sand-Donnerbart* (**Jovibárba arenária** [Koch] Opiz, **Tafel 36**) mit nur 6 am Rand gefransten, glockig zusammenneigenden, gelblich-weißen Kronblättern. Ostalpin.

Fig. 4. Sédum atrátum L., *Dunkler Mauerpfeffer.*

Einjähriges, 3–8 cm hohes, kahles Pflänzchen, blaß grünlichgelb oder rotbraun überlaufen. Stengel aufrecht, in der Regel vom Grunde an verzweigt. Blätter walzenförmig, fleischig, stumpf, am Stengel sitzend. Blütenstand gedrungen, endständig. Kronblätter 5, weißlich, grünlichgelb oder rötlich, eirund, doppelt so lang wie der Kelch. Staubblätter 5. Balgfrüchtchen 5, klein, sternförmig ausgebreitet. – Blüht im Juli und August.

Verbreitet, aber vereinzelt auf Felsschutt, Grus und Kies, an Felsspalten und Rasenbändern, nur auf basischem, kalkreichem, gelegentlich humosem Substrat. In offenen Polsterseggen- und Nacktriedfluren, Blaugras- und Horstseggenhalden, in den Kalkspaltengesellschaften des Stengelfingerkrauts und auf Blaukressenböden; von (220–) 1400–3100 m. – Pyrenäen, Südjura, Alpen, Karpaten; Apennin. Balkanhalbinsel. Süd-mitteleuropäische Gebirgspflanze.

Rhodíola rósea L. (= Sédum rósea [L.] Scop.), *Rosenwurz.*

10–35 cm hoch, mit rosenartig duftender Grundachse. Stengel aufrecht und dick; Blätter wechselständig, lanzettlich, flach, in der vorderen Hälfte gesägt. Blüten in dichter, endständiger Trugdolde, zweihäusig; männliche mit 8 Staubblättern und 4 gelblichen oder rötlichen Kronblättern, weibliche mit meist verkümmerten Kronblättern und 4 aufrechten, länglichen Bälgen. – Blüht vom Juni bis August.

Ziemlich verbreitet, doch nur stellenweise häufig in feuchten Schluchten, in Wiesen, Heiden und Gebüschen, an Schutthalden und in Felsspalten, auf meist etwas feuchten, humosen, schwach basischen bis sauren Böden. Im Grünerlengestrüpp und Wacholderspalier, in offenen Krummseggen- und Schwingelrasen von (900–)1600–3000 m. – Pyrenäen, Alpen (vor allem in den Zentral- und Südalpen; in den Nordalpen nur vom Ennsgebiet an ostwärts), Vogesen, Sudeten, Karpaten, Balkanhalbinsel; Zentralasien; subarktisches und arktisches Eurasien. Unter Einschluß nahe verwandter Sippen amphiarktisch-alpin(-kontinental).

Saxífragáceae. Steinbrechgewächse

Blätter meist wechselständig. Blüten einzeln oder in traubigen oder trugdoldigen Blütenständen. Blüten zwitterig, meist radiär, vier- oder fünfzählig. Staubblätter meist doppelt so viele wie Kronblätter. Frucht oft kapselig, durch die 2 bleibenden Griffel geschnäbelt, oberständig bis unterständig. Samen klein, meist zahlreich.

Alle rosetten- und polsterbildenden Steinbrecharten sind teilweise geschützt!

Fig. 5. Saxífraga paniculáta Miller (= S. aizóon Jacq.), *Trauben-Steinbrech.*

Silbermies (Salzburg), *Stoanöpfl* (Niederösterreich), *Wildi Huswurze, Stei-Chümi, Steiroggä* (Schweiz), *Wilder Scharniggel* (Kärnten), *Fluórs da crap* (Graubünden).

10–45 cm hoch, mehrere grundständige Blattrosetten treibend. Blätter fleischig, zungenförmig, scharf gesägt, am Rande kleine, weiße kalkabscheidende Grübchen tragend. Stengel aufrecht, wenig beblättert, oberwärts rispenartig verzweigt, meist drüsig behaart. Äste des Blütenstandes blattlos, mittlere drei- bis fünfblütig. Kronblätter weiß, zuweilen rot punktiert, rundlich verkehrteiförmig, zwei- bis dreimal länger als die Kelchblätter. Kapsel kugelig. – Blüht vom Mai bis August.

Sehr verbreitet und häufig an Felsbändern und Blockklüften, auf steinigen Triften und Rasenpolstern, auf basischen bis mäßig sauren Unterlagen. Als Pionierpolsterpflanze in den Spaltengesellschaften des Stengelfingerkrautes und der Mannsschildarten, in offenen Polsterseggen-, Blaugras-, Buntschwingel- und selbst Krummseggenrasen von (250–) 1300–3415 m. – Südeuropäische Gebirge von Nordspanien bis zur Balkanhalbinsel,, mitteleuropäische vom Zentralmassiv über Mittelrhein und Sudeten bis zu den Karpaten, Skandinavien, Grönland, arktisches Nordamerika. (Atlantisch-)arktisch-alpin.

Fig. 6. Saxífraga rotundifólia L., *Rundblätteriger Steinbrech.*

Sanigl (Ostalpen), *Rahmkräutl* (Steiermark), *Lungächrut, Wildes Chäslichrut* (Schweiz), *feglia meila* (Graubünden).

10–70 cm hohes Kraut mit knotiger Grundachse. Stengel aufrecht, spärlich beblättert, mit locker rispigem Blütenstande. Grundständige Blätter langgestielt, rundlich, herznierenförmig, ungleich grob gesägt, weich bewimpert. Kronblätter lanzettlich, doppelt so lang wie der Kelch, sternförmig abstehend, weiß, rot punktiert und nach dem Grunde zu oft etwas gelb. – Blüht vom Juni bis September.

Häufig und gesellig in der subalpinen Stufe an schattigen, quelligen Stellen, in Bachschluchten und Karfluren auf basischen bis schwach sauren, humosen Böden. In den kräuterreichen Hochstaudenfluren der Grünerlen- und feuchteren Legföhrengebüsche, in lichten Bergwäldern (Buchen-Tannen-Fichten-Mischwald) von 800–2200 m. – Pyrenäen, Zentralmassiv, Jura, Alpen, Karpaten; südeuropäische Gebirge von Spanien über Sizilien bis Armenien und Kaukasus. Süd-mitteleuropäische Gebirgspflanze.

Tafel 15

Fig. 1. Saxífraga adscéndens L., *Aufsteigender Steinbrech.*

Einjährig, 3–20 cm hoch, dicht drüsig behaart. Stengel dunkelrot überlaufen, einfach oder verzweigt, beblättert. Grundständige Blätter rosettig, breit spatelförmig, ungeteilt oder vorn drei- bis fünfzähnig. Kronblätter verkehrt-eiförmig, milchweiß. Kapsel birnförmig. – Blüht vom Juni bis August.

Zerstreut und truppweise in Gratrasen, an Weidestellen, auf feuchtem Schiefergrus, auf etwas stickstoffreichen, vielfach kalkhaltigen und humosen, basischen bis schwach sauren Böden. An offenen, kurzrasigen Schafplätzen, im Nacktriedrasen von (900–) 1800–3100 m. – Pyrenäen, Sizilien, Apennin, Alpen (vor allem in den zentralen Massiven; fehlt in Bayern), Karpaten, Balkan, Kaukasus; subarktisches Europa, Nordwestamerika. Amphiarktisch-alpin(-ozeanisch).

Fig. 2. Saxífraga moscháta Wulfen, *Moschus-Steinbrech.*

1–12 cm hohe Polsterrasen mit blühenden und nicht blühenden, kurzdrüsigen oder kahlen Trieben. Stengel aufrecht, spärlich beblättert, wenigblütig. Blätter im frischen Zustand furchenlos, dreibis fünfspaltig oder ungeteilt. Kronblätter bis doppelt so lang, aber schmäler als die Kelchblätter, grünlichgelb, selten fast weiß, safrangelb oder purpurn. – Blüht im Juli und August.

Recht häufig und verbreitet an Felsspalten und Rasenbändern, auf ruhendem Schutt, auf basischem bis schwach saurem, meist kalkreichem Substrat. Pionierpolster bildend (mit dem Schweizer Mannsschild), in fragmentarischen Polsterseggenrasen und Zwergstrauchspalieren; von 1500–4000 m. – Ungewöhnlich vielgestaltig und im Westen nicht stets deutlich von der folgenden Art getrennt; Pyrenäen, Auvergne, Alpen (in den Silikatmassiven selten und vielfach fehlend), Sudeten, Karpaten; Apennin, Illyrien, Balkanhalbinsel, Kaukasus, Armenien; Altai, Ostsibirien, Eurasisch-alpin(-kontinental).

Fig. 3. Saxífraga exaráta Vill., *Furchen-Steinbrech.*

Einzelnen Formen der vorigen Art sehr ähnlich. Ziemlich große, drüsig-klebrige dunkelgrüne Polsterrasen mit vier- bis zehnblütigen Stengeln. Blätter keilförmig, meist drei- bis siebenspaltig, durch die vorspringenden Nerven deutlich gefurcht. Kronblätter doppelt so breit und lang wie die Kelchblätter, milchweiß. – Blüht im Juli und August.

Ziemlich häufig und verbreitet in Felsritzen und Ruhschutt, auf locker berasten Graten, über neutralem bis saurem, meist kalkarmem Substrat. In den Silikatspaltengesellschaften des Vielblütigen Mannsschilds von (500–) 1800–3500 m. – In verschiedenen Formen im Südjura, den Alpen (vor allem in den Silikatmassiven, ostwärts nur bis zum Brenner; fehlt in den bayerischen und österreichischen Kalkalpen), Apennin, Illyrien, Balkanhalbinsel, Kaukasus, Armenien. Süd-mitteleuropäische Gebirgspflanze.

Fig. 4. Saxífraga seguiéri Spr., *Seguiers Steinbrech.*

Kleines, 1–4 cm hohes Pflänzchen, breite, flache Polster mit zahlreichen Blütenstengeln bildend. Stengel fast blattlos, oft einblütig, drüsig behaart. Blätter frisch grün, ganzrandig, stumpf, drüsig bewimpert, in den langen Blattstiel keilförmig verschmälert. Kronblätter gelblich, länglich linealisch, stumpf, ungefähr so lang wie die Kelchblätter. – Blüht im Juli und August.

Zerstreut, aber gesellig auf alten Moränen, im feuchten Felsgrus, in schattigen Runsen und Spalten auf sauren, kalkarmen Unterlagen. Auf humusarmen Schneeböden in den Fluren des Säuerlings und der Braunen Hainsimse; von 2000–3700 m. – Alpen (besonders in den zentralen und südlichen Ketten vom Kleinen St. Bernhard bis zum Brenner und in die Westdolomiten). Mittelalpin.

Fig. 5. Saxífraga burserána L., *Bursers Steinbrech.*

3–8 cm hoch, Blätter der kurzen Stämmchen starr, stachelspitzig, länglich-lineal, dreikantig, oberseits punktiert, graugrün. Stengel einblütig, rot, drüsig, mit kleinen Blättchen besetzt. Kelch rötlich, drüsig. Kronblätter verkehrt-eiförmig, fast rundlich, am Rande schwach gekerbt, weiß, rötlich geadert. – Blüht vom März bis Juni.

Nicht selten auf Felsbändern und Wandrissen, zuweilen auch auf Schwemmböden, nur über Kalk und Dolomit. In den Kalkspaltengesellschaften des Schweizer Mannsschilds und Stengelfingerkrauts von (200–) 1600–2500 m. – Alpen (südöstliche und nordöstliche Kalkalpen vom Oglio und Inn an ostwärts, sehr vereinzelt im dazwischen liegenden Gebiet). Ostalpin. **(Karte 18).**

Fig. 6. Saxífraga aizoídes L., *Fetthennen-Steinbrech.*

10–30 cm hoch, lockere Rasen bildend. Stengel aufstrebend, unterwärts dicht, oberwärts locker beblättert, drei- bis zwölfblütig. Blätter lanzettlich-lineal, etwas fleischig, stachelspitzig und am Rande kurz bewimpert. Kronblätter ausgebreitet, zitronengelb mit orangeroten Punkten oder orangebraunrot, länglich-oval. – Blüht vom Juni bis August.

Häufig und gesellig auf feuchtem Ruhschutt, auf nassen Felsen, an Bachufern, besonders auf kalkhaltigem Gestein und mergeligen, basischen bis neutralen Böden. In Quellfluren, offenen Rostseggenrasen und Täschelkrautfluren von den Tälern bis 3100 m. – Pyrenäen, Südjura, Alpen, Karpaten; Apennin, Illyrien, Balkanhalbinsel; subarktisches und arktisches Eurasien und Amerika. (Atlantisch-)amphiarktisch-alpin.

Fig. 7. Saxífraga stelláris L., *Sternblütiger Steinbrech.*

2–15 cm hoch, mit sternförmig ausgebreiteten Blattrosetten und blattlosen Stengeln. Blätter verkehrt-eiförmig, fleischig, glänzend, vorn meist grob gezähnt, nach dem Grunde zu keilförmig verschmälert. Kelchblätter der ziemlich langgestielten Blüten zuletzt zurückgeschlagen. Kronblätter lanzettlich, kurz benagelt, schneeweiß mit 2 zitronengelben Punkten. – Blüht vom Juni bis August.

Durch die ganzen Alpen sehr verbreitet, scharenweise in Quellsümpfen, an Bachufern, im überrieselten Felsschutt auf allen Unterlagen. In Quellfluren (mit dem Bitteren Schaumkraut und Weidenröschenarten), Blaukressenböden und Säuerlingsfluren; von

Tafel 15

(300–) 1200–3030 m. – In mehreren, auch geographisch gut umrissenen, z. T. Brutknospen statt Blüten tragenden Sippen: Iberische Gebirge, Pyrenäen, Zentralmassiv, Vogesen, Schwarzwald, Alpen, Karpaten; Apennin, Illyrien, Balkanhalbinsel; Nordeuropa, arktisches Eurasien und Amerika. Amphiarktisch-alpin(-ozeanisch).

Fig. 8. Saxífraga áspera L., *Rauhblättriger Steinbrech.*

10–20 cm hoch, lockerrasige „Luftkrautkissen" bildend. Nichtblühende Sprosse kriechend, entfernt beblättert, mit kleinen Achselknospen. Blätter lineal-lanzettlich, steif gewimpert und mit Grannenspitze. Blühende Sprosse stattlich, reich beblättert, bis zehnblütig, Kelch hautrandig, stachelspitzig, Kronblätter gelblichweiß. – Blüht im Juli und August.

Verbreitet und häufig, vor allem in der Nadelholzstufe an schattigen Felsen, auf Sturzblöcken, im Ruhschutt, auch auf Feldmauern, ausschließlich auf kalkfreiem Gestein; von (400–) 1400–2200 (–2800) m. – Pyrenäen, Apennin, Alpen (fast nur in den zentralen und südlichen Teilen). Süd-mitteleuropäische Gebirgspflanze (westlich).

Fig. 9. Saxífraga bryoídes L., *Moos-Steinbrech.*

3–6 cm hoch, dichte Flachpolster bildend. Grundblätter lineal-lanzettlich, starr, grannig zugespitzt und dornig bewimpert, in den Achseln mit kugeligen, die Größe des Stützblattes erreichenden Laubblattknospen. Blühende Sprosse zart, stets einblütig, mit unscheinbaren anliegenden Blättern. Kronblätter weißlich, am Grund gelb. – Blüht im Juli und August.

Verbreitet und häufig auf Moränenhalden, im Ruhschutt, in Felsspalten und im lockeren Rasen, auf meist kalkarmem Gestein. Als Pionierrasenpolster, in Säuerlingsfluren, in offenen Krummseggen- und Braunsimsenrasen; von (1350–) 1800–4000 m. – Ostpyrenäen, Auvergne, Alpen (fehlt in den nordöstlichen Kalkalpen), Sudeten, Karpaten, Balkanhalbinsel. Süd-mitteleuropäische Gebirgspflanze.

Fig. 10. Saxífraga oppositifólia L., *Roter Steinbrech, blaues Steinmies.*

Bis 25 cm lang, niederliegend, stark verzweigt, meistens dichte, flache Polster bildend. Blütentragende Stengel aufstrebend, dicht beblättert. Blätter elliptisch oder länglich, stumpf, etwas fleischig, blaugrün, am Rande mit langen, drüsenlosen Wimpern, die im Alter abfallen. Blüten einzeln, endständig. Kelchblätter eiförmig, stumpf, in der Jugend bewimpert. Kronblätter weinrot, später violett bis blau. – Blüht je nach der Höhenlage vom Mai bis Juli.

Weit verbreitet und häufig an Felswänden und Graten, in Moränengrus und Bachschutt, in offenen Rasenbeständen; an unbesetzten Standorten, völlig anspruchslos gegenüber der Unterlage; von (400–) 1800–3500 m. – Sierra Nevada, Pyrenäen, Auvergne, Jura, Alpen (in verschiedenen, auch geographisch gut umrissenen Sippen), Sudeten, Karpaten, Balkanhalbinsel, Apennin; subarktisches und arktisches Eurasien und Nordamerika. Amphiarktisch-alpin.

Fig. 11. Saxífraga caésia L., *Blaugrüner Steinbrech, weißes Steinmies.*

Dichte Halbkugelpolster mit zahlreichen kurzen, dicht dachziegelig beblätterten Stämmchen. Blätter bogig-zurückgekrümmt, bläulichgrün, mit 5–7 kalkausscheidenden Grübchen besetzt, oft von einer hellgrauen Kalkkruste überzogen, unterseits mit 2 tiefen Längsfurchen. Stengel wenigblättrig, ein- bis fünfblütig, 4–12 cm hoch. Kronblätter verkehrt-eiförmig, weiß, ungefähr doppelt so lang wie der Kelch, fünfnervig. – Blüht vom Juni bis September.

Sehr häufig und verbreitet in Felsspalten und im Ruhschutt, in offenen Rasen und Zwergstrauchspalieren, nur auf flachgründigen, basischen Böden über kompaktem Kalk und Dolomit. In Polsterseggen- und Blaugrashalden; von 1600–3000 m, in feuchten Schluchten und mit den Flüssen tief herabsteigend (mit der Isar bis München). – Pyrenäen, Alpen (in den zentralen Silikatmassiven auf weite Strecken fehlend), Karpaten; Apennin, Illyrien. Süd-mitteleuropäische Gebirgspflanze.

Fig. 12. Saxífraga androsácea L., *Mannsschild-Steinbrech.*

1–10 cm hoch, Stengel fast blattlos, ein- bis dreiblütig, drüsig behaart. Blätter dunkelgrün, zungenförmig, in den kurzen Blattstiel verschmälert, ganzrandig oder an der Spitze drei- bis fünfzähnig, in frischem Zustande etwas fleischig, am Rande drüsig bewimpert. Kelchblätter stumpf, eirund, drüsig. Kronblätter weiß, ausgerandet, verkehrt-eirund, über zweimal so lang wie die Kelchzipfel. – Blüht vom Mai bis August.

Sehr häufig und scharenweise auf Schneeböden, in frischem Ruhschutt und auf durchfeuchteten Rasen, auf basischen bis schwach sauren, meist kalkreichen Böden. Vornehmlich in Blaukressenfluren und Gletscherweidenspalieren; von 1800–3000 m. – Pyrenäen, Auvergne, Alpen (in den zentralen Silikatmassiven vielfach fehlend), Karpaten; Altai, Ostsibirien. Eurasisch-alpin.

Fig. 13. Saxífraga aphýlla Sternb., *Blattloser Steinbrech.*

Zartes, 3–8 cm hohes, lockerrasiges Pflänzchen. Stengel aufrecht, meist einblütig. Blätter am Grunde der Stämmchen rosettig gehäuft, keilförmig, drei- bis fünfspaltig, seltener ganz ungeteilt. Kronblätter gelblich, schmallineal. Kapsel kugelig, mit großen schwarz glänzenden Samen. – Blüht vom Juli bis September.

Nicht selten und horstweise im beweglichen und ruhenden Felsschutt, nur auf kalkreichem Gestein. Bezeichnende Art der Täschelkrautflur; von 1700–3200 m. – Alpen (vom Thuner See bis Niederösterreich, südlich bis zum Puschlav und in die Norddolomiten). Ostalpin **(Karte 19)**.

Rosáceae. Rosengewächse **Tafel 16**

Kräuter, Sträucher und Bäume mit wechselständigen, einfachen oder zusammengesetzten Blättern. Nebenblätter meist vorhanden. Blüten regelmäßig. Blütenboden stets verbreitert, oft teller- bis krugförmig, an seinem Rand Kelchblätter, Kronblätter und (meist) die fast stets zahlreichen Staubblätter tragend. Kelchblätter meist 5, oft von einem Außenkelch umgeben. Kronblätter 5 oder mehr, selten fehlend. Früchte sehr verschieden gestaltet.

Arúncus dioícus (Walt.) Fern. (= A. silvéster Kost.), *Wald-Geißbart.*

Impenkraut (Oberbayern), *Unsers Herrgotts Bartal, Johanneskraut* (Niederösterreich), *Fuchsschwoaf* (Obersteiermark), *Brandchrut* (St. Gallen), *Wilde Hirs* (Zürich).

90–200 cm hoch, mit einfachem, aufrechtem Stengel. Blätter ohne Nebenblätter, sehr groß, zwei- bis dreifach drei- bis fünfzählig gefiedert, langgestielt. Blättchen breit eiförmig, scharf doppelt-gesägt. Blüten in reichblütiger, endständiger Rispe, meist eingeschlechtig, zweihäusig. Männliche Blüten mit 5 gelblichweißen Kronblättern und 20–30 Staubblättern; weibliche etwas lockerer, reinweiß, mit 3 Fruchtblättern. Bälge 3, am Grund verwachsen, kahl und braun, nach innen aufspringend. – Blüht vom Mai bis Juli. – Teilweise *geschützt!*

Zerstreut und stellenweise häufig in schattigen Bergwäldern und frischen Waldwiesen, in Schluchten und Gebüschen, auf kühlen, gut durchfeuchteten, mildhumosen Böden. In Laubmischwäldern (Ahorn, Esche, auch Buche), Grauerlen- und Haselgebüschen, in Hochstauden- und Karfluren; von den Tälern bis 1700 m. – Mittleres Europa (südlich bis in die Pyrenäen, bis Oberitalien und Illyrien), gemäßigtes Asien und Nordamerika. Amphiboreal- montan.

Fig. 1. Sórbus chamaeméspilus (L.) Crantz, *Zwerg-Mispel.*

Pfrosla (Westtirol), *Fluhbirli, Fluhblume* (Schweiz), *Melberi, Fagliúdas, Fnetla* (Graubünden).

0,4–2 m hoher Strauch. Blätter wechselständig, gegen das Ende der Zweige hin zusammengedrängt, kahl, fast lederig, kurzgestielt, beiderseits grün, eiförmig oder länglich, doppelt gesägt, 5–7 cm lang. Blüten klein, in gedrungener, endständiger Doldentraube. Kelch weißfilzig. Kronblätter aufrecht, dunkelrosarot. Staubblätter etwa 20. Fruchtknoten unterständig. Scheinfrüchte anfänglich cochenillerot, später schwärzlich, einer winzigen Apfelfrucht sehr ähnlich. – Blüht im Juni und Juli.

Ziemlich häufig und gelegentlich größere Bestände bildend in lichten, trockenen Bergwäldern und Strauchbeständen, auf lockeren, mineralkräftigen, vielfach kalkreichen Böden. Im Legföhren-Almrausch-Gebüsch, in erikareichen Bergföhrenwäldern, aber auch im bodensauren Heidelbeergestrüpp; von (500–)1400–2400 m. – Pyrenäen, Zentralmassiv, Jura, Alpen, Vogesen, Schwarzwald, Sudeten, Karpaten; Apennin, Illyrien. Südmitteleuropäische Gebirgspflanze.

Fig. 2. Rósa pendulína L., *Alpen-Heckenrose.*

Rose ohne Dornen (Kärnten), *Helfenstuden* (die Früchte „Helfen") (Wallis).

Niedriger, bis 1 m hoher Strauch, mit unbewehrten, d. h. stachellosen Zweigen (einzig die jungen Schößlinge besitzen schwache, borstenartige Stacheln). Blätter unpaarig gefiedert, sieben- bis elfzählig, mit schmalen, lang zugespitzten und drüsig gesägten Nebenblättern. Blättchen dünn, kahl, länglich-elliptisch, doppelt gesägt. Blüten endständig, meist einzeln. Kelchblätter 5, linealisch-lanzettlich, nach der Blütezeit aufgerichtet bleibend. Kronblätter 5, dunkelrosarot. Staubblätter zahlreich. Scheinfrucht („Hagebutte") orange, kugelig bis flaschenförmig, mit nußartigen kleinen Früchtchen. – Blüht vom Juni bis August. – Teilweise *geschützt!*

Verbreitet und häufig in lichten Bergwäldern, in Hecken und Gesträuchen, an felsigen, buschigen Hängen und auf Felsbändern, meist auf frischen, nährstoffreichen Böden über

Tafel 16

jeder Unterlage. In Hochstaudenfluren feuchter Bachschluchten, Grünerlen- und Legföhrengebüschen, in größeren Höhen auch in trockenen, windexponierten Zwergstrauchheiden; von 500–2600 m. – Gebirge von Süd- und Mitteleuropa, von Spanien bis Thessalien, von der Auvergne bis in die Sudeten und Karpaten. Süd- mitteleuropäische Gebirgspflanze.

Fig. 3. Géum réptans L., *Gletscher-Petersbart.*

5–15 cm hoch; lange beblätterte, oberirdisch kriechende Ausläufer treibend. Blätter unterbrochen gefiedert, oberwärts breiter, besonders unterseits behaart. Blättchen eingeschnitten gesägt. Blüten sehr groß, tiefgelb. Kelchblätter verlängert, wie der Außenkelch behaart. Nüßchen und Griffel stark behaart. Griffel an den Nüßchen bleibend, bis 3 cm lang. – Blüht im Juli und August.

Ziemlich verbreitet und gesellig auf feuchten Fein- und Grobschutthängen, auf Moränenhalden und Schwemmböden, auf Felsgraten und -bändern, meist auf kalkarmen Rohböden. Bezeichnende Art der Säuerlingsflur (meidet Humusböden und geschlossenen Rasen); von (1450–) 2100–3400 m. – Alpen (fehlt in den nördlichen Kalkalpen ostwärts vom Allgäu), Illyrien, Karpaten, Mazedonien. Süd-mitteleuropäische Gebirgspflanze.

Fig. 4. Géum montánum L., *Alpen-Petersbart.*

Petersbart, Blutwurz (Tirol), *Rogei, Almrugei, Grantiger Jager* (Salzburg), *Ruhrwurzel, Benediktenwurzel* (Kärnten), *Haarmandli, Trüebchrut* (Schweiz).

Pflanze 10–35 cm hoch, keine Ausläufer bildend. Stengel in der Regel einblütig. Blätter leierförmig, unterbrochen gefiedert; Endblättchen viel größer als die Seitenblättchen, eingeschnitten gesägt. Stengelblätter wenige (2–3), sitzend, dreiteilig oder ungeteilt. Blüten groß, 2–3 cm breit, goldgelb, mit Außenkelch. Kelchblätter eiförmig, zugespitzt, behaart. Kronblätter verkehrteiförmig. Nüßchen mit federigem Griffel, Frucht perückenartig, rosig schimmernd. – Blüht vom Mai bis August.

Häufig und scharenweise in Frisch- und Trockenwiesen, auf Weiden und Wildheuplanken, in Zwergstrauchheiden und Strauchfluren, auf sauren und ausgelaugten Rohhumusböden über allen Substraten. In Nacktried- und Krummseggenrasen, auf Buntschwingel- und Horstseggentreppen, im Heidelbeer- und Heidekrautgestrüpp, aber auch in frischeren Hochstauden- und Karfluren; von (700–)1600–3500 m. – Pyrenäen, Zentralmassiv, Südjura, Alpen, Sudeten, Karpaten; Korsika, Apennin, Balkanhalbinsel. Südmitteleuropäische Gebirgspflanze.

Fig. 5. Alchemílla conjúncta Bab. em. Becherer sensu lato, *Kalk-Silbermantel.*

Nimm-mir-nichts (Lechtal, Oberösterreich), *Silberchrut, Silbermänteli, Side(n)chlee, Gliißi* (Schweiz).

10–30 cm hoch, mit verholztem, braunscheidigem Rhizom. Blätter langgestielt, meist siebenteilig gefingert; Abschnitte länglich-elliptisch, nur am Grund oder bis zur Hälfte miteinander verbunden, vorn abgerundet, mit wenigen, zusammenneigenden Zähnen, oberseits mattgrün, unterseits seidig glänzend. Blütenstand locker knäuelig (Blütenstiele länger als die Blüten), mit zahlreichen unscheinbaren Blüten. Blütenbecher mit Außenkelch und 4 grünen, ausgebreiteten Kelchzähnen. Blütenblätter fehlend, Staubblätter 4. Einsamige Schließfrucht. – Blüht vom Juni bis August. – Volksmittel gegen Frauenleiden, Zahn- und Kopfweh.

In zahlreichen Kleinarten verbreitet und gesellig auf Geröllhalden und Felsbändern, auf offenen Matten und steinigen Weiden, fast nur auf frischen, basischen Kalk- und Kalkschieferböden. In offenen Blaugrashalden, Horstseggentreppen und Rostseggenrasen sowie in den Felsspaltengesellschaften des Stengelfingerkrauts von 1200 bis über 2600 m. – Die hier abgebildete Kleinart (mit bis zum Grund geteilten Blättern und etwas gefalteten Abschnitten: *Alchemílla plicátula* Gand.) in den spanischen Gebirgen, Pyrenäen, Zentralplateau, Vogesen, Jura, Alpen (mehr in den Außenketten), Apennin und Westbalkan. Süd-mitteleuropäische Gebirgspflanze.

Eine eng verwandte Sammelart, der Alpen-Silbermantel (*Alchemílla alpína* L. sensu lato) mit kurzen Blütenstilen, aufrechten Kelchblättern und mit Ausläufern, findet sich fast ausschließlich auf kalkarmen Böden der Alpen (mehr im Westen, in Bayern fehlend, ostwärts bis zu den Hohen Tauern) und der übrigen süd-mitteleuropäischen Gebirge sowie im arktischen und subarktischen Eurasien bis Labrador. Arktisch-alpin.

Fig. 6. Drýas octopétala L., *Silberwurz, Silberkraut.*

Petersbart, Milchrosen (Tirol), *Wild Mann* (Westtirol), *Kateinl, Kaisertee* (Salzburg), *Hirschzermatt* (Niederösterreich), *Schwizertee* (Bern).

Niederliegender, vielfach verzweigter, rasenbildender Spalierstrauch. Blätter gestielt, oval, stumpf gekerbt, am Rande umgerollt, oberseits glänzend dunkelgrün, meist kahl, unterseits schneeweiß filzig, immergrün. Blüten einzeln, langgestielt, ziemlich groß, teils zwitterig, teils männlich. Krone meist achtblätterig, milchweiß. Nüßchen zahlreich, nußartig und einsamig, durch den federigen, silberglänzenden Griffel geschwänzt. – Blüht vom Mai bis August. – In der Schweiz geschützt.

Sehr häufig und dichte Teppiche bildend in Schuttkaren und an felsigen Abhängen, auf Moränenhalden und Schwemmböden; auf trockenen bis frischen, kalkreichen Rohböden, aber auch auf Alpenhumus in Zwergstrauchheiden. Als Erstbesiedler des Kalkschuttes von hohem aufbauendem Wert für Polsterseggenmatte und Blaugras-Horstseggenflur, in niedrigeren Lagen für den erikareichen Bergföhrenwald. Von 1200–2500 m, mit den Flüssen oft weit herabsteigend (an der Isar bis München). – Pyrenäen, Auvergne, Jura, Alpen, Apennin, Karpaten, Balkanhalbinsel; nördliches und arktisches Eurasien bis Alaska und Grönland. Nahe verwandte Rassen im Kaukasus, in Japan und Nordamerika. Insgesamt amphiarktisch-alpin.

Die leicht kenntlichen Blätter finden sich in Mitteleuropa häufig fossil in eiszeitlichen Ablagerungen („Dryastone").

Tafel 17

Fig. 1. Potentílla aúrea L., *Gold-Fingerkraut.*

4–35 cm hoch. Wurzelstock dick, zahlreiche aufsteigende, wenigblütige und etwas behaarte Stengel treibend. Grundständige Blätter gefingert, meist fünf-, seltener siebenzählig. Blättchen länglich-verkehrt-eiförmig, meist nur vorn scharf gesägt, am Rande und unterseits auf den Nerven glänzend seidenhaarig. Blüten goldgelb, am Grunde fast orangefarbig. Außenkelch und Kelch fast gleichlang, behaart, am Rande bewimpert. – Blüht vom Juni bis September.

Sehr verbreitet und häufig auf kurzrasigen Wiesen und steinigen Matten, über vielfach kalkarmem Substrat auf dichten, sauer-humosen Lehmböden. In Borstgrasmatten und Krummseggenrasen, Schwingelfluren und Horstseggentreppen, in Weidenspalieren und Alpenrosengestrüpp; von (350–) 1300–2600 (–3255) m. – Gebirge von Nordspanien, Pyrenäen, Jura, Alpen und Voralpen, Schwarzwald, Sudeten, Karpaten; Apennin, Balkanhalbinsel, Kleinasien. Süd-mitteleuropäische Gebirgspflanze.

Das ähnliche, aber durch zottig-abstehende (nicht seidige) Behaarung und breitere Nebenblätter ausgezeichnete Zottige Fingerkraut (*Potentílla crántzii* [Cr.] Beck) besiedelt gern etwas kalkreichere, trockenere, exponierte Standorte (Nacktriedtrift, Silberwurzspalier) und ist in den Alpen, vor allem in den zentralen und westlicheren Teilen, verbreitet. Amphiarktisch-alpin.

Fig. 2. Potentílla grandiflóra L., *Großblütiges Fingerkraut.*

Stattliche, bis 35 cm hohe Pflanze, mit bogenförmig aufsteigenden Stengeln. Blätter gefiedert, dreizählig, beiderseits grün und anliegend behaart; Blättchen verkehrt-eiförmig, am Rande jederseits mit 3–7 ziemlich breiten Zähnen. Blattstiele kurz, abstehend behaart. Blütenstengel drei- bis zehnblütig. Blätter des Außenkelches linealisch, zugespitzt, so lang oder kürzer als die Kelchblätter. Krone meist ziemlich groß, dottergelb. Staubblätter 20. – Blüht im Juli und August.

Verbreitet und stellenweise häufig an sonnigen, felsigen Hängen und begrasten Bergrippen, auf mageren Matten und trockeneren Hochstaudenwiesen, auch in Felsspalten und Zwergstrauchheiden, auf schwach basischen bis mäßig sauren Böden über meist kalkarmem Gestein. Oft an Südhängen in Fels- und Buntschwingelfluren, in Horstseggentreppen und Borstgrasmatten von (700–) 1600–3000 m. – Pyrenäen, Alpen (fast ausschließlich in den zentralen und südlichen Teilen von den Seealpen bis in die Dolomiten und Tauern; fehlt in den nördlichen Kalkalpen von Bayern und Österreich). Süd-mitteleuropäische Gebirgspflanze (westlich).

Fig. 3. Potentílla nítida L., *Dolomiten-Fingerkraut.*

Silberklee, Silberraute (Kärnten).

Dichte, silbergraue Rasen bildender Spalierstrauch. Grundständige Blätter meist dreizählig; Blättchen beiderseits filzig seidenhaarig, grauschimmernd. Nebenblätter groß, geöhrt. Stengel kurz, meist einblütig. Kronblätter breit-verkehrt-eiförmig, ausgerandet, doppelt so lang wie die Kelchblätter, prächtig rosarot, selten weiß. Blütenboden weißzottig. Nüßchen lang behaart. – Blüht vom Juni bis August.

Ziemlich selten, jedoch oft größere Flächen überziehend an sonnigen Felsbändern und Geröllhalden, nur auf basischen Substraten (Kalk und Dolomit). In offenen, fragmentarischen Polsterseggen- und Blaugrastriften, an Felsen oft in Gesellschaft anderer Spalierbildner wie Alpenbärentraube, Stengelfingerkraut und Silberwurz, von (1200–) 1700–3160 m. – Apennin; vereinzelt und isoliert in den Südwestalpen, zusammenhängend und häufig vom Comer See bis in die Steiner Alpen. Submediterrane Gebirgspflanze **(Karte 20)**.

Tafel 17

Fig. 4. Potentílla cauléscens L., *Vielstengeliges Fingerkraut.*

10–30 cm hoch. Grundachse dick, mit aufsteigenden, behaarten, die Blätter überragenden Stengeln. Grundständige Blätter gefingert, fünfzählig, gestielt, Blättchen vorn gestutzt, mit 3–7 ungleichen Zähnen, keilförmig verschmälert, behaart und am Rande seidig bewimpert. Untere Nebenblätter linealisch und lang zugespitzt, obere lanzettlich-eiförmig. Stengel vielblütig, oft etwas überhängend. Kronblätter länglich-verkehrt-eiförmig, gestutzt oder ausgerandet, weiß, etwas länger als der Kelch. Staubblätter 20, dicht behaart. Nüßchen dicht langhaarig. – Blüht vom Juli bis September.

Ziemlich verbreitet und häufig an steilen Felswänden, in Runsen und Spalten (gelegentlich auch in Mauerritzen), auf schwer verwitterndem, kalkreichem Gestein. Bezeichnende Art einer subalpinen Kalkspaltengesellschaft von ca. 900–2400 m. Tief in die Täler herabsteigend, vereinzelt noch in Flußschluchten des Vorlandes. – Spanische Gebirge bis zum Atlas, Pyrenäen, Cevennen, Jura, Alpen (in den Nordalpen vor allem in den nach Süden offenen Föhntälern; fehlt in den reinen Silikatmassiven), Balkanhalbinsel. Submediterrane Gebirgspflanze.

Sibbáldia procúmbens L., *Alpen-Gelbling.*

2–4 (–20) cm hohe, rasenbildende Halbrosettenstaude mit meist niederliegenden Stengeln. Rosettenblätter gestielt, dreizählig, Blättchen verkehrt-eiförmig, vorne dreizähnig, oberseits graugrün, unterseits hellgrün. Blüten in armblütiger Trugdolde, unscheinbar. Kelchblätter eiförmig, 3–4 mm lang, Außenkelchblätter schmaler und kleiner. Kronblätter lanzettlich, 1–2 mm lang, gelbgrün, hinfällig. Staubblätter und Fruchtblätter meist 5. – Blüht vom Juni bis August.

Verbreitet und häufig an lange schneebedeckten, vom Schmelzwasser überschwemmten Flächen und Vertiefungen („Schneetälchen"), auf frischem Fein- und Grobschutt, auch in Felsspalten, auf sauren, kalkarmen oder ausgelaugten, feuchten Ton- und Humusböden. Auf Krautweidenböden, in feuchten Krummseggentriften, Borstgras- und Violettschwingelmatten von (1350–) 2000–3300 m. – Sierra Nevada, Pyrenäen, Apennin, Südjura, Alpen (vor allem in den zentralen Teilen), Vogesen, Kaukasus, Ararat; subarktisches und arktisches Europa, Grönland. Mit Einschluß nahe verwandter Sippen amphiarktisch-alpin(-kontinental).

Fabáceae (Papilionáceae). Schmetterlingsblütler

Pflanzen mit meist kräftiger Hauptwurzel. Wurzeläste sehr oft mit kleinen Bakterienknöllchen besetzt (Stickstoffsammler!). Blätter in der Regel gefiedert oder dreizählig. Nebenblätter meist vorhanden. Blüten schmetterlingsartig, in Köpfchen oder Trauben stehend. Kelch verwachsenblätterig, fünfzipfelig. Krone fünfblätterig, mit großer, nach oben gerichteter „Fahne", seitlichen, schmäleren „Flügeln" und aus 2 Kronblättern verwachsenem „Schiffchen" oder „Kiel". Staubblätter 10, oft 9 zu einer Röhre verwachsen, das zehnte, oberste, frei. Fruchtknoten oberständig, einfächerig, innerhalb der Staubfadenröhre im Schiffchen liegend. Hülse trockenhäutig, meist in 2 Klappen aufspringend, vielbis einsamig, oder gegliedert. Nährstoffreiche, vielfach an basische Böden gebundene Futterpflanzen.

Fig. 5. Trifólium bádium Schreber, *Braun- oder Goldklee.*

10–25 cm hoch, mehrjährig. Stengel niederliegend oder aufsteigend, stielrund, oberwärts angedrückt behaart, locker beblättert. Blätter dreizählig, langgestielt, mit zwei dem Blattstiel angewachsenen, eiförmig zugespitzten Nebenblättern. Blättchen eiförmig oder elliptisch, vorn abgerundet oder ausgerandet, gezähnelt. Blütenköpfchen meist endständig, einzeln oder zu zweien, langgestielt, zuerst kugelig, später oval. Einzelblüten kurzgestielt, während der Blütezeit aufgerichtet und goldgelb, später herabgeschlagen und lebhaft kastanienbraun werdend. – Blüht vom Juni bis August.

Sehr häufig und verbreitet auf fetten Wiesen und Rasenlägern, auf feuchten Kiesschwemmböden und Erdabrissen, auf frischen, nährstoffreichen, basischen bis neutralen Böden. In überdüngten Milchkrautweiden und Goldhaferwiesen, auch in offenen Rostseggen- und Blaugrashalden von etwa 1100–2200 (–3100) m, zuweilen herabgeschwemmt. – Pyrenäen, Südjura, Alpen (vor allem in den kalkreicheren Gebieten), Karpaten, Apennin; etwas abweichend in Illyrien und den nördlichen Balkanländern. Süd-mitteleuropäische Gebirgspflanze.

Fig. 6. Trifólium praténse L. var. **frigidum** Gaudin, *Schneeweißer Alpenklee.*

5–15 cm hoch. Wurzelstock rosettenartige Seitentriebe bildend; letztere niederliegend oder bogig aufstrebend, oft ziemlich reichlich behaart. Blütenköpfchen bis 3 cm dick, sehr reichblütig, sitzend, zumeist schmutzig- oder gelblichweiß, seltener auch rötlich. – Blüht im Juli und August.

Verbreitet und ziemlich häufig auf sonnigen Mähdern, auf Weiden und Rasenlägern, auch in feuchtem Geröll, auf basischen bis schwach sauren Böden. In ähnlichen Gesellschaften wie die vorhergehende Art von etwa 1800–3150 m. – Pyrenäen, Auvergne, Alpen, südeuropäische Gebirge. Für Nordeuropa fraglich. Wohl süd-mitteleuropäische Gebirgspflanze.

Der schneeweiße Alpenklee stellt eine alpine Rasse des gewöhnlichen Rotklees der Ebene (*Trifólium praténse* L. var. *praténse*) dar.

Fig. 7. Trifólium alpínum L., *Echter Alpenklee.*

Hahneplampe (Schweiz), *Pè da giallina, Zampa di galina* (Graubünden).

Hauptwurzel kräftig, bis 1 m lang. Oberirdischer Stengel fehlend. Blätter dreizählig, ziemlich langgestielt, kahl; Blättchen lineal-lanzettlich, fast ganzrandig. Nebenblätter am Blattstiel zu einer langen Scheide verwachsen. Blütenköpfchen drei- bis zwölfblütig, langgestielt, die Blätter überragend. Einzelblüten sehr groß, etwa 2 cm lang, deutlich gestielt, prächtig fleisch- oder purpurrot, nach dem Verblühen zurückgeschlagen, bei sonnigem Wetter fein duftend. Hülse ein- bis zweisamig. – Blüht vom Juni bis August.

Häufig und vielfach bestandbildend auf Alpenmatten und Weiden, auf nährstoffreichen, tiefgründigen, sauren Böden über meist kalkarmem Substrat. Auf südexponierten, humosen Borstgrasmatten, in Rispengras-Fettwiesen und Krummseggenfluren von (980–) 1600–3100 m. – Asturien, Pyrenäen, Apennin, Alpen (von den Seealpen bis in die westlichen Tauern; fehlt in den nördlichen Kalkalpen von Österreich und Bayern, ebenso in den südlichen ostwärts von Sexten), Siebenbürgen. Süd-mitteleuropäische Gebirgspflanze.

Anthýllis vulnerária L. ssp. **alpéstris** A. et Gr., *Alpen-Wundklee.*

Muttergottesschühlein, Frauenkäppli, Hennakralln (Tirol), *Bärenpratzen* (Oberbayern), *Bärntatzen* (Kärnten), *Katzenbratzerl* (Oberösterreich), *Vogelchlee* (St. Gallen), *Hasenklee* (Wallis), *Herreschüeli* (Aargau), *pégaglina, brancas* (Graubünden).

Stengel meist kurz, gedrungen. Blätter kahl, fleischig, untere ungeteilt, elliptisch, obere gefiedert; Hochblätter fingerig. Kelch groß, bauchig, häutig, zottig, weißlich (trocken aschgrau); Krone weißlich- bis goldgelb. Hülse einsamig, in den Kelch eingeschlossen. – Blüht vom Mai bis August.

Weit verbreitet und häufig in trockenen bis frischen Wiesen, an Felsbändern und Schutthalden, auf basischen bis mäßig sauren, vielfach kalkreichen Böden. Meist in Trockenrasengesellschaften, vor allem in Blaugrasbeständen von (800–) 1200–3000 m. – Alpin, die auch in der Ebene verbreitete Gesamtart süd-mitteleuropäisch.

Tafel 18

Fig. 1. Astrágalus frigidus (L.) A. Gray, *Gratlinse.*

20–40 cm hoch; Stengel aufrecht, kahl, am Grunde braune, häutige Niederblätter tragend. Blätter meist vier- bis fünfpaarig gefiedert; Fiederblättchen eiförmig, stumpf, vorne mit kleinem Spitzchen, oberseits dunkel-, unterseits hellgrün. Nebenblätter groß, frei, blattartig, bleichgrün. Blütentrauben end- oder seitenständig, gelblichweiß. Frucht länglich, schwach aufgeblasen, rauhhaarig. – Blüht im Juli und August.

Nicht sehr häufig in mageren Rasen steiler Hänge und Grate, an Felsbändern, auf mineralkräftigen, neutralen bis schwach sauren, mäßig kalkhaltigen, humosen Lehm- und Steinböden. In Horst-, Rost- und Polsterseggenrasen, in Nacktried- und Schwingeltriften von 1500–2700 m. – Alpen (vom Dauphiné bis Niederösterreich und Kroatien), Karpaten; arktisches Europa, Nord- und Mittelasien, Nordamerika. Amphiarktisch-alpin (-kontinental).

Fig. 2. Oxýtropis jacquínii Bunge, *Gebirgs-Spitzkiel.*

5–40 cm hoch, meist deutlich gestengelt, spärlich behaart. Blättchen eilanzettlich, spitz, bläulichgrün, bis zwanzigpaarig. Blütenstand bis zwanzigblütig, dicht. Kelchzähne sehr kurz dreieckig, dunkel kurzhaarig. Krone purpurviolett (getrocknet blau) mit zahnartigem Spitzchen am Kiel. Hülsen schmal-eiförmig, locker kurzhaarig, auf langem, den Kelch oft überragendem Stiel. – Blüht im Juli und August.

Ziemlich verbreitet auf Schutthalden, Moränen und Schwemmböden, an südexponierten Abwitterungshalden und in offenen, ausgesetzten Rasenbeständen auf basischen, kalkreichen Böden. In fragmentarischen Blaugras-, Horst- und Polsterseggenmatten, seltener in Täschelkrauthalden von 1500–2700 m. – Nur in den Alpen (von der Grande Chartreuse ostwärts, vor allem in den Nordalpen bis zum Wiener Schneeberg, seltener in den Zentral- und Südalpen bis Eisack und Dobratsch). Nahe verwandte, jedoch meist stengellose Sippen mit längeren Kelchzähnen und kürzerem Hülsenstiel in den übrigen Kalk- und Kalkschiefergebieten der Alpen sowie in den nordspanischen Gebirgen, Pyrenäen, im Apennin, Illyrien und in den Südwestkarpaten. Mit Einschluß dieser Sippen südmitteleuropäische Gebirgspflanze **(Karte 21).**

Fig. 3. **Oxýtropis campéstris** (L.) DC., *Alpen-Spitzkiel.*

Pflanze 5–15 cm hoch, horstartig. Oberirdische Laubsprosse gestaucht, die Laubblätter und Blütenstände daher alle grundständig. Blätter graulichgrün, behaart, mit meist 10–12 Fiederblattpaaren. Blütenköpfe langgestielt, zehn- bis achtzehnblütig, weißlich bis gelblich, bei nahe verwandten Sippen auch blaugefleckt bis hell blaulila. Kelchröhre mit kürzeren, schwärzlichen und mit längeren, weißen Haaren. Hülsen aufrecht, stark, gedunsen. – Blüht im Juli und August.

Ziemlich verbreitet und stellenweise häufig an windexponierten Halden und Graten, auf offenen Magerwiesen und trockenen Weiden, auch in Schutt und Kies auf basischen bis schwach saueren Böden. In Blaugras-Horstseggen-Halden, in Polsterseggen- und Nacktriedfluren von 1800–3020 m, vielfach, besonders auch mit den Alpenflüssen, herabsteigend. – In mehreren Rassen: Pyrenäen, Alpen (in den Nordalpen ostwärts bis ins Lechgebiet; fehlt in Bayern), Illyrien, Karpaten; Nordeuropa, Nordasien (südlich bis Transkaukasien und Altai), boreales Nordamerika. Amphiarktisch-alpin(-kontinental).

Fig. 4. **Coronílla vaginális** Lam., *Umscheidete Kronwicke.*

10–25 cm hoch. Stengel im unteren Teile verholzend, ausgebreitet und reichlich verzweigt. Laubblätter b l ä u l i c h g r ü n , sehr k u r z g e s t i e l t , meist neunpaarig; Fiederblättchen verkehrt-eiförmig, h e l l r a n d i g , Nebenblätter von der Größe der Fiederblättchen, blaß, zusammengewachsen und den Stengel scheidenartig umfassend. Blütenstand vier- bis achtblütig, langgestielt. Blüten leuchtend gelb, etwas rot gestreift. Gliederhülsen nickend, gerade, die einzelnen (3–8) Glieder einsamig und schwach vierflügelig. – Blüht vom Mai bis Juli.

Ziemlich verbreitet und stellenweise häufig auf schwach berasten Schottern, auf Abwitterungshalden und Heidewiesen, auch in lichten Nadelwäldern, nur über basischem, kalkreichem Substrat. In Blaugrashalden und Burstwiesen, im erikareichen Föhren- und Spirkenwald von der Ebene bis 2230 m. – Alpen (fehlt in den Silikatmassiven) und Alpenvorland, gesamter Jura, vereinzelt in Thüringen, Harz, Nordböhmen; Apennin, Illyrien. Submediterran.

Die gesperrt gedruckten Eigenschaften unterscheiden diese Art von dem sonst recht ähnlichen, in den Alpen ebenfalls verbreiteten Hufeisenklee (*Hippocrépis comósa* L.), der nach den hufeisenförmigen Gliedern seiner Hülse benannt ist.

Fig. 5. **Astrágalus alpínus** L., *Alpen-Tragant.*

7–25 cm hoch. Stengel ausgebreitet, liegend oder aufsteigend, locker beblättert. Blätter gefiedert, sieben- bis zwölfpaarig. Nebenblätter eiförmig, häutig. Blütentraube fünf- bis fünfzehnblütig, viel länger als das Blatt. Blüten weiß und violett gescheckt. Flügel stumpf; Schiffchen fast so lang wie die Fahne, ohne Spitzchen am Vorderende. Hülsen länglich, hängend, rauhhaarig, reif verkahlend. – Blüht im Juli und August.

Verbreitet, jedoch meist vereinzelt auf mageren Wiesen und Weiden, auf etwas humosen, kalkhaltigen Steinböden. In Blaugras-Horstseggen-Halden und Nacktriedtriften von 1500–2800 m, mit den Bächen oft weit herabsteigend. – Pyrenäen, Alpen (fehlt in Ober- und Niederösterreich), Karpaten, Kaukasus, Himalaja; subarktisches und arktisches Eurasien. Eurasisch-arktisch-alpin.

Fig. 6. **Hedýsarum hedysaroídes** (L.) Schinz et Thell., *Alpen-Süßklee.*

Blauer Hutten (Salzburg), *Bergerbsli, Wildi Äschbersetta* (Schweiz).

5–25 (–60) cm hoch, Stengel aufrecht oder aufsteigend, reich beblättert, unverzweigt, mit braunen Niederblättern besetzt. Blätter unpaarig gefiedert. Fiederblättchen 11–19, eiförmig bis lanzettlich, ganzrandig, kahl, oberseits dunkelgrün, unterseits hellgrün. Nebenblätter verwachsen. Blütentraube reichblütig (12–50 Blüten), endständig und einseitswendig. Blüten prächtig purpurrot, meist hängend. Hülsen plattgedrückt, in 1–4 rundliche, einsamige Glieder zerfallend. – Blüht im Juli und August.

Ziemlich verbreitet, aber vereinzelt an Felsbändern, in sonnigen, exponierten Magerrasen und Spalierstrauchteppichen, in hochrasigen Wildheuplanken, auf schwach basischen bis neutralen Kalksteinböden. In Blaugras- und Horstseggenhalden, Polsterseggen- und Nacktriedtriften, seltener in Hochstaudenfluren von (600–) 1700–2880 m. – Pyre-

1
2
4
5
3
6
7
8
C kop.

näen, Alpen, Sudeten, Karpaten, Kleinasien, Armenien, Kaukasus; nächstverwandte Sippen in Nord- und Mittelasien und im arktischen Nordamerika. Amphiarktisch-alpin (-kontinental).

Geraniáceae. Storchschnabelgewächse

Geránium silváticum L., *Wald-Storchschnabel*.

Hummelchrut, Weidblüemli, Hungerchrut, Alesechrut, Wild Granium (Schweiz).

30–70 cm hohe, oberwärts drüsige Halbrosettenstaude. Blätter bis fast zum Grund in 5–7 rhombische, grobgezähnte Lappen geteilt. Nebenblätter spitz, rotbraun. Blütenstand reichblütig, Blüten fünfzählig, groß, radförmig, rotviolett. Kelchblätter frei, mit abgesetzter Granne. Staubblätter 10, Fruchtknoten oberständig, Griffel mit 5 Narben. Frucht in 5 kurzzottige Teilfrüchtchen mit langen, sich einrollenden Schnäbeln zerfallend. – Blüht vom Juni bis August.

Sehr verbreitet und herdenweise in lichten, kräuterreichen Bergwäldern und Gebüschen, auf fetten Wiesen und Lägern, über jeder Unterlage auf nährstoffreichen, frischen, mildhumosen Ton- und Lehmböden. Vornehmlich in den subalpinen Hochstauden- und Karfluren (Alpendost- und Meisterwurzfluren), in Goldhaferwiesen, in Grau- und Grünerlen-, Legföhren- und Alpenrosen-Gebüschen von der Talsohle bis 2500 m. – Mittel- und südeuropäische Gebirge und deren Vorländer, Nordeuropa, mittel- und nordasiatische Gebirge; nächstverwandte Sippen in Ostasien und Nordamerika. Amphiboreal-montan.

Der wichtigste Vertreter der Stechpalmengewächse (Aquifoliáceae) ist die *Stechpalme* (**Ilex aquifólium** L.), ein Strauch oder kleiner Baum mit immergrünen, harten, stechenden Blättern, kleinen, weißen Blüten und roten Beeren. Als Unterholz besonders in Laubmischwäldern, bis 1800 m ansteigend. Atlantisch-mediterran. – Teilweise *geschützt!* (Naturschutztafel A).

Cistáceae. Zistrosengewächse

Fig. 7. Heliánthemum alpéstre (Jacq.) DC., *Alpen-Sonnenröschen.*

Niedriger, bis 12 cm hoher Halbstrauch mit gegenständigen, lanzettlichen, kahlen oder borstigen Blättern. Nebenblätter fehlen. Blüten strahlig, fünfzählig, leuchtend gelb. Staubblätter zahlreich, Fruchtknoten oberständig. Frucht eine dreiklappige, vielsamige Kapsel. – Blüht vom Juni bis August.

Ziemlich häufig und verbreitet an Geröllhalden und Felsbändern, auf sonnigen, steinigen Matten, in Gebüschen und Zwergstrauchheiden, nur auf basischem, kalkreichem Substrat. Als Schuttüberkriecher und Berasungspionier in offenen Blaugras-, Horst- und Polsterseggenhalden, im Silberwurzspalier und Krummholz von (200–) 1000–2950 m. – Pyrenäen, Alpen, Apennin, Karpaten, nördliche Balkanhalbinsel. Süd-mitteleuropäische Gebirgspflanze.

Ebenfalls in den Alpen verbreitet sind sehr großblütige Sippen des mit Nebenblättern ausgestatteten Gemeinen Sonnenröschens (*Heliánthemum nummulárium* [L.] Miller).

Empetráceae. Rauschbeerengewächse

Fig. 8. Émpetrum nígrum L., *Schwarze Rausch- oder Krähenbeere.*

Weinbeerln (Unterinntal), *Stoanhadach* (Kärnten), *Gamsbeere* (Oberösterreich), *Durstberi, Hirte(n)beri, Vinégia, Murettas* (Graubünden), *Buebebeer* (Wallis).

Teppichbildender, reich verzweigter und dicht beblätterter, wintergrüner Zwergstrauch von heidekrautartigem Aussehen. Blätter wechselständig, mit stark eingerollten Rändern, daher nadelartig, glänzend, weiß gekielt. Blüten bei uns meist einhäusig, unscheinbar, dreigliedrig, getrenntblättrig, hell- bis dunkelrosa. Staubblätter 3, purpurn; Fruchtknoten oberständig, sechs- bis neunfächerig mit zerschlitzten Narbenstrahlen. Frucht eine schwarze, kugelige Steinbeere, bei uns bitter, im Norden wohlschmeckend. – Blüht im Mai und Juni.

Ziemlich häufig und oft bestandbildend an schneereichen, vielfach nordexponierten Hängen, auf lockeren Moränen- und Feinschuttböden, auch in lichten Wäldern, auf sauren (über Kalk nur auf ausgelaugten), frischen Rohhumusböden. Bezeichnendes Glied der versäuerten alpinen Zwergstrauchheiden, meist mit Heidel-, Preißel- und Rauschbeeren, mit Alpenrosen und Alpenazaleen vergesellschaftet, von (900–) 1700–3040 m. – In einer abgeleiteten Rasse (*Émpetrum hermaphroditum* [Lge.] Hag.) in den Alpen verbreitet, selten in der Arktis; die Stammart vor allem in den nördlicheren Regionen. Amphiboreal-montan.

Violáceae. Veilchengewächse **Tafel 19**

Krautartige Pflanzen mit wechselständigen, ungeteilten Blättern. Nebenblätter oft stark zerteilt. Blüten dorsiventral, achselständig. Kelchblätter 5, am Grunde oft mit einem häutigen Anhängsel. Kronblätter 5; das vordere in einen Sporn verlängert. Fruchtknoten oberständig. Kapsel dreiklappig, aufspringend, vielsamig.

Fig. 1. Víola biflóra L., *Gelbes Veilchen.*

Almveigl (Kärnten), *Bergviönli* (St. Gallen), *Gälbs Viseli, Spitzes Stiefmieterli* (Bern).

8–12 cm hoch. Wurzelstock mehrere Blütenstengel und wenige grundständige Blätter treibend. Stengel sehr zart, meist zweiblätterig, ein- oder zweiblütig. Blätter nierenförmig, gekerbt. Nebenblätter eiförmig, ganzrandig. Kelchblätter spitz, lanzettlich. Kronblätter gelb, am Grunde bräunlich gestreift, abstehend, mit geradem, kurzem Sporn. – Blüht vom Mai bis August.

Häufig und gesellig an schattigen, humosen, lang schneebedeckten Stellen, im Bergwald, im feuchten Geröll, in Schluchten und Spalten, auf jeder Unterlage. Im Grünerlenbusch, in lichten Nadelwäldern, in Hochstaudenfluren und Kalkspaltengesellschaften, von den Tälern bis 3000 m. – Katalonien, Pyrenäen, Südjura, Alpen, Sudeten, Karpaten; Italien, nördliche Balkanhalbinsel, Kaukasus; asiatische Gebirge bis Japan; nördliches Eurasien und Nordamerika. Amphisubarktisch-alpin.

Fig. 2. Víola calcaráta L., *Langsporniges Veilchen.*

Bergvijeli, Bergviönli, Bergilge (Bern), *Lilie(n)* (Wallis), *Viólas d'alp* (Graubünden).

4–10 cm hoch. Stämmchen kriechend, fadenförmig. Stengel einblütig, am Grunde locker beblättert. Blätter gekerbt, eiförmig oder die oberen bis lanzettlich. Nebenblätter fiederspaltig. Kelch mit großen Anhängseln. Blüten groß, meist einzeln, in der Regel dunkelviolett, zuweilen auch gelb, weiß oder in zusammengesetzten Farben. Sporn so lang wie die Kronblätter, 8–15 mm lang. – Blüht vom Juni bis August. – *Geschützt!*

Stellenweise, aber gesellig auf kurzrasigen, offenen Weiden und im ruhenden Felsschutt auf basischen bis neutralen Böden. In Blaugrashalden, Täschelkrautfluren und Gletscherweidenspalieren, in den Südwestalpen auch in den saureren Borstgras- und Krummseggenrasen, von 1600–3000 m. – In mehreren Rassen von den Seealpen bis zum Südjura, ins Lech- und oberste Etschgebiet; die fast stets gelb blühende ssp. *zoysii* (Wulfen) Merxm. von den Karawanken bis Illyrien. Unter Einschluß nahe verwandter Sippen süd-mitteleuropäische Gebirgspflanze.

Thymelaeáceae. Seidelbastgewächse

Fig. 3. Dáphne striáta Tratt., *Steinröschen, Alpenflieder.*

Bergspika, Steinröserl, Wilde Nagelen, Jochnägele (Tirol), *Bergnägele* (Allgäu), *Almrausch* (Oberbayern).

Zierlich verästelter, 5–35 cm hoher Zwergstrauch. Blätter dünn-ledrig, linealisch-keilförmig, stumpflich, Blüten endständig, zu 8–12 gebüschelt, fast sitzend, kahl, rosa, fein gestreift, wohlriechend. Tragblätter eiförmig, spitz, kürzer als die Blüte. Staubbeutel 8, in der Blütenröhre fast sitzend. Beeren länglich, orangerot, zuletzt bräunlich. – Blüht vom Mai bis August. – *Giftig! Geschützt!*

Ziemlich häufig und gesellig in lichten Nadelwäldern, in sonnigen Legföhrengebüschen und Zwergstrauchheiden, in Trockenrasenbeständen und auf Gesteinsschutt, auf basischen bis sauren Böden, gern über Kalk. Im lärchen- und erikareichen Bergföhrenwald, in Blaugras-Horstseggen-Halden und Buntschwingelfluren von 1500–2870 m. – In den Ostalpen vom Vierwaldstätter- und Langensee bis Inn und Eisack und durch die südöstlichen Kalkalpen bis in die Steiner Alpen. Sehr vereinzelt im Wallis, wieder häufiger in Savoyen und den Hautes Alpes. Alpin.

Onagráceae. Nachtkerzengewächse

Fig. 4. Epilóbium fleischéri Hochst. (= Chamaenérion fleischéri [Hochst.] Fritsch), *Fleischers Weidenröschen.*

10–40 cm hoher Halbstrauch mit aufsteigenden, buschigen, reich beblätterten Stengeln. Blätter wechselständig, lineal, sitzend. Blütentraube kurz, mit 5–10 langgestielten großen Blüten. Kelchblätter purpurrot; Kronblätter 4, verkehrt-eiförmig, hellpurpurn. Staubblätter 8. Griffel dick, kurz, Narbe vierteilig. Fruchtknoten unterständig. Frucht eine vierklappig aufspringende Kapsel mit vielen haarschopfigen Samen. – Blüht vom Juli bis September.

Zerstreut und truppweise in offenen Kies- und Schotterfluren, auch auf Moränen, auf mineralkräftigen, basischen bis sauren Rohböden. Bezeichnende Art der Tamariskenauen von der Talsohle bis 2530 m. – Alpen, östlich bis Bregenz, Innsbruck, Brenta, Küstenland. In Bayern sehr selten und nur im Allgäu. Alpin (westlich).

Apiáceae (Umbellíferae). Doldenblütler

Meist Stauden mit wechselständigen, am Grunde scheidenartig umfassenden, meist zusammengesetzten Blättern. Blütenstand doldenartig oder durch Schwinden der Blütenstiele kopfig. Blüten meist radiär. Kelch unscheinbar. Kronblätter 5, weiß, gelb oder rötlich, klein. Staubblätter 5, Fruchtknoten unterständig, mit 2 freien Griffeln. Frucht eine zweiteilige Spaltfrucht, jede Hälfte einsamig, ölhaltig.

Fig. 5. Astrántia mínor L., *Kleine Sterndolde.*

15–40 cm hoch. Grundständige Blätter langgestielt, fingerförmig zerschnitten, mit schmallanzettlichen Abschnitten; oberste Blätter dreiteilig, mit langem Mittelzipfel. Blüten in 2–4 einfachen Dolden. Hüllblätter zugespitzt, weiß, am Rücken meist rot gefärbt, etwa so lang wie die Dolden. Kelchzähne eiförmig. Kronblätter weiß. Frucht mit gezackten Rippen. – Blüht im Juli und August.

Ziemlich verbreitet und gesellig auf steinigen Weiden, in Gebüschen und Zwergstrauchheiden, auch an Felsgesimsen, auf meist sauren Böden. In Grünerlen- und Alpenrosengebüschen, auf Krummseggen- und Schwingeltriften von 1300–2700 m. – Pyrenäen, Zentralmassiv, Alpen (vor allem in den zentralen und südlichen Massiven, von den Seealpen bis Südtirol). Fehlt in Bayern und Österreich.

In den Ostalpen finden sich die sehr ähnlichen, etwas breiterblätterigen Parallelarten *Astrántia bavárica* F. Schultz (zwischen Isar und Inn; südöstlich von Isonzo und Drau) und *Astrántia carniólica* Wulf. (Südostalpen, Illyrien). Süd-mitteleuropäische Gebirgspflanzen **(Karte 22)**.

Erýngium alpínum L., *Alpen-Mannstreu.*

Ausdauernd, 30–80 cm hoch, kahl, distelähnlich. Stengel ein- bis mehrköpfig, aufrecht. Grundblätter langgestielt, ungeteilt, eiförmig-dreieckig, ungleich gesägt, langgrannig; die oberen dreilappig bis handförmig-fünfspaltig, grannig-gesägt. Blütenstand kopfig, amethystblau überlaufen. Hüllblätter fiederig-vielspaltig, langborstig, stechend-gesägt, länger als das zylindrische Köpfchen. Kelchzähne 5, begrannt, länger als die weiße Krone. Frucht verkehrt-eiförmig, schuppig. – Blüht vom Juli bis September. – *Geschützt!*

Ziemlich selten, aber gesellig in Kar- und Hochstaudenfluren, auf fetten Wildheuplanken, über kalkreichem Gestein. In hochgrasigen kräuterreichen Rostseggenrasen und im lockeren Legföhrengebüsch von 1500–2500 m. – Von den Seealpen und vom Hochjura mit großen Verbreitungslücken bis Illyrien (in den Nord- und Zentralalpen ostwärts bis zum Rhätikon und Graubünden). Alpin.

Fig. 6. Bupleúrum ranunculoídes L., *Hahnenfuß-Hasenohr.*

Mäuseöhrli (Berner Oberland), *Orecchio di lepre* (Tessin).

6–50 cm hoch. Stengel aus dicker Grundachse aufrecht, beblättert. Grundblätter einfach, lanzettlich, lang zugespitzt, allmählich in den Blattstiel verschmälert; obere Blätter am Grunde meist breiter. Dolde drei- bis fünfzehnstrahlig, mit 2–4 ungleichen Hüllblättern. Hüllchenblätter meist 5. Blüten dunkelgelb. – Blüht im Juli.

Zerstreut und vereinzelt an trockenen, sonnigen Felsen und Hängen, auf Wildheumähdern und im Ruhschutt, auf basischen bis schwach sauren Böden. In Blaugras-Horstseggen-Halden, auch in Polsterseggenmatten und Trockenrasengesellschaften von (500–) 1400–2800 m. – Pyrenäen, Jura, Alpen (in Bayern nur im Allgäu und bei Reichenhall), Karpaten; Apennin, Illyrien; Sibirien, Alaska. Eurasisch-alpin.

Fig. 7. Ligústicum mutéllina (L.) Crantz, *Alpen-Mutterwurz.*

Madaun (Vorarlberg), *Mardun* (Allgäu), *Muttere, Mutteri, Muttrene* (Schweiz).

10–50 cm hoch, gewürzhaft riechend. Stengel wenigästig und -blätterig. Blätter dreieckig, zwei- bis dreifach gefiedert, größtenteils grundständig, mit häutigen Scheiden. Dolden 1–3, klein bis mittelgroß, sieben- bis zehnstrahlig; Döldchen reichblütig. Hülle meist fehlend, Hüllchenblätter 3 bis mehrere, Kronblätter weiß oder öfters rosa bis purpurn. – Blüht vom Juni bis August.

Häufig und gesellig auf frischen Wiesen und Weiden, in Hochstaudenfluren und an Feinschutthalden, auf mild-humosen, meist kalkhaltigen Böden. In Goldhaferfettmatten und Milchkrautweiden („Mutternwiesen"), in Gletscherweidenspalieren und Grünerlengebüschen; in einer westlicheren Form auf meist saureren Substraten, in Borstgrasmatten und feuchten Krummseggenrasen von 1500–2800 m. – Auvergne, Alpen, deutsche Mittelgebirge, Karpaten, Balkanhalbinsel. Süd-mitteleuropäische Gebirgspflanze.

Tafel 19

Ericáceae. Heidekrautgewächse **Tafel 20**

Halbsträucher und Sträucher mit ungeteilten, oft lederartigen und immergrünen Blättern. Blüten strahlig; Krone meist verwachsenblätterig, vier- bis fünfzählig. Staubblätter meist 8 bis 10, Staubbeutel sich mit Spalten oder an der Spitze mit Poren öffnend, oft mit 2 hörnchenartigen Anhängseln. Fruchtknoten gefächert, mit einem Griffel. Frucht meist eine vielsamige Kapsel oder Beere.

Fig. 1. Rhododéndron ferrugíneum L., *Rostblättrige Alpenrose.*

Echte Alpenrose (Oberbayern), *cresta tgiet, flur strieuna* (Graubünden).

Bis 1 m hoher Strauch mit wenigen, kräftigen Zweigen; unterwärts oft blattlos. Blätter derb, immergrün, elliptisch bis länglich-lanzettlich, am Rande umgerollt, nicht bewimpert; oberseits dunkelgrün, unterseits dicht mit rundlichen Drüsenschuppen besetzt, erst gelbgrün, dann rostbraun. Kelchzipfel sehr kurz, breit eiförmig. Krone trichterförmig-glockig, dunkel-purpurrot, innen behaart. Staubblätter 10, behaart. Frucht kapselig, fünfklappig aufspringend. – Blüht im Juni und Juli. – Blätter gegen Kreislaufstörungen. *Geschützt!*

Häufig und bestandbildend in lichten Wäldern, in Blockhalden, an frischen bis mäßig feuchten Hängen, auf neutralen bis sauren, vielfach tiefgründigen und humosen, kalkarmen oder ausgelaugten Böden; frostempfindlich, verlangt winterliche Schneebedeckung. Als Unterwuchs in lockeren Zirben- und Lärchenwäldern, an der Waldgrenze oft mit Heidel-, Preißel- und Krähenbeeren zu einer „subalpinen Zwergstrauchgesellschaft" vereinigt. Von (200–) 1500–2840 m ansteigend. – Pyrenäen, Jura, Alpen (am häufigsten in den silikatreicheren Massiven von den Seealpen bis Niederösterreich und Kärnten; vereinzelt auch im Vorland); Nordapennin, Illyrien. Süd-mitteleuropäische Gebirgspflanze.

Häufig trifft man an Alpenrosensträuchern lebhaft gefärbte Pilzgallen an, „Alpenrosen- oder Saftäpfel", die von einem Pilz (*Exobasídium rhododéndri* Cramer) stammen.

Fig. 2. Rhododéndron hirsútum L., *Bewimperte Alpenrose, Almrausch.*

Jochrosen, Steinrosen, Steinrösel, Melcherrosen, Schneerosen, Nebelrosen, Schinderlatschen, Zuntern, Zetten, Loderbüsch (Tirol), *Donnerrosen, Donnerbuschen* (Kärnten), *Almrausch* (Oberbayern), *Rauschkraut* (Niederösterreich, Steiermark), *Pechkraut, Lökerrösel* (Oberösterreich), *Buxbaum, Almbux, Grüner Bux, Wilder Bux, Kaswasserrosen* (Kärnten), *Oswaldstauden* (Meran), *Bergrose, Hüehnerstude, Hüehnerbluest, Heidstude, Druesnägele, Jüppe, Rafausle* (Schweiz), *grusaida, striauna* (Graubünden), *rosalei* (franz. Schweiz).

Niedriger, dicht beblätterter Strauch, mit kurzen und reichlich verzweigten Ästen. Blätter immergrün, elliptisch, freudiggrün, am Rande etwas gekerbt, von langen Haaren bewimpert; unterseits grün, mit zerstreuten braunen Drüsenschuppen. Blütenstand doldentraubig, drei- bis zehnblütig. Kelchzipfel lanzettlich, zugespitzt. Krone trichterförmig-glockig, etwas unregelmäßig, mit fünflappigem Saume, hellrot, innen behaart. Frucht kapselig. – Blüht im Juni und Juli. – *Geschützt!*

Häufig und bestandbildend an trockeneren, steinigen Hängen, an Grobschutthalden und Felsbändern, in lichten Wäldern und Gebüschen auf nährstoffreichen und milden, basischen bis neutralen Kalkverwitterungsböden. Im erikareichen Bergföhrenwald, im lockeren (noch nicht versauernden) Legföhrengebüsch, auf steinigen Blaugrashalden von (650–) 1200–2650 m. – Alpen (nur in den östlichen und mittleren Alpen, westlich vereinzelt bis zum Genfer See; stellenweise im Vorland); Illyrien. Ostalpin **(Karte 23).**

Fig. 3. Rhodothámnus chamaecístus (L.) Reichenb., *Zwerg-Alpenrose.*

Stoarösl, Wilde Myrte (Berchtesgaden), *Gamszermat, Sennarösl* (Niederösterreich).

10–25 cm hohes, zierliches Sträuchlein. Stämmchen verzweigt, an der Spitze der Äste dichter beblättert. Blätter länglich-lanzettlich, spitz, gesägt, fein bewimpert, immergrün. Blütenstiele und Kelchzipfel behaart. Blüten meist zu 2, aufrecht, langgestielt. Krone rosarot, radförmig ausgebreitet, fast bis zum Grunde fünflappig, mit abgerundeten Abschnitten, bis 25 mm breit. Staubbeutel 10, schwarzbraun. Frucht kapselig. – Blüht vom Mai bis Juli. – Teilweise *geschützt!*

Zerstreut, aber oft scharenweise auf sonnigen, schuttreichen Halden, an Felsbändern und Runsen, auf flachgründigen, kalkreichen Stein- und Rohböden, vorwiegend über Dolomit. In den Kalkspaltengesellschaften des Stengelfingerkrauts, im Legföhren- und Almrauschgestrüpp von (350–) 1000–2400 m. – In den östlichen Alpen vom Comer See, Eisack und Allgäu ostwärts bis Niederösterreich und Kroatien. Ostalpin **(Karte 24).**

Fig. 4. Vaccínium vítis-idaéa L., *Preiselbeere.*

Granten (Ostalpen), *Granken, Gangeln, Glanen* (Tirol), *Kranklbeer, Grântebeer* (Vorarlberg), *Kramperlbeer, Jagabeer* (Oberösterreich), *Stoanbeerl* (Salzburg), *Grifle, Grüble, Gialüdas, Frinna, Garnadel* (Graubünden).

10–30 cm hohes Sträuchlein. Stengel stielrund (nicht wie bei der Heidelbeere scharfkantig geflügelt). Blätter verkehrt-eiförmig, lederartig, immergrün, am Rande umgerollt, unterseits hellgrün, zerstreut drüsig-punktiert. Blüten in endständigen zierlichen Trauben. Krone glockig-krugförmig, weiß, meist rötlich überlaufen. Frucht eine kugelrunde, oben vom Kelchrande gekrönte, glänzend karmesinrote, eßbare Beere (Marmelade!). – Blüht regelmäßig zweimal im Jahr, zuerst im Mai, dann nochmals im August. – Blätter Volksheilmittel gegen Durchfälle und Blutungen.

Häufig und gesellig an winterüber schneebedeckten, trockenen Hängen, in lichten Bergwäldern, in Heiden und Mooren, auf sauren Rohhumusböden. Als Unterwuchs in heidelbeerreichen Fichten- und in Zirbenwäldern, in Legföhrengebüschen, wichtiger Bestandteil der subalpinen (mit Almrausch oder Alpenrose) und alpinen Zwergstrauchheiden (mit Heidekraut, Heidel- und Moorbeere, auch in Borstgrasmatten), von der Ebene bis 3040 m. – Nördliches Europa, Asien und Nordamerika. Amphiboreal-montan(-kontinental).

Fig. 5. Vaccínium uliginósum L., *Moosbeere.*

Nebelbeer (Ostalpen), *Kreuzbeer, Lausbeere, Moosefacken, Sturlbeer, Schwindelbeer, Unsinnele* (Tirol), *Schnuderberi* (Schweiz), *Pfluderberi, Bluderberi* (Wallis), *Bludere(n), Pludertsche, Budle, Budertsche, Anzúns, Púdla, Uzún d'luf, Bursin* (Graubünden), *Podlouses* (Gröden).

15–90 cm hoher, sommergrüner Halbstrauch. Stengel stielrund. Blätter verkehrt-eiförmig, stumpf oder abgerundet, ganzrandig, am Rande schwach umgerollt, unterseits blaugrün, stark netzaderig. Blüten in armblütigen Trauben, kurzgestielt. Kelchsaum fünfteilig. Krone krugförmig, weiß oder rosa, vier- oder fünfzählig. Beeren schwarzblau, hechtblau bereift, vielsamig, oben vom Kelch gekrönt, größer als die Früchte der Heidelbeere, mit farblosem Saft. – Blüht vom Mai bis Juli.

Häufig und oft herdenweise in moorigen Wäldern und auf Torfmooren, in Zwergstrauchheiden in der Kampfzone des Waldes, an schneefreien Windecken und Graten, auf nährstoffarmen, sauren Rohhumusböden. In lockeren Zirben- und versauerten Legföhrenbeständen, über der Baumgrenze meist im flechtenreichen Azaleenspalier. Von der Ebene bis 3100 m ansteigend. – Weit verbreitet im nördlichen Europa, Asien und Amerika. Amphiboreal-montan.

Fig. 6. Eríca herbácea L. (= *E. cárnea* L.), *Frühlingsheide, Schneeheide.*

(Roter) Hoadach, Rote Grampen, Zötta, Hosazötta (Tirol), *Sendl, Senerer* (Oberösterreich), *Kraß* (Salzburg), *Zermat, Zermet* (Niederösterreich), *Riblehard* (Allgäu), *Brüsch, Brüschblüemli* (Schweiz), *Brüll, Bröl, Brutg, Brúi* (Graubünden), *Erica minore, Brughere* (Italien).

Niedriger, stark verästelter Strauch, mit sparrigen, liegenden und aufsteigenden Ästen. Blätter spitz, nadelförmig, immergrün, in viergliederigen Wirteln stehend. Blüten in einseitswendiger, endständiger Traube, bereits im Herbst als bleichgrüne Knospen sichtbar, Krone fleischfarben, länglich, krugförmig, fast doppelt so lang wie der Kelch, mit vierzähnigem Saume. Staubbeutel dunkelbraun, aus der Krone herausragend. Kapsel vierfächerig. – Blüht von März bis Juni, oft schon mitten im Winter beim ersten erwärmenden Sonnenstrahl. Bienenpflanze. – Teilweise *geschützt!*

Verbreitet und bestandbildend an warmen, oft locker bewaldeten Hängen, an sonnigen Geröll- und Felshalden, auf flachgründigen, basischen bis schwach saueren, meist kalkreichen Böden. In Föhrenwaldsteppen und -heiden, Berg- und Legföhrenbeständen, in lichten Bergwäldern, von den Tälern bis 2730 m ansteigend: in Flußtälern und Heidewiesen weit ins Vorland reichend. – Alpen (vom Genfer See an ostwärts, außerdem in den Seealpen) und Vorland (bis ins Vogtland und nach Böhmen), Gesenke, Tatra; Apennin, Illyrien. Süd-mitteleuropäische Gebirgspflanze.

Fig. 7. Loiseleúria procúmbens (L.) Desv., *Alpen-Azalee.*

Gamshoadach (Ostalpen), *Hirschhoadach, Hirschkraut, Jochhadn* (Tirol), *Stanhadach* (Kärnten), *Gamskraß* (Salzburg).

Niedriges, rasenbildendes, reichverzweigtes Sträuchlein mit dicht beblätterten, 15–45 cm langen Zweigen. Blätter meist gegenständig, lederig, immergrün, schmalelliptisch, ganzrandig, am Rande umgerollt, mit dickem Mittelnerv. Blütendolde armblütig. Kelch dunkelrot; Krone fünfspaltig, offen, rosarot. Staubblätter 5. Kapsel zwei- bis dreifächerig. – Blüht vom Juni bis August.

Häufig und bestandbildend an windexponierten, schneefreien Graten, überdeckend an Felsblöcken, an Sturzschutt- und Moränenhängen; saure Böden bewohnender, Rohhumus schaffender Spalierstrauch. Wichtiger Bestandteil der alpinen flechtenreichen Zwergstrauchheide, seltener im Legföhrengestrüpp von (900–) 1600–3000 m. – Mitteleuropäische Hochgebirge, nördliches und arktisches Eurasien und Amerika. Amphiarktisch-alpin (-ozeanisch).

Tafel 20

5b
2
5a
4b
4a
6
1
3
9b
8b
9a
7
8a
19C49

Fig. 8. Arctostáphylos alpinus (L.) Spr., *Alpen-Bärentraube.*

Weit kriechender Zwergstrauch mit kurzen Endtrieben. Blätter krautig, lanzettlich, am Rande fein gesägt, schwach bewimpert, beiderseits netzaderig, sommergrün, im Herbst rubinrot. Blüten in kurzen, endständigen, zwei- bis fünfblütigen Trauben, grünlichweiß. Krone krugförmig, mit zurückgeschlagenen Kronzipfeln. Frucht eine kugelförmige Steinfrucht, unreif rot, später blauschwarz werden. – Blüht im Mai und Juni.

Zerstreut, aber oft ausgedehnte Spaliere bildend an schattigen, lange schneebedeckten Hängen, an Schutthalden und Felsgesimsen, auf neutralen bis mäßig sauren Humusböden. In lockeren Bergföhren- und Lärchenwäldern, in Almrausch- und Heidelbeergestrüppen, auch im Gletscherweidenspalier, von (1500–) 1800–2650 m. – Pyrenäen, Jura, Alpen, Karpaten; Apennin, Illyrien; nördliches und arktisches Eurasien und Nordamerika. Amphiarktisch-alpin.

Fig. 9. Arctostáphylos úva-úrsi (L.) Spr., *Immergrüne Bärentraube.*

Rauschgranten (Tirol, Niederösterreich), *Mehlgranten, Stanbeer* (Kärnten), *Garle, Chleckbeere* (Wallis), *Wilder Buchs* (Bern), *Rausch, Grifle, Giglüdras d'grap, Gaglídras salvátgas, Farinársa, Gajúda* (Graubünden), *Rausha* (Gröden).

Niederliegender, große Rasen bildender Spalierstrauch mit 30–100 cm langen Ästen. Blätter wintergrün, verkehrt-eiförmig oder länglich, ledrig, ganzrandig, denen der Preiselbeere sehr ähnlich, jedoch unterseits ohne braune Drüsenpunkte und der Blattrand nicht umgerollt. Blüten in armblütiger, überhängender, endständiger Traube. Krone krugförmig, mit 5 zurückgeschlagenen Zähnen, weiß oder blaßrosa. Staubblätter 10. Frucht eine scharlachrote Steinfrucht mit mehligem Fruchtfleisch. – Blüht im März und April. Blätter gegen Blasen- und Nierenleiden.

Zerstreut, aber gesellig in lichten, trockenen Wäldern, auf sonnigen, mageren Weiden, Schwemmböden und Schutthalden, in geschützten Felsnischen, auf basischen bis mäßig sauren Böden. In Föhrenwaldsteppen, lichten Lärchen-, Zirben- und Legföhrenbeständen, über der Waldgrenze meist im Wacholdergestrüpp; von der Ebene bis 2780 m. – Fast ganz Europa, nördliches und gemäßigtes Asien und Amerika. Amphiboreal-montan (-kontinental).

Primuláceae. Primelgewächse **Tafel 21**

Kräuter mit meist ungeteilten, grundständigen und rosettenartig angeordneten Blättern. Blütenstand in der Regel mehrblütig, doldig oder rispig; Einzelblüten meist fünfzählig und radiär, zuweilen in lang- und kurzgriffelige geschieden. Kelch verwachsenblätterig, meist fünfspaltig, lange erhalten bleibend. Krone verwachsenblätterig, glockig oder röhrenförmig mit rad- oder trichterförmigem Kronsaume. Staubblätter 5, vor den Kronzipfeln stehend. Fruchtknoten oberständig, Griffel mit kopfförmiger Narbe. Kapsel einfächerig, meist mit zahlreichen Samen.

Cyclámen purpuráscens Miller (= C. europaéum L. p. p., auct.), *Alpenveilchen.*

Bischofskappel, Pfaffenkappl, Scheibelkraut (Oberösterreich), *Goasruabn, Turkalan* (Kärnten), *Haselrübe (Steiermark), Hasenöhrli, Haselbliemli* (Schweiz), *Gätzeli, Ciclam* (Graubünden), *pan au puai* (Waadt).

Ausdauernd mit breitkugeliger, an der Oberfläche bewurzelter Knolle. Laubblätter grundständig, immergrün, nieren- bis herzförmig, schwach gekerbt, oben silberig gefleckt, unterseits meist weinrot. Blüten einzeln, langgestielt, etwa 15 mm lang, mit zurückgeschlagenen Kronblättern, karminrot, am Grunde dunkler, stark duftend. Staubblätter dreieckig, fast sitzend, Griffel kaum hervorragend. Kapseln an spiralig eingerolltem Fruchtstiel. – Blüht vom Juni bis September. – Knollen gegen Frauenleiden. – *Giftig! Geschützt!*

Zerstreut, aber gesellig in lichten Gebüschen und Wäldern, auf lockeren, humosen Böden, meist über Kalk; wärmebedürftig. Gern im Halbschatten von Buchen- und Eichenwäldern, aber auch in Fichten-, Föhren- und Schwarzkieferbeständen (bis 1300 m), seltener in Latschengebüschen bis 2000 m. – Die Alpen nördlich und südlich umgreifend von Provence und Jura bis Niederösterreich und Untersteiermark; Illyrien, Mittelungarn, Karpaten, Transkaukasien. Süd-mitteleuropäische Bergwaldpflanze (östlich).

Alle hier angeführten Primula-Arten sind geschützt!

Fig. 1. Prímula clusiána Tausch, *Clusius-Primel.*

Stoanröserl, Schneeröserl, Blaua Petergstamm (Niederösterreich), *Rotes Grafenbleamerl, Jagerblut* (Oberösterreich), *Rotes Petergstamm* (Steiermark).

2–10 cm hoch. Laubblätter grasgrün, oberseits glänzend, oval oder länglich-oval, mit schmalem, weißlichem Knorpelrande. Blütenschaft zwei- bis fünfblütig, wie die Blütenteile mit feinen Drüsen besetzt. Hüllblätter schmal, bis 18 mm lang, mindestens so lang wie die Blütenstiele. Kronzipfel bis gegen die Mitte zu zweispaltig, rosarot, beim Abblühen meist lila; Schlund der Röhre weißlich. Kronsaum weit trichterförmig. – Blüht vom Mai bis Juli. – *Geschützt!*

Zerstreut, aber gesellig auf kurzrasigen, mageren Matten und Geröllfeldern, an Schneeflecken und etwas feuchten Felsbändern, auf basischen bis neutralen, kalkreichen, oft etwas mild-humosen Steinverwitterungsböden. In Polsterseggenmatten und Gletscherweidenspalieren von (600–) 1700–2300 m. – Nordöstliche Kalkalpen vom Königssee bis zum Wiener Schneeberg, vereinzelt auch in den Niederen Tauern. Nordostalpin **(Karte 25).**

Die nächstverwandte und recht ähnliche Prächtige Primel (*Prímula spectábilis* Tratt.) mit größeren, etwas klebrigen und mit breitem Knorpelrand besetzten Blättern und mehrblütiger Dolde zeigt dieselben ökologischen Ansprüche, besiedelt aber, von der vorigen deutlich geographisch getrennt, die südlichen Kalkalpen von Judikarien bis zu den Vicentiner Alpen. Südalpin **(Karte 25).**

Fig. 2. Prímula mínima L., *Zwerg-Primel, Habmichlieb.*

Sauspeik, Saupeterstamm, Steinbrechnagerl (Kärnten), *Roßspeik* (Pustertal), *Jochspeik* (Niederösterreich), *Abbiß, Teufelsanbiß* (Salzburg).

1–4 cm hoch. Blätter keilförmig, glänzend, ohne Knorpelrand, kahl, vorn abgestutzt, mit großen, knorpeligen Sägezähnen. Blütenschaft sehr kurz, meist einblütig. Hüllblätter 1–2, lineal bis lanzettlich, bis 6 mm lang. Blüten leuchtend rot, beim Abblühen verblassend. Schlund der Kronröhre weiß, Kronzipfel tief eingeschnitten. – Blüht im Juni und Juli. – *Geschützt!*

Verbreitet und gesellig auf humosen Matten, in Gesteinsschutt und Felsspalten, auf kalkarmen oder ausgelaugten, lange durchfeuchteten, neutralen bis sauren Böden. In Schneetälchen (Krautweidenspalier) und im Rohhumus der Azaleenheide, in feuchten Krummseggenrasen von 1600–3000 m. – Ostalpen (westlich bis Loisach, Stubai, Ortler und Adda; fehlt in der Schweiz; in Bayern nur bei Berchtesgaden, im Karwendel und Wetterstein); Riesengebirge, Karpaten, Balkanhalbinsel. Süd-mitteleuropäische Gebirgspflanze (östlich).

Fig. 3. Prímula integrifólia L., *Ganzrandige Primel.*

2–6 cm hoch. Laubblätter weich, grasgrün, etwas glänzend, ganzrandig, länglich oder elliptisch, nebst den übrigen grünen Teilen der Pflanze locker- (zum Teil drüsig-)behaart, kaum merklich klebrig. Hüllblätter sehr schmal, länger als die kurzen Blütenstiele, den Grund des locker anliegenden Kelches stets überragend. Kelch meist rötlich überlaufen, stets kürzer als die Kronröhre. Krone hell-lila. Schlund dicht drüsig-zottig und dadurch weißlich erscheinend. – Blüht im Juni und Juli. – *Geschützt!*

Zerstreut, aber meist in Menge am Rand von Schneetälchen und alpinen Sümpfen, an Rasentreppen, auf tonighumosen, meist wassergetränkten, neutralen bis sauren Böden. In Krautweidenböden und Braunsimsenrasen, an feuchten Stellen zwischen Krummseggenbülten von 1500–3050 m. – Pyrenäen, mittlere Alpen (vom Vierwaldstätter-, Thuner- und Langensee bis Arlberg und Adda). Süd-mitteleuropäische Gebirgspflanze (westlich).

Fig. 4. Prímula glutinósa Wulfen, *Klebrige Primel.*

Blauer Speik, Roßspeik (Ostalpen), *Frauenspeik* (Steiermark), *Saupeterstamm, Sauprunzach* (Kärnten).

2–7 cm hoch. Laubblätter steiflich, matt glänzend, oberseits dunkel punktiert, lanzettlich-keilförmig, allmählich in den breiten Blattstiel verschmälert, vorn meist gezähnt, sehr klebrig. Blütenschaft ein- bis siebenblütig. Hüllblätter breit-oval, so lang wie der Kelch. Einzelblüten fast sitzend, ungestielt, stark duftend, sehr klebrig, anfänglich dunkelblau, später schmutzig-violett, beim Abblühen lila. – Blüht im Juli und August. – *Geschützt!*

Verbreitet und gesellig auf mageren Almböden und Weiden, auf feuchtem, tonigem Felsgrus, an flachen, lange schneebedeckten Hängen, auf meist kalkarmen, neutralen bis sauren Böden. Besonders auf den Schneeböden der Krautweide, auch in den Rasen der Krummsegge und des Alpenstraußgrases von 1800–3100 m. – Alpen (zentrale und südliche Ostalpen von Arosa bis zur Koralpe), Mittelbosnien. Ostalpin.

Fig. 5. Prímula farinósa L., *Mehlprimel.*

Frauenäugl, Kreuznägeli (Tirol), *Kreuzbleaml* (Ostalpen), *Roßsoachet, Roßbrunzach* (Kärnten), *Moosrösel* (Oberbayern), *Rietnägele, Chaiserli, Hennenäugli, Mehlblüemli, Chrüzblüemli* (Schweiz), *Rieträdli, St. Katharinenblüemli, Chrottenäugli, Chesseli, Rietchesseli* (St. Gallen), *Roßäugli* (Zürich), *Müllerblüemli* (Thurgau), *Fluors da Santa Catharina, Mangs da nos Ségner* (Graubünden).

Tafel 21

5–30 cm hoch. Laubblätter in der Jugend nach rückwärts eingerollt, oberseits wenig glänzend und oft etwas runzelig, verkehrt-eiförmig bis länglich, auf der Unterseite (wie auch Schaftende und Kelch) dicht mit Mehlstaub bedeckt, am Rande gekerbt oder gesägt. Schaft meist viel länger als die Laubblätter. Dolde reichblütig. Hüllblätter schmal, spitz, am Grunde sackartig verdickt. Krone rotlila bis hellpurpurn, mit intensiv gelbem Schlund; Kronzipfel zweispaltig. – Blüht vom Mai bis Juli. – *Geschützt!*

Häufig und verbreitet in Quell- und Flachmooren, an frischen Mattenhängen, aber auch an extrem trockenen Windecken und Felsbändern; auf basischen und sauren Böden. Im Kleinseggen- und Kopfbinsenried, in Blaugrashalden, Nacktried- und Zwergschwingelfluren von der Ebene bis 2900 m. – Unter Einschluß nahe verwandter Sippen in fast allen Ländern Europas (außer Griechenland und Irland), durch Nordasien, Altai und Tianschan bis zur Küste des Nordpazifik. Subarktisch-alpin.

Fig. 6. Prímula aurícula L., *Aurikel.*

Stoa(n)bleaml, Gamsbleaml (Oberbayern), *Schrofenbleaml, Kofelrose, Gamsveigerl, Gelber Speik* (Tirol), *Petergstamm, Platenigl* (Ostalpen), *Stein-Plagente* (Allgäu), *Gelber Sanikel* (Kärnten), *Kraftblümel, Schwindelblüah* (Steiermark), *Solanotsch, Dolanotsch, Gelber Zolidsch* (Niederösterreich), *Bergblueme, Alp-Häntscheli* (St. Gallen), *Händscheblüemli, Fluehblüemli* (Schweiz), *Barillon, Ganguelin* (Westschweiz), *Oreggia d'ors* (Tessin).

5–25 cm hoch. Laubblätter dick, fleischig, mit Knorpelrand, rundlich bis verkehrt-eiförmig, in den Blattstiel verschmälert, ganzrandig oder geschweift-gezähnt, in der Regel kürzer als der Blütenstengel. Meist alle grünen Teile, besonders aber die Blattränder und der Kelch, mit Mehlstaub bedeckt. Blütenschaft mit 4–12, meist hellgelben, wohlriechenden Blüten. Kelch glockig, mehrmals kürzer als die Kronröhre. Kapsel kugelig, meist länger als der Kelch. – Blüht vom April bis Juli. – *Geschützt!*

Verbreitet und häufig in Felsspalten und Klüften, seltener in offenen, steinigen Matten, auf basischen, kalkreichen Stein- und Rohböden. In den Kalkspaltengesellschaften des Stengelfingerkrauts, in Polsterseggenmatten und Blaugrastreppen, von 1600–2500 m; im Alpenvorland vereinzelt als Eiszeitrelikt in Wiesenmooren (Kopfbinsenried), in Schluchten und Flußtälern. – Alpen (besonders in den nördlichen und südlichen Kalkalpen), Nordjura, Schwarzwald; Apennin, Illyrien, Karpaten. Süd-mitteleuropäische Gebirgspflanze.

Eine an den grünen Teilen nicht mehlig bestäubte, dafür aber stärker drüsige Form mit dunklen gelben, geruchlosen Blüten ist vor allem in Südtirol verbreitet und ersetzt dort oft weitgehend die Normalform.

Fig. 7. Prímula hirsúta All., *Leim-Primel.*

Steinrösel, Schrofenrösl (Tirol), *Chläbi, Chläbeni* (Bern), *Fluehblum, Fluehrose, Muttergottesmeie* (Wallis), *Primola untuosa, Sassireu* (Tessin).

1–7 cm hoch. Grüne Teile dicht mit sehr kleinen, klebrigen, farblosen oder gelblichen Drüsenhaaren besetzt, die kleine Sandkörnchen festhalten. Laubblätter rundlich-oval, rasch in den Blattstiel verschmälert, meist grob gezähnt, etwas fleischig. Schaft ein- bis siebzehnblütig, meist kürzer als die Blätter. Hüllblätter drei- bis viermal kürzer als die 5–10 mm langen Blütenstiele. Blüten rosa mit einem Stich ins Blaue, Kronschlund weißlich. Fruchtkapsel im Kelch eingeschlossen. – Blüht vom April bis Juni. – *Geschützt!*

Sehr verbreitet und herdenweise in Felsspalten und Klüften, in offenen Gratfluren, seltener im Felsschutt, auf kalkarmem, saurem Substrat. In den Silikatspaltengesellschaften des Vielblütigen Mannsschilds und in Azaleenspalieren von (230–) 1500–3600 m. – Pyrenäen, Alpen (in den zentralen und südlichen Teilen von den Grajischen Alpen bis zu den Hohen Tauern). Süd-mitteleuropäische Gebirgspflanze (westlich) **(Karte 26).**

Fig. 8. Vitaliána primuliflóra Bertol. (= Androsace vitaliana [L.] Lapeyr.), *Gold-Primel*

5–20 cm hohes, zartes, rasenbildendes Pflänzchen mit niederliegenden, ästigen Stengeln. Laubblätter rosettenartig gehäuft, schmal-lineal, unterseits und am Rande von Sternhaaren weichhaarig. Blüten einzeln, kurzgestielt, etwa 1 cm lang, röhrig-tellerförmig, intensiv gelb, getrocknet grün. Kronröhre doppelt so lang wie der Kelch. Kronlappen 5, flach ausgebreitet, vorn meist abgerundet, Schlund mit 5 kurzen Schuppen. Kapsel zwei- bis dreisamig, kürzer als der Kelch. – Blüht vom Mai bis August.

Zerstreut, aber gesellig auf steinigen, schmelzwasserdurchtränkten Böden, auch an Felsen und auf offenen, kurzgrasigen Matten, auf schwach basischem bis saurem Substrat von 1700–3100 m. – In mehreren Rassen in den spanischen Gebirgen, Pyrenäen, Alpen (von den Seealpen bis ins Tessin und nach Südtirol) und Abruzzen. Süd-mitteleuropäische Gebirgspflanze (westlich) **(Karte 27).**

Tafel 22

Fig. 1. Andrósace chamaejásme Wulfen, *Zwerg-Mannsschild.*

2–4 (–10) cm hohes, lockere Rasen bildendes, blühende und nichtblühende Stengel treibendes Pflänzchen. Blätter lanzettlich, ganzrandig, am Grunde verschmälert, eine lockere, flach ausgebreitete Rosette bildend, am Rande gewimpert, auf der Fläche kahl. Blütenschaft und Dolde von verlängerten, gegliederten Haaren und sehr kurzen Drüsenhaaren flaumig. Krone weiß oder rötlich, mit gelbem Schlund. – Blüht vom Juni bis August.

Verbreitet auf mageren, trockenen Weiden, auch an Windecken, auf neutralen bis basischen Böden. In Silberwurzteppichen, Blaugrashalden und Nacktriedtriften von (600–) 1600–3000 m. – Europäische Hochgebirge (meist nördlicher als die folgende Art) von den Pyrenäen bis zu den Karpaten und ins arktische Rußland. Alpen: In den Nordalpen vom Genfer See bis zum Schneeberg, sonst nur sehr vereinzelt. Unter Einschluß verwandter Sippen amphiarktisch-alpin **(Karte 28)**.

Fig. 2. Andrósace villósa L., *Zottiger Mannsschild.*

3–6 cm hoch. Blätter in halbkugeligen Rosetten, beiderseits mit weichen, sehr langen, seidenglänzenden Haaren bekleidet, die an der Blattspitze pinselig gehäuft sind. Krone weiß oder rötlich mit gelbem Schlund. Hüllblätter länger als die Blütenstiele. – Blüht im Juni und Juli.

Sehr zerstreut in Magerrasen und an Felsschrofen über kalkreichem Untergrund (am häufigsten wohl in Polsterseggenhalden) durch die Kalkgebirge des südlichen und mittleren Europas. In den Alpen nur im Westen (Seealpen bis Hochjura) und Südosten (Kärnten, Steiermark, Krain). Unter Einschluß verwandter Sippen eurasisch-alpin (-kontinental) **(Karte 28)**.

Fig. 3. Andrósace obtusifólia All., *Stumpfblätteriger Mannsschild.*

5–10 cm hoch. Blätter in ausgebreiteter Rosette, ganzrandig, 10–15 mm lang, länglich verkehrteiförmig oder lanzettlich, stumpf, spärlich von Stern- und Gabelhaaren bedeckt, am Rande sehr kurz bewimpert. Kelch deutlich behaart. Krone weiß bis blaßrötlich, mit gelbem Schlund. Blütenstiele zwei- bis viermal länger als die Hüllblätter. – Blüht vom Juni bis August.

Weit verbreitet auf trockenen Weiden, in mageren Borstgrasmatten, Felsschwingel- und Krummseggenfluren; auf sauren bis neutralen Böden von 1800–3400 m. – Alpen, Gesenke, Karpaten; Nordapennin, Mazedonien. In Bayern selten (Schachen, Berchtesgaden). Süd-mitteleuropäische Gebirgspflanze (östlich).

Fig. 4. Andrósace láctea L., *Milchweißer Mannsschild.*

5–16 cm hohes, lockerrasiges Pflänzchen. Blätter schmal, lanzettlich-lineal, ganzrandig, zugespitzt, spärlich bewimpert. Blütenschaft wie die Blütenstielchen und der Kelch gänzlich kahl, mit zwei- bis vierblütiger Dolde. Blütenstiele mehrfach länger als die kleinen Hüllblätter. Krone rein weiß, mit ausgerandeten Zipfeln und gelbem Schlund. – Blüht vom Juni bis August.

Zerstreut an Kalkfelsen der alpinen und subalpinen Stufe von (700–) 1600–2200 m. – Verbreiteter in den Nordostalpen (Bregenzer Wald bis Schneeberg), sehr vereinzelt in den Südost- und Westalpen; Jura, Schwäbische Alb; Karpaten, westliche Balkanhalbinsel. Süd-mitteleuropäische Gebirgspflanze (östlich).

Fig. 5. Andrósace cárnea L., *Fleischroter Mannsschild.*

2–8 cm hohes, rasenbildendes Pflänzchen, gedrungener als die vorige Art. Schaft und Blütenstiele flaumig behaart. Blätter linealisch, ganzrandig, kurzhaarig bewimpert, an der Spitze zurückgekrümmt. Hüllblätter ungefähr so lang wie die Blütenstiele. Krone fleischrot mit gelbem Schlund, mit abgerundeten Zipfeln. – Blüht im Juni und Juli.

Vereinzelt auf ruhendem, vom Schmelzwasser durchfeuchtetem Feinschutt, auf Schneeböden und Magerrasen, nur über sauren, kalkarmen Unterlagen von 2000–3000 m. – In mehreren deutlich unterscheidbaren Kleinsippen in den Pyrenäen, der Auvergne und den Vogesen; die typische Art in den Westalpen und der westlichen Schweiz (bis zum Simplon). Südmitteleuropäische Gebirgspflanze (westlich).

Fig. 6. Andrósace helvética (L.) All., *Schweizer Mannsschild.*

2–5 cm hohes, sehr dichtes, silbergraues, halbkugelige Polster bildendes Pflänzchen. Äste keulenförmig, dicht dachziegelig beblättert. Blätter sehr klein, 3 mm lang, dicht und meist abstehend behaart. Blüten einzeln, endständig, fast sitzend. Krone 4–6 mm breit, weiß, mit gelbem Schlund. – Blüht vom Mai bis Juli. – Teilweise geschützt!

Ziemlich verbreitet in sonnigen, schneefreien und stark austrocknenden Felsritzen der alpinen Stufe, ausschließlich auf kalkreichem Gestein. Bezeichnende Art der hochalpinen Kalkspaltengesellschaften, von 1600–3500 m, sehr selten tiefer. Lückenhaft in den Westalpen, verbreitet in den Nordwest- (südlich bis Hinterrhein und Bernina) und Nordalpen (östlich bis Eisenerz). Stellenweise von Südtirol bis in die Julischen Alpen. Alpin.

Fig. 7. Andrósace alpína (L.) Lam., *Gletscher-Mannsschild.*

2–5 cm hohes, lockerrasiges Pflänzchen. Blätter lanzettlich, einander dicht genähert, am Gipfel der Äste rosettenartig gehäuft, wie der Kelch und die Blütenstiele mit sehr kurzen, gabelig-sternförmigen Haaren besetzt. Blüten einzeln, endständig, deutlich gestielt. Krone rosarot bis weiß, mit gelbem Schlund; Kronsaum etwa 5 mm breit. – Blüht im Juli und August.

Verbreitet und gesellig im ruhenden, meist etwas feuchten Feinschutt (Moränenböden!) und zwischen Felsen in der nivalen Stufe. Nur auf saurem, kalkarmem Untergrund; meist in der Säuerlingsflur von 1950–4200 m. – Zentrale Alpenkette vom Dauphiné bis Kärnten und Steiermark. Fehlt in Bayern. Alpin **(Karte 29)**.

Fig. 8. Cortúsa matthíoli L., *Heilglöckel.*

15–40 cm hoch. Blätter grundständig, langgestielt, fast kreisrund, elf- bis dreizehnlappig, ungleich grob gezähnt, behaart. Schaft mit endständiger Blütendolde. Blüten 3 bis 12, langgestielt, nickend, wohlriechend, am Grunde mit ganzrandigen oder gezähnten Hüllblättchen. Krone rosarot, trichterförmig, doppelt so lang wie der Kelch. Fruchtstand aufrecht. Kapsel fast zylindrisch. – Blüht vom Juni bis August.

Sehr zerstreut, aber gesellig in feuchten Gebüschen, schattigen Schluchten und an quelligen Stellen auf basischen und neutralen Böden. In der subalpinen Stufe von 1100 bis 1900 m vornehmlich in Hochstaudenfluren und Grünerlengebüschen. – Hochgebirge Eurasiens von den Alpen bis zum Himalaja, Nordchina und Japan. In den Alpen recht lückenhaft verbreitet von den Seealpen bis Niederösterreich, etwas häufiger nur im Lech-Inn-Gebiet und in den nordöstlichen Kalkalpen. Eurasisch-alpin **(Karte 30)**.

Fig. 9. Soldanélla mínima Hoppe, *Kleinstes Alpenglöckchen.*

4–9 cm hoch, meist einblütig. Blätter sehr klein, kreisrund, ganzrandig, am Grunde meist völlig abgerundet. Junge Blüten- und Blattstiele drüsig-flaumig. Blüten überhängend. Krone hell-lila bis weißlich, innen violett gestreift, walzlich-glockig, wenig (bis auf ein Drittel oder Viertel) gespalten; die einzelnen Abschnitte etwas abstehend. Staubbeutel am Grunde abgerundet. Griffel kürzer als die Krone. – Blüht vom Mai bis Juli.

Zerstreut, aber gesellig auf humosen, etwas feuchten Stellen über ruhendem Dolomitschutt, auf kalkreicheren Schneeböden, aber auch in Felsritzen. Am häufigsten in der Polsterseggenflur von 1500–2500 m. – Südliche Kalkalpen vom Veltlin bis in die Steiner Alpen; sehr selten in den Nordalpen (Ammergau). Nahe verwandte Sippen in den Abruzzen sowie (*S. austriaca* Vierh.) in den nordöstlichen Kalkalpen von der Traun bis zum Wiener Schneeberg. Ostalpin **(Karte 31)**.

Fig. 10. Soldanélla alpína L., *Echtes Alpenglöckchen.*

Almglöckerl, (Blaues) Schneeglöckel, Eisglöckel, Schneenagelen, Antoniusglögglan (Ostalpen), *Roßgleggli, Geißgleggli* (Bern), *Guggerchas, Schnurre, Brunsína, Bransína, flur stgella* (Graubünden).

5–15 cm hoch. Blätter grundständig, rundlich-nierenförmig, ganzrandig, mit breiter Basalbucht. Schaft aufrecht, blattlos, zwei- bis dreiblütig. Blütenstiele von kleinen, sitzenden Drüsen etwas rauh, später verkahlend, Blüten veilchen- bis azurblau, nickend oder schief aufrecht. Krone bis auf die Mitte in zierliche Fransen gespalten, innen mit 5 kleinen Schlundschuppen. Griffel länger als die Krone. Kapsel 9–15 mm lang, einfächerig, vielsamig. – Blüht vom April bis Juni.

Sehr häufig und gesellig auf etwas feuchten Weiden und Matten (besonders in alpinen Fettwiesen und in der Rostseggenflur), in Blaukressenfluren und Gletscherweidenspalieren, auch im lichten Bergwald; immer auf frischen, basischen bis neutralen Böden von 500 bis 3000 m. – Pyrenäen, Auvergne, Jura, Schwarzwald, Alpen; Apennin, Illyrische Gebirge. Submediterrane Gebirgspflanze.

Fig. 11. Soldanélla pusílla Baumg., *Kleines Alpenglöckchen.*

2–10 cm hohes, zierliches Pflänzchen. Blätter grundständig, rundlich-nierenförmig, unterseits punktiert, mit breiter Basalbucht. Schaft ein- oder seltener zweiblütig. Blattstiel. Schaft und Blütenstiele in der Jugend mit kleinen, sitzenden Drüsen besetzt. Blüten nickend; Blütenkrone röhrig-glockenförmig, rotlila, nur wenig tief (bis auf ein Viertel) gespalten, ohne Schlundschuppen. Staubbeutel am Grunde zugespitzt. – Blüht vom Mai bis August.

1
2
3
4
5
6
6a
7
8
9
10
11
C. n. D.

Häufig und gesellig auf tonigen und tonig-sandigen, kalkarmen und sauren Humusböden an lange vom Schneewasser durchfeuchteten Stellen (Laubmoos-Schneetälchen und Krautweidenböden). Von 1500–3100 m ansteigend. – Alpen vom östlichen Wallis und Berner Oberland an ostwärts, Südkarpaten; vereinzelt im Nordapennin und in Bulgarien. Süd-mitteleuropäische Gebirgspflanze (östlich).

Gentianáceae. Enziangewächse **Tafel 23**

Alle Enziane sind geschützt!

Kahle, meist bitter schmeckende, ein- oder mehrjährige Kräuter. Blätter in der Regel gegenständig, meist ungeteilt und ganzrandig. Blüten zwitterig. Kelch vier- oder fünfspaltig. Krone oft prächtig blau gefärbt, am Grunde meist zu einer Röhre verwachsen, auf der Innenseite zuweilen bärtig. Staubblätter ebenso viele wie Kronblätter und mit diesen abwechselnd. Fruchtknoten oberständig. Narbe kopfig oder zweilappig. Frucht meist eine zweiklappig aufspringende Kapsel.

Fig. 1. Lomatogónium carinthíacum (Wulfen) Reichenb., *Saumnarbe, Tauernblümchen.*

1–13 cm hoch, mit meist von Grund an verzweigtem Stengel. Untere Blätter spatelig, obere sitzend und spitz. Blüten auf langen Stielen einzeln endständig. Kelch und Krone tief fünfteilig. Krone radförmig, blaßblau oder weiß. Narben an den Nähten des einfächerigen, länglichen Fruchtknotens leistenförmig herablaufend (Name!). – Blüht vom August bis Oktober.

Sehr zerstreut, aber gesellig auf kurzrasigen Matten und ausgetretenen Weiden, auf schwach berastem Schwemmland, vielfach auf sandigen, mäßig feuchten Böden über basischem und saurem Substrat. In Nacktried- und Polsterseggenfluren, in Blaugras-Horstseggen-Halden, in Schwemmsandfluren von 1400–2600 m. – Alpen (vor allem in den Tauern, nach Westen vereinzelt bis ins Wallis; in den Nordalpen nur in den Leoganger und Berchtesgadener Bergen sowie im Tennengebirge), Ostkarpaten; asiatische Gebirge vom Kaukasus bis Sibirien, Nordamerika. Eurasisch-alpin(-kontinental) **(Karte 32).**

Fig. 2. Gentianélla tenélla (Rottb.) Börner, *Zarter Enzian.*

Zartes und schlankes, einjähriges, 4–8 (–15) cm hohes Pflänzchen. Stengel vom Grunde an stark verzweigt, mit langen, aufsteigenden, meist einblütigen Ästen. Blätter länglich-elliptisch, untere etwas rosettig, spatelig, obere spitz. Kelch glockig, abstehend, tief (fast bis zum Grunde) vierteilig. Krone schmutzig violett, röhrig-glockig, mit 4 nur wenig auseinanderneigenden Zipfeln; im Schlund von kleinen Schuppen bärtig. – Blüht vom Juli bis September. – *Geschützt!*

Zerstreut und vereinzelt oder truppweise in kurzrasigen Matten, auf berasten Schutthalden und Schwemmböden, auf Schaflägern, auf basischen bis sauren, vielfach kalk- und stickstoffhaltigen Böden. Vornehmlich in der Nacktriedflur, auch in Polsterseggen-, Schwingel- und Reitgrasrasen von 1700–3100 m. – Spanien, Pyrenäen, Alpen (vor allem in den zentralen Massiven; fehlt in den Nordalpen östlich der Salzach, im Süden vereinzelt bis in die Julischen Alpen), Karpaten; nördliches und arktisches Europa, Westsibirien; vielleicht auch in Zentral- und Nordostasien sowie im westlichen Nordamerika. Arktisch-alpin.

Fig. 3. Gentianélla nána (Wulfen) Pritch., *Zwerg-Enzian.*

2–5 cm hoch, meist kleiner, aber plumper als die vorige. Stengel einfach oder von Grund an verzweigt, mit zarten, bogig-aufstrebenden, einblütigen Ästen. Blätter verkehrt-eiförmig, stumpf, vorn abgerundet, die grundständigen fast rosettig. Kelchblätter 5, ziemlich gleich, eiförmig. Krone röhrig-glockig, fünfzählig, dunkelviolettblau, im Schlund mit kleinen Schuppen besetzt. – Blüht vom Juli bis September. – *Geschützt!*

Selten und vereinzelt auf steinigen Triften, an Moränenhalden, im locker berasten Schutt, auf schwach basischen bis sauren, vielfach kalkhaltigen und etwas feuchten Böden. In Nacktriedtriften und Säuerlingsfluren, auch auf dichten Pflanzenpolstern von 2200 bis 2800 m. – Alpen (nur in den Zentralalpen von Tirol, Salzburg und Kärnten). Ostalpin **(Karte 33).**

Fig. 4. Gentianélla áspera (Hegetschw.) Dostál, *Rauher Enzian.*

4–20 cm hoch mit aufrechtem, meist ästigem Stengel. Stengelglieder meist kurz, wenig zahlreich, zuweilen verlängert. Untere Blätter verkehrt-eiförmig, an der Spitze abgerundet, obere gegen den

5
7
4
13
3
10
8
1
9
12
11
2
6
19C49

Grund zu am breitesten und spitz. Blüten fünfzählig. Kelchzipfel ziemlich gleichartig, länger als die Kelchröhre, mit spitzen Buchten. Krone ziemlich groß, violett, lila oder weißlich, im Schlund bärtig. Fruchtknoten deutlich gestielt. – Blüht vom Mai bis September. – *Geschützt!*

Verbreitet und vielfach gesellig an steinigen Triften und berasten Schwemmböden, auf trockenen und feuchten Magermatten und Weiden, auf meist kalkreichem Substrat. In Polsterseggenmatten, Horstseggen-Blaugras-Halden, Rostseggenrasen von 1300–2500 m. – Wohl nur in den nördlicheren Alpen, vom Kanton Uri an ostwärts (für das Alpenvorland und die Mittelgebirge recht fraglich). Ostalpin.

Der *Fransen-Enzian* (Gentianella ciliáta [L.] Borkh.) mit aufsteigenden, meist einfachen, einblütigen Stengeln, linealischen, spitzen Laubblättern, vierzähligen Blüten mit glockigem Kelch, großer, trichteriger, tiefgespaltener, leuchtendblauer Krone und am Rande langgefransten Zipfeln blüht spät (August bis November) in trockenen Magerrasen und Blaugrashalden auf kalkreichen Böden von der Ebene bis 2500 m. Mittel- und Südeuropa, Kaukasus, Orient. Südeuropäisch-montan-mitteleuropäisch. *Geschützt!* (Naturschutztafel A).

Fig. 5. Gentiána clúsii Perr. et Song., *Stengelloser Enzian.*

Gloggn, Almgloggn, Fingerhut, Guggerhandschin, Kukuhantsche, Guggerschuh, Schneller, Schnöller (Ostalpen), *Pflotschge, Tuschn* (Oberbayern), *Schwizer Höseli* (Solothurn), *Chesslei, Pluffers, Flur da schlops, Calderon* (Graubünden).

4–10 cm hoch. Stengel sehr kurz, oft fast fehlend, etwas kantig. Grundständige Blätter etwas ledrig und steif, lanzettlich bis elliptisch-lanzettlich, ziemlich spitz, größte Breite in oder unter der Mitte. Stengelblätter bedeutend kleiner, scharf zugespitzt. Kelch aufrecht, niemals eingeschnürt, der Krone fast angedrückt. Kelchzähne so lang oder etwas länger als die halbe Kelchröhre; Bucht zwischen den Kelchzähnen meist spitz. Krone glockig, vom Grund an sich trichterförmig erweiternd, dunkel azurblau, außen etwas grünlichblau, innen ohne grüne Flecken, 5–6 cm lang. Blütenstiele zur Fruchtzeit stark verlängert. – Blüht vom Mai bis August. – *Geschützt!*

Verbreitet und meist gesellig auf frischen Rasenhängen und tuffigen Moorwiesen, an etwas durchfeuchteten Felsbändern und Spalten, auf mildhumosen, meist kalkreichen Stein- und Schuttböden. In Polsterseggenmatten und Blaugras-Horstseggen-Treppen, in Silberwurz- und Zwergweidenspalieren von den Tälern bis 2860 m; vielfach auch in den Heidewiesen und Wiesenmooren des Alpenvorlands. – Cevennen (sehr selten); Alpen (von Hochsavoyen bis Niederösterreich, vom Luganer See bis Kroatien; in den zentralen Massiven recht selten) und Vorland (bis zur Donau); Jura, Schwarzwald, Nord- und Ostkarpaten. Süd-mitteleuropäische Gebirgspflanze (östlich) **(Karte 34).**

Fig. 6. Gentiána acaulis L. (= G. kochiána Perr. et Song.), *Breitblätteriger Enzian.*

5–10 cm hoch. Der vorigen Art in Tracht und Größe sehr ähnlich, jedoch Blätter breiter, elliptisch oder eirund, stumpfer und weicher, größte Breite der Blätter im oberen Drittel, nur selten in der Mitte. Kelchzipfel von der Krone etwas abstehend, meist kürzer als die halbe Kelchröhre, aus etwas zusammengezogenem Grunde spatelförmig; Bucht zwischen den Kelchzipfeln breit mit weißer Verbindungshaut. Krone azurblau, etwas bauchig, innen mit olivgrünen Flecken. – Blüht vom Juni bis August. – Stellenweise (wie auch die vorige) durch unsinnige Nachstellungen nahezu ausgerottet. – *Geschützt!*

Ziemlich verbreitet und scharenweise auf trockenen Matten und Weiden, in Schutt und Geröll, auf sauer-humosen, kalkarmen, lehmigen oder torfigen Böden. In Borstgras- und Krummseggenmatten, in Schwingel- und Horstseggentreppen von (700–) 1200–3000 m. – Pyrenäen, Jura, Alpen (mehr in den zentralen Gebieten von den Seealpen bis Kärnten, in Bayern nur im Allgäu und Wetterstein, nicht im Vorland), Karpaten; Nord-Apennin, Illyrien, Balkanhalbinsel. Süd-mitteleuropäische Gebirgspflanze.

Fig. 7. Gentiána vérna L., *Frühlings-Enzian.*

Himmelstern (Ostalpen), *Himmelsbleaml* (Salzburg), *Schusternagele, Krahschinkeln* (Tirol), *Guckernagerl* (Steiermark), *Stei(n)nägeli, Himmelsschlüsseli, Stifeli, Tinte(n)blüemli* (Schweiz), *Himmelsblawi, Bläueli* (Bern), *Graggeschnabel, Clev da tschêl, Spazzachamins, Predichantins* (Graubünden).

3–12 cm hoch. Pflanze mit beblätterten, blütenlosen Trieben und einfachen, sehr kurzen Blütenstengeln. Blätter elliptisch-lanzettlich, meist spitz, mit deutlichem Mittelnerv, grundständig, rosettig angeordnet, ungleich groß, bedeutend größer als die stengelständigen. Kelch röhrig, an den Kanten geflügelt. Krone tiefblau, mit 5 eirunden Kronzipfeln, zwischen diesen je ein zweispitziges Anhängsel mit einer weißen Linie, eine Art „Nebenkrone“ bildend. – Blüht vom März bis August, gelegentlich auch im Herbst und Winter. – *Geschützt!*

Sehr häufig und verbreitet auf ungedüngten, trockenen und feuchten Matten und Weiden, in Heidewiesen und Flachmooren, an Felsgraten und Schutthalden, auf meist kalkhaltigen und etwas humosen Lehm- und Steinverwitterungsböden. Die alpinen Formen in Polsterseggen- und Nacktriedtriften, in Blaugras- und Horstseggentreppen; in tieferen Lagen in den verschiedensten trockenen und frischen Rasengesellschaften. Bis 2900 m ansteigend. – Spanische und französische Gebirge, Alpen, Alpenvorland und Mittelgebirge vom Jura bis zu den Sudeten, Karpaten; Großbritannien und Norwegen; Abruzzen, Balkanhalbinsel, Kleinasien; asiatische Gebirge vom Kaukasus bis zur Mongolei. Eurasisch-alpin(-kontinental).

Fig. 8. Gentiána brachyphýlla Vill., *Kurzblätteriger Enzian.*

3–6 cm hohes Pflänzchen mit unfruchtbaren, dichtbeblätterten Trieben und mit sehr kurzen, blühenden Stengeln; diese nur wenig aus der Blattrosette herausragend. Blätter rosettig, untere aber nur wenig größer, deutlich rhombisch, vorne spitz, etwa 1 cm lang, ziemlich weich und dünn. Kelch sehr schlank; Kelchkanten sehr schmal geflügelt oder ungeflügelt. Krone tiefblau mit langer, schlanker Röhre und schmalen Zipfeln. Oberstes Blattpaar vom Kelch deutlich abgerückt. – Blüht im Juli und August. – *Geschützt!*

Zerstreut und vereinzelt an kurzrasigen Hängen, auf Schwemmböden, seltener auf Schneeböden und Geröllhalden, auf meist kalkarmem, etwas humosem Substrat. In Krummseggen-, Nacktried- und Säuerlingsfluren von 1800–3100 (–4200) m. – Pyrenäen, Alpen (vor allem in den zentralen Massiven; in den Nordalpen sehr selten, vielleicht, wie in Bayern, überhaupt fehlend), Siebenbürgen. Süd-mitteleuropäische Gebirgspflanze.

Fig. 9. Gentiána orbiculáris Schur (= G. favrátii Ritt.), *Rundblätteriger Enzian.*

3–6 cm hoch, kurze, dichtbeblätterte, blütenlose und einblütige Sprosse treibend. Blätter rosettig, die untersten etwas größer und dicht dachziegelig, verkehrt-eiförmig-spatelig bis kreisrund, lederig und dunkelgrün, mit rauhem Rand. Blütenstiel die Rosette kaum überragend. Kelch mit oft deutlich geflügelten Kanten. Krone intensiv blau mit dicker Röhre und 5 breiten, oft fast kreisrunden Zipfeln. – Blüht im Juli und August. – *Geschützt!*

Zerstreut und vereinzelt an Felsbändern und Schrofen, auch in trockenen Matten auf basischen bis neutralen, meist kalkreichen Böden. In den Kalkspaltengesellschaften des Schweizer Mannsschilds, in Nacktried- und Polsterseggenfluren, auch in Blaugras-Horstseggen-Treppen, von 2000–3000 m. – Verbreitung infolge vielfacher Verwechslung noch ungeklärt, gesichert aus den Alpen, Apenninen und Karpaten; in den Alpen in den kalkreicheren Massiven (auch in den Nordalpen).

Fig. 10. Gentiána terglouénsis Hacquet, *Dachziegeliger Enzian.*

3–6 cm hoch, dichtrasig, kurze, dicht dachziegelig beblätterte blütenlose und einblütige Sprosse treibend. Blätter nahezu gleichgroß, etwa 5 mm lang und 3 mm breit, oval-lanzettlich, scharf trockenhäutig zugespitzt. Kelch röhrig, kaum geflügelt, mit dreieckig-lanzettlichen Zähnen. Krone tiefblau, mit elliptischen, stumpfen oder spitzen Zipfeln. – Blüht im Juli und August. – *Geschützt!*

Stellenweise und vereinzelt auf steinigen Halden und trockenen Weiden, auf meist kalkreichen Böden; vornehmlich in offenen Polsterseggenmatten von 1900–2700 m. – Fast ausschließlich in den Südalpen (in zwei geographisch gesonderten Rassen) von den Dolomiten bis in die Steiner Alpen; eine nahe verwandte, stattlichere Sippe (*Gentiána schleichéri* Kunz) vom Tessin und Wallis bis in die Seealpen. Alpin.

Fig. 11. Gentiána bavárica L., *Bayerischer Enzian.*

4–20 cm hohes, kleine Rasen bildendes Pflänzchen mit ziemlich dicht beblätterten, rosettenartigen, blütenlosen Trieben und mit einfachen, aufstrebenden, einblütigen Stengeln. Blätter verkehrteirund, abgerundet, stumpf, alle gleich groß oder die unteren kleiner; diese zudem einander dicht genähert. Kelch röhrig, sehr schmal geflügelt; Krone tiefblau mit hellerer Röhre und mit flach tellerförmig ausgebreiteten stumpfen Kronzipfeln; Schlund nackt. Staubbeutel gelb, frei. Griffel tief zweilappig. – Blüht vom Juli bis September. – *Geschützt!*

Ziemlich verbreitet und truppweise auf feuchten Weiden und Matten, an Bachrändern und berasten Feinschutthalden, auf basischen bis schwach sauren, feucht-humosen Böden. In Blaukressenfluren, Zwergweidenspalieren, in Quellfluren und Rostseggenrasen von 1800–2600 m. – Wohl nur in den Alpen. Alpin.

Als eine hochalpine Form dieser Art wird die fast stengellose var. **subacaúlis** Custer (= *G. rotundifólia* Hoppe, **Fig. 12)** mit fast kreisrunden, dicht dachziegelig gedrängten, nach unten kleiner werdenden Blättern betrachtet, die feuchte Grus- und Schlickböden der Hochalpen (–3600 m) bewohnt und einen bezeichnenden Bestandteil der Schneetälchen- und Schneebödenfluren bildet.

Fig. 13. Gentiána nivális L., *Schnee-Enzian.*

Himmelstengel, Kelberschis, Vergißmeinnid (Niederösterreich).

1–15 cm hohes, einjähriges, äußerst zierliches Pflänzchen, ohne nichtblühende Triebe. Stengel aufrecht, dünn, meist vom Grunde an verzweigt. Grundständige Blätter locker rosettenartig gehäuft, klein und stumpf, Stengelblätter eiförmig, spitz. Blüten an allen Ästen endständig, prächtig leuchtend, dunkel azurblau. Krone mit 5 kurz zugespitzten und etwas abstehenden Zipfeln. – Blüht vom Juni bis August. – *Geschützt!*

Verbreitet und ziemlich häufig auf mageren Weiden und locker berasten Schwemmböden, an sonnigen Felsbändern, aber auch in Flachmooren, auf oft kalkreichen und flachgründigen, basischen bis mäßig sauren Böden. In Nacktriedrasen, Blaugras-Horstseggen-Halden, in kurzrasigen Schwingelmatten von (1430–) 1700–3000 m. – Pyrenäen, Jura, Alpen, Karpaten; Apennin, Balkanhalbinsel, Kleinasien; arktisches Europa und Nordamerika. (Atlantisch-)arktisch-alpin.

Gentiána asclepiadéa L., *Schwalbenwurz-Enzian.*

Göggelwurz, Kloawurzen (Tirol), *Kerzenwurz* (Steiermark), *Geißleitere* (Schweiz).

15–60 (–100) cm hoch, aus verholzter Grundachse mehrere aufrechte oder überhängende, unverzweigte, dichtbeblätterte und vielblütige Stengel treibend. Blätter eilanzettlich, lang zugespitzt (in der Sonne kreuzweise, im Schatten kammartig zweizeilig gestellt). Blüten zu 1–3 in den oberen Blattachseln sitzend mit kurzem, glockigem Kelch und keulig-glockiger Krone; diese dunkel azurblau, innen violett punktiert und gestreift, fünflappig mit dreieckigen Zipfeln, zwischen diesen je 1 stumpfer Zahn. Staubbeutel verklebt, Griffel kurz mit 2 umgerollten Narben. Kapsel zweiklappig mit breitgeflügelten Samen. – Blüht vom August bis Oktober. – *Geschützt!*

Verbreitet und meist häufig in Wäldern und Auen, auf feuchten Wiesen und Weiden, an staudenreichen, buschigen Hängen, auf meist kalkhaltigen, tonigen oder torfigen Lehmböden. In Kahlschlag- (mit Goldrute und Wirbeldost) und Karfluren, Grünerlengebüschen und Alpendostfluren; in tieferen Lagen in den Pfeifengras- und Kleinseggenbeständen der Wiesenmoore. Besonders in der Bergwaldstufe, von den Tälern bis 2200 m ansteigend. – Gebirge von Süd- und Mitteleuropa, Kaukasus; weit in die Vorländer hinausgehend. Süd-mitteleuropäische Bergwaldpflanze.

Tafel 24

Fig. 1. Gentiána purpúrea L., *Purpurblütiger Enzian.*

Rot-Enze, Rot-Jenze, Spitzi Jenzene, Spitzi Jenzele (Schweiz), *Dir(ch)wachs* (Grindelwald), *Genziana rossa* (Tessin).

20–60 cm hoch, wie die 3 folgenden mit dickwalziger, ziemlich weicher Grundachse und kräftigen, bis meterlangen Wurzeln. Stengel einfach, aufrecht. Blätter eiförmig-lanzettlich, die unteren gestielt, die oberen sitzend. Untere Blütenquirle arm-, die obersten fünf- bis zehnblütig, mit sitzenden, fein duftenden Blüten. Kelch zweiteilig, scheidenförmig, auf der einen Seite aufgeschlitzt. Krone glockig, mit 5–8 stumpfen Zipfeln, im Grunde nackt, außen purpurrot, innen gelblich. Staubbeutel verklebt. Kapsel ellipsoidisch, sitzend. – Blüht vom Juli bis September. – *Geschützt!*

Stellenweise, aber meist gesellig an rasigen, etwas feuchten Hängen, in Gebüschen und Karfluren, auf tiefgründigen, wintersüber schneebedeckten, kalkarmen, aber auch kalkreicheren Böden. In Hochstaudenfluren und Grünerlengebüschen, im Alpenrosengestrüpp, auf Milchkrautweiden und Borstgrasmatten von (1000–) 1600–2750 m. – Alpen und Voralpen (vor allem in den nordwestlichen Ketten; von Hochsavoyen durch die Schweiz und Oberitalien bis Oberstdorf und Landeck), Apennin; Südnorwegen. Süd-mitteleuropäische Gebirgspflanze (westlich).

Fig. 2. Gentiána punctáta L., *Punktierter Enzian.*

Enziwurzen (Tirol), *Edelwurz* (Allgäu), *Ansanga, Gianzauna punctêda* (Graubünden).

20–60 cm hoch. Stengel einfach, aufrecht, kantig, im oberen Teile oft metallisch überlaufen. Blätter eiförmig-länglich, zugespitzt; untere gestielt, obere sitzend. Blüten sitzend. Untere Blütenquirle arm-, die oberen reichblütig. Kelch glockig, mit 5–8 sehr ungleichen, aufrechten und lanzettlichen grünen Zipfeln. Krone glockig, mit nach oben erweiterter Röhre, hellgelb und meist schwarz punktiert, mit eirunden, stumpfen Abschnitten. Staubbeutel 5–6, zuletzt frei. Kapsel sitzend. Samen häutig berandet. – Blüht vom Juli bis September. – *Geschützt!*

Verbreitet und oft gesellig auf steinigen Weiden und Matten, in Karfluren und Gebüschen, auch an Schutthalden, auf meist tiefgründigen, sauer-humosen Lehm- und Ton-

1

2

3

4

19C56

böden. In Borstgras- und feuchteren Krummseggenmatten, in den hochgrasigen Wiesen des Violetten Schwingels, in den Ampferfluren der Läger und im Alpenrosengestrüpp, von 1400–3050 m. – Alpen und Voralpen (durch die westlichen und mittleren Alpen bis Salzburg und Kärnten; fehlt in den Nordalpen östlich vom Tennengebirge), Hochgesenke, Karpaten, Balkanhalbinsel. Süd-mitteleuropäische Gebirgspflanze (östlich).

Fig. 3. Gentiána pannónica Scop., *Ungarischer Enzian.*

15–60 cm hoch. Stengel einfach, aufrecht, oben purpurrot angelaufen. Untere Blätter gestielt, elliptisch, obere ungestielt, spitz, länglich-lanzettlich. Blüten ungestielt. Kelch aufrecht, glockig, mit 5–8 ungleich langen, grünen oder schwarzrot überlaufenen, nach außen gekrümmten Zähnen. Krone glockenförmig, mit abgerundeten Abschnitten, trüb- oder bläulichpurpurn, mit schwarzroten Punkten, selten weiß. Staubbeutel miteinander verklebt. Kapsel kurz- und dickgestielt. – Blüht von Mitte Juli bis September. – *Geschützt!*

Zerstreut, aber oft scharenweise auf Wiesen und Matten, in Karen und Blockhalden, um Almhütten auf meist tiefgründigen, vielfach kalkreichen Böden. In Borstgrasmatten und Milchkrautweiden, in Hochstaudenfluren und Legföhrengebüschen von 1600–2275 m, selten (in Torfmooren) bis 500 m herabsteigend. – Alpen (von Niederösterreich und Krain westlich bis Tirol und Bayern, sehr vereinzelt noch im Allgäu, in Vorarlberg, in der Schweiz [Churfirsten] und in den Bergamasker Alpen); Böhmerwald. Mitteleuropäische Gebirgspflanze (östlich).

Diese „glockenblütigen" Enziane lassen sich nach ihrer Blütenfarbe in Gruppen zusammenfassen, deren Arten sich in ihrer Verbreitung gegenseitig nahezu ausschließen und bei denen jeweils die östliche durch gezähnten, die westliche durch gespaltenen Kelch ausgezeichnet ist. Ebenso wie sich in dieser Hinsicht *G. pannonica* und *G. purpurea* entsprechen, so finden sich zu der östlichen *G. punctata* zwei ihr sehr ähnliche Arten in den Südwestalpen bzw. Pyrenäen.

Fig. 4. Gentiána lútea L., *Gelber Enzian.*

Wiß-Jenzene (Schweiz), *Genzene* (Bern), *Jenze(n)*, *Gianzauna mela* (Graubünden), *Gentiana maggiore, Genzianica* (Tessin).

Stattliche, 45–140 cm hohe, kahle Pflanze, mit armdickem Wurzelstock, Stengel einfach, aufrecht, bis fingerdick, hohl. Blätter elliptisch, kahl, bläulichgrün, von starken Bogennerven durchzogen, untere kurzgestielt, obere sitzend. Blüten am Ende des Stengels und in den Achseln der oberen Blattpaare zu 3–10 in Scheinquirlen stehend, deutlich gestielt. Kelch häutig, blaßgelb, der Länge nach aufgeschlitzt. Krone radförmig, fast bis zum Grunde fünf- oder sechs- (selten neun-) teilig, goldgelb; Abschnitte zuletzt fast sternförmig ausgebreitet. Staubblätter frei oder (bei der südöstlichen ssp. *symphyándra* Murbeck) miteinander verwachsen. Kapsel spitz-kegelförmig, bis 6 cm lang. Samen zahlreich (bis 100 in einer Kapsel), häutig geflügelt. – Blüht vom Juli bis August. – Wie die drei vorhergehenden: Wurzeln als Magenmittel. – *Geschützt!*

Zerstreut, aber meist gesellig auf steinigen Weiden und ungedüngten Mähwiesen, in Karfluren und Schutthalden, seltener in Gebüschen und an offenen Waldstellen, auf tiefgründigen, frischen, basischen bis schwach sauren, meist kalkreichen Böden. In Hochstauden- und Geröllfluren (Alpendost, Schildampfer), Rostseggenrasen und Borstgrasmatten, in Legföhren- und Grünerlengesträuchen von 1000–2500 m, vielfach weit ins Vorland (bis 250 m) hinausgehend. – Spanische und französische Gebirge, Jura, Alpen (fast ausschließlich in den Kalkketten; fehlt in den Ostalpen östlich von Inn und Eisack und nördlich von Rienz und Drau) und Alpenvorland, Vogesen, Schwarzwald, Schwäbische Alb, Unterfranken; Sardinien und Korsika, Apennin, Illyrien, Karpaten, Balkanhalbinsel, Kleinasien. Süd-mitteleuropäische Gebirgspflanze.

Aus den zerstampften und ohne Zuckerzusatz vergorenen Wurzeln wird der „Enzianbitter" gebrannt, der vor allem gegen Magenbeschwerden angewendet wird. Durch räuberisches Ausgraben ist der Gelbe Enzian (wie auch die verwandten Arten) stellenweise vollständig ausgerottet.

Boragináceae. Borretschgewächse

Meist mehrjährige, in der Regel rauhhaarige Gewächse. Blätter wechselständig, ungeteilt. Blütenstand wickelig; Blüten zwitterig, fünfgliederig. Krone verwachsenblätterig, meist radiär. Schlund der Krone nackt oder behaart, zuweilen mit 5, mit den 5 Staubblättern abwechselnden Schuppen. Fruchtknoten oberständig, in 4 einsamige Teilfrüchte („Klausen") zerfallend, zwischen denen der Griffel entspringt.

Tafel 25

Fig. 1. Cerínthe glábra Miller, *Alpen-Wachsblume.*

30–45 cm hohe Staude mit Blattrosetten und aufrechten, kahlen, ziemlich dicht beblätterten Stengeln. Blätter kahl, ganzrandig, verkehrt-eiförmig, untere in den Blattstiel verschmälert, obere halb stengelumfassend; oberseits gras-, unterseits bläulichgrün. Blütenstand wickelig, beblättert. Kelchzipfel kahl, halb so groß wie die Krone, eiförmig, abstehend. Krone mit 5 kleinen, zurückgekrümmten Zähnen; Röhre blaßgelb, Saum goldgelb bis grünlichgelb, am Grunde der Buchten mit 5 purpurroten Flecken. Klausen spitzlich, mattglänzend. – Blüht vom Juni bis August.

Recht zerstreut und vereinzelt auf frischen Hochstaudenwiesen und reichen Lägern, vielfach in Flußauen und selbst ruderal, auf basischen bis neutralen, mäßig feuchten und nährstoffreichen Kalkböden. In hochstaudigen Weiden (mit Eisenhut und Kreuzkraut), im Grünerlen- und Latschengebüsch bis 2650 m; von den Flüssen oft weit (an der Iller bis Ulm) hinabgeschwemmt. – Alpen von der Durance bis Bayern (Allgäu, Tegernsee) und Tirol; Apennin, Illyrien, Karpaten, Bulgarien, Kleinasien; verwandte Rassen auf den Pyrenäen und tyrrhenischen Inseln. Submediterrane Gebirgspflanze.

Fig. 2. Myosótis alpéstris Schmidt, *Alpen-Vergißmeinnicht.*

Jochvergißmeinnicht (Tirol), *Calamandrín, Non am sman-chér, egls blaus* (Rom. Graubünden).

5–10 cm hoch. Stengel aufrecht, mit kurzen und ziemlich dichten, wickeligen Blütenständen; diese wie die Blätter rauhhaarig. Kelch durch zahlreiche, angedrückte Haare fast silberweiß. Krone prächtig himmelblau, etwas wohlriechend, der Schlund durch 5 dottergelbe Schuppen ziemlich verengt. Fruchtstiele wenig länger als der Kelch, ziemlich dick. Klausen mit glattem Rand. – Blüht im Juni und Juli.

Sehr häufig und verbreitet in etwas feuchten Matten und Grasheiden, in Schuttfluren und Blockhalden, auf basischen und sauren, im Winter schneebedeckten Böden. In Blaugrashalden und Täschelkrautfluren, Gletscherweidenspalieren, im offenen, aber windgeschützten Krummseggenrasen von 1600–3000 m. – Mit mehreren nahe verwandten Sippen in der alpinen Stufe der Gebirge von Eurasien und Nordamerika. Amphialpin-(arktisch).

Fig. 3. Erítrichum nánum (L.) Schrader ex Gaudin, *Zwerg-Himmelsherold.*

2–5 cm hohe, seidenglänzende Polsterstaude mit langer, starker Pfahlwurzel. Stämmchen stark verästelt und dicht beblättert. Blätter lanzettlich; die grundständigen dicht rosettig. Blütenstand drei- bis sechsblütig. Blüten prächtig leuchtend blau, vergißmeinnichtartig. Klausen von einer schmalen Haut umrandet, am Rande stachelig bewimpert. – Blüht im Juli und August. – *Geschützt!*

Ziemlich selten und zerstreut in Felsspalten und an Abwitterungshalden, im Grus der Grate und Kämme, im offenen Pionierrasen, auf saurem, kalkarmem Gestein. Meist in den Silikatspaltengesellschaften des Vielblütigen Mannsschilds, auch in Krummseggenrasen, gelegentlich, so vor allem in den Südostalpen, auch auf basischeren Böden, von 2500–3390 m. – Alpen (nur in den zentralen und südlichen Ketten); Karpaten, Kaukasus; nahe Verwandte im Ural, Altai, Sibirien, China. Eurasisch-alpin(-kontinental) **(Karte 35).**

Lamiáceae (Labiátae). Lippenblütler

Stengel fast immer deutlich vierkantig. Blätter gegenständig, meist ungeteilt. Blütenstände meist mehrblütige Scheinquirle, entweder in den Achseln von Blättern sitzend oder am Ende des Stengels ährig oder kopfig angeordnet. Kelch röhrenförmig, fünfzähnig oder zweilippig. Krone meist mit zweiteiliger Oberlippe und dreiteiliger Unterlippe. Staubblätter meist 4, die hinteren in der Regel kürzer. Fruchtknoten oberständig, in 4 einsamige Fächer („Klausen") zerfallend, zwischen denen der lange Griffel entspringt.

Fig. 4. Ájuga pyramidális L., *Pyramiden-Günsel.*

10–20 cm hoch. Pflanze gedrungen, pyramidenförmig, ohne Ausläufer. Stengel steif aufrecht, einfach, meist behaart. Unterste Laubblätter rosettig, verkehrt-eiförmig, stumpf, behaart und etwas gekerbt. Hochblätter groß, eiförmig, ganzrandig, fast doppelt so lang wie die Blüten, violettrot überlaufen. Scheinquirle zu einer zuweilen schon am Grunde des Stengels beginnenden Scheinähre vereinigt. Blüten hellblau, Oberlippe sehr kurz. – Blüht im Juli und August.

Ziemlich verbreitet auf mageren Weiden und Karfluren, an Waldrändern und Schlagstellen, auf trockenen, mäßig sauren, humosen Böden. In Borstgrasmatten, Buntschwingelfluren und Zwergstrauchheiden von (600–) 1300–2700 m. – Spanien, Alpen (besonders in den zentralen und südlichen Teilen), vereinzelt in Mittel- und Norddeutschland, Belgien und im gebirgigen Frankreich; Böhmen, Polen, nördliche Balkanhalbinsel, Kaukasus, Großbritannien, Skandinavien, Finnland. Europäisch-boreal-montan.

Tafel 25

Fig. 5. Hormínum pyrenáicum L., *Pyrenäen-Drachenmaul.*

Bärenknöpf (Kärnten), *Krotenwampen* (Salzburg), *Bergsalfen* (Südtirol).

10–25 cm hoch. Stengel aus schiefer Grundachse aufrecht, einfach. Grundblätter groß, verkehrt-eiförmig, gestielt, gekerbt, beiderseits grün; Stengelblätter viel kleiner, ganzrandig. Scheinquirle zwei- bis sechsblütig, in endständiger, einseitswendiger Scheinähre. Kelch glockig, zur Fruchtzeit stark vergrößert. Krone lebhaft violett. Staubblätter 4, die hinteren eingeschlossen. – Blüht vom Juni bis August.

Sehr zerstreut, aber gesellig, auf mageren Weiden und kurzrasigen Matten, auf offenen, geröllreichen Halden, nur über basischen, kalkreichen Unterlagen. In lichten Zirbenwäldern, in Blaugras- und Horstseggenrasen von (300–)1400–2450 m. – Pyrenäen; Südalpen vom Luganer See bis in die Julischen Alpen; sehr vereinzelt in den Südwest-, Zentral- (besonders im Engadin) und Nordalpen (zwischen Inn und Salzach). Süd-mitteleuropäische Gebirgspflanze (westlich) **(Karte 36).**

Fig. 6. Scutellária alpína L., *Alpen-Helmkraut.*

20–40 cm hoch, mit liegendem, ästigem, behaartem Stengel. Blätter gestielt, eiförmig oder elliptisch, stumpf, gekerbt-gezähnt. Blüten gestielt, in vierseitigen, endständigen Scheinähren, mit ganzrandigen, häutigen Tragblättern. Scheinquirle zweiblütig. Krone meist blauviolett mit weißlicher Unterlippe. Kelch mit stehenbleibender, mit einem Aufsatz (Schildchen) versehener Oberlippe. – Blüht im Juli und August.

Zerstreut im ruhenden Feinschutt, auf Abwitterungshalden und in Lawinenrunsen, nur auf basischen, kalkreichen Unterlagen. In offenen, fragmentarischen Blaugras- und Horstseggenbeständen von 1500–2500 m, selten herabgeschwemmt. – Spanische Gebirge, Pyrenäen, Westalpen (von den Seealpen bis in die Penninischen und Freiburger Alpen); angeblich auch in den Venezianischen Alpen; Apennin, nördliche Balkanländer; in einer nahe verwandten Rasse durch Süd- und Mittelrußland bis zum Altai. Eurasisch-alpin (-kontinental) **(Karte 37).**

Fig. 7. Acinos alpínus (L.) Moench (= Calamíntha alpína [L.] Lam.), *Alpen-Steinquendel.*

10–30 cm hoch. Stengel aus schiefer Grundachse aufsteigend, schwach behaart. Blätter eiförmig, sehr kurz gestielt, kahl oder spärlich behaart, gegen die Spitze zu gesägt. 3–6 Scheinquirle übereinander. Krone lebhaft violett, bedeutend länger als der Kelch. Kelchzähne nach dem Verblühen offen. – Blüht vom Juni bis August.

Häufig und verbreitet an sonnigen, trockenen und steinigen Abhängen, auf offenen Wiesen und Grashalden, an Felsbändern und Schutthalden, auf basischen bis schwach sauren Böden. Vornehmlich in Blaugras-Horstseggen- und Pestwurzhalden, auch in Borstgrasmatten, lichten Legföhrenwäldern und Burstwiesen, von den Tälern bis 2550 m ansteigend. – Formenreich, mit noch ungenügend geklärten Kleinsippen. Atlasländer, Iberische Halbinsel, Pyrenäen, Alpen; als Relikt im bayerischen Alpenvorland und im Südjura; Apennin, Illyrien, Südkarpaten, Balkanhalbinsel, Ägäis, Kleinasien. Submediterrane Gebirgspflanze.

Scrophulariáceae. Braunwurzgewächse **Tafel 26**

Diese Familie ist mit den Lippenblütlern nahe verwandt. Blätter oft gegenständig. Krone zweilippig. Staubblätter meist 4 (2 längere und 2 kürzere), seltener 2 (Ehrenpreis) oder 5 (Königskerze). Fruchtknoten oberständig, fast immer zweifächerig. Frucht eine zweiklappig aufspringende Kapsel mit zahlreichen kleinen Samen.

Wulfénia carinthíaca Jacq., *Wulfenie; Küahtritt* (Kärnten).

20–40 cm hoch. Rosettenblätter verkehrt-eiförmig, stumpf, gekerbt, dunkelgrün glänzend. Stengel mit wenigen, schuppenförmigen Blättern, aufrecht. Blüten in dichter, endständiger, einseitswendiger Traube, fast sitzend. Kelch tief fünfteilig, Krone blauviolett, zweilappig, mit bärtigem Schlund. – Blüht im Juni und Juli. – Geschützt!

Sehr selten, aber äußerst gesellig auf etwas feuchten, humosen Matten an der Baumgrenze und im Alpenrosengestrüpp, auf etwa neutralen Böden von 1000–2000 m. – Als berühmtes Tertiärrelikt in Kärnten (am Gartnerkofel), sonst nur noch in Montenegro und Südwest-Serbien. Verwandte Arten in Albanien, Syrien, Afghanistan und im Himalaja. Mediterran.

Fig. 1. Linária alpína (L.) Miller, *Alpen-Leinkraut.*

Verschreikraut (Tirol, Oberösterreich), *Immernicht, Grießspeik* (Tauern), *Lebngescherl* (Niederösterreich), *flur jarva steria, flur scorpion* (Graubünden).

5–15 cm hohes, kahles Pflänzchen mit zahlreichen niederliegenden Ästen. Blätter zu 3–4 quirlständig, klein, lineallänglich, dick, blaugrün. Blüten in kurzer, gedrungener Traube, endständig. Kelchzipfel lanzettlich, spitz, kürzer als die Frucht. Krone blauviolett mit langem Sporn und safrangelbem oder ziegelrotem Gaumenfleck, seltener, jedoch gebietsweise ausschließlich, einfarbig violettblau. – Blüht vom Juni bis September.

Sehr häufig und verbreitet auf offenen, bewegten Schutt- und Geröllhalden, auf Flußschottern und Kiesbänken, als Schuttüberkriecher auf basischen und sauren Böden. In der Täschelkrautflur von 1200–3400(–4200) m; längs der Alpenflüsse weit ins Vorland hinabsteigend (bis München). – Gebirge von Spanien, Pyrenäen, Jura, Alpen, Karpaten; Apennin, Illyrien, Balkanhalbinsel. Süd-mitteleuropäische Gebirgspflanze.

Fig. 2. Erínus alpínus L., *Alpen-Leberbalsam.*

10–20 cm hoch, rasenbildend, mit mehrere Stengel treibenden Blattrosetten. Blätter wechselständig, spatelförmig, kahl, vorn gekerbt, kurzgestielt. Blütenstand anfangs doldenartig, später verlängert. Blütenstiel so lang wie der Kelch. Krone violettrot, mit 5 ausgerandeten Zipfeln. Staubblätter 4, Narbe jederseits mit einem flügelartigen Zahn. – Blüht vom April bis Juni.

Zerstreut an grasigen, steinigen Hängen, auf ruhendem Feinschutt und in Felsspalten auf basischen bis neutralen Böden. In Felsspaltengesellschaften, offenen Horstseggen- und Blaugrashalden, von 1500–2350 m, oft (so am Vierwaldstätter und Genfer See) tief herabsteigend. – Spanische Gebirge, Pyrenäen, Südfrankreich, Alpen (kalkreichere Ketten der westlichen und mittleren Alpen, östlich bis zum Arlberg und Gardasee), Tyrrhenis, Apennin. Süd-mitteleuropäische Gebirgspflanze (westlich).

Fig. 3. Verónica fruticulósa L., *Strauchiger Ehrenpreis.*

10–20 cm hoher Halbstrauch mit aufsteigenden, fruchtbaren und unfruchtbaren Ästen. Unterste Blätter klein, eirund; obere gegenständig, länglich, stumpf, schwach gekerbt, wie der Stengel anliegend behaart. Blütenstand endständig, drüsig-flaumig, ziemlich armblütig. Krone hellrot mit dunkleren Adern, leicht abfallend. Frucht eirund, seicht ausgerandet und wie der Kelch feindrüsig. – Blüht im Juli und August.

Zerstreut an Felsbändern und Graten, auf Schutthalden und steinigen Matten, nur auf kalkreichen Böden. In den Kalkspaltengesellschaften des Stengelfingerkrauts, in Nacktriedfluren, zwischen Blaugrashorsten, von 550–2700 m. – Sierra Nevada, Pyrenäen, Vogesen, Jura, Alpen (fehlt im Nordosten; in Bayern nur vereinzelt). Süd-mitteleuropäische Gebirgspflanze (westlich).

Fig. 4. Verónica alpína L., *Alpen-Ehrenpreis; Ebenauskräutl* (Niederösterreich).

2–15 cm hoch. Grundachse mehrere krautige, abstehend behaarte Stengel treibend. Unterste Blätter kleiner als die oberen, rundlich-eiförmig, stumpf; alle behaart, gekerbt oder ganzrandig. Blütenstand endständig, gedrungen, armblütig, rauhhaarig. Blüten klein, blau. Fruchtkapsel verkehrt-eiförmig, langhaarig, ausgerandet. Griffel halb so lang wie die Fruchtkapsel. – Blüht vom Juni bis August.

Verbreitet und häufig auf feuchten Matten und Weiden, in Lägerfluren, im Grus von Moränenhalden, auf lange schneebedeckten, meist humosen und sauren Böden. Stetig auf Schneeböden in Weidenspalieren, in Braunsimsenrasen und Säuerlingsfluren: auch in Violettschwingelrasen und Ampferfluren von 1500–3200 m. – Gebirge von Mittel- und Südeuropa; arktisches Eurasien und Amerika, Grönland. Amphiarktisch-alpin(-ozeanisch).

Fig. 5. Verónica frúticans Jacq., *Felsen-Ehrenpreis.*

5–15 cm hoch. Stengel vom Grunde an verzweigt und fast verholzt; Äste aufsteigend. Blätter länglich oder elliptisch, etwas gekerbt, fast kahl. Blütenstand endständig, armblütig, von gekräuselten, drüsenlosen Haaren etwas flaumig. Krone prächtig azurblau, im Schlunde mit einem dunkelpurpurroten Ring. Frucht eiförmig, kaum ausgerandet, drüsenlos. – Blüht vom Juni bis August.

Verbreitet und ziemlich häufig an sonnigen Felsgesimsen und steinigen Trockenhängen, seltener im ruhenden Felsschutt, auf basischen und sauren Böden. In Blaugras-Horstseggentreppen, zwischen Buntschwingelblüten und in Felsspaltengesellschaften aller Art von (300–)1200–2800 m. – Pyrenäen, Alpen, Vogesen, Schwarzwald, Karpaten; Korsika, Apennin, Illyrien; Altai; Schottland, arktisches Europa, Grönland. (Atlantisch-) arktisch-alpin.

Fig. 6. Verónica aphýlla L., *Blattloser Ehrenpreis.*

3–8 cm hohes Pflänzchen, mit aufsteigendem, zartem Stengel. Blätter rosettig, sitzend, länglich-verkehrt-eiförmig, gekerbt, gesägt oder ganzrandig, zerstreut behaart. Blütenstand ziemlich lang-gestielt, zwei- bis fünfblütig, scheinbar endständig. Krone radförmig, lila- oder sattblau und

Tafel 26

1
2
3
4
5
6
7
8
9

© kop.

dunkler gestreift. Staubblätter wie bei allen *Veronica*-Arten 2. Fruchtstiele aufrecht, länger als die große, verkehrt-herzförmige, drüsig behaarte Frucht. – Blüht vom Juni bis August.

Häufig und meist truppweise in offenen, steinigen Rasen, auf schwach berastem Felsschutt, in humosen Felsritzen, auf frischen, basischen Kalksteinböden. In Blaugrashalden und Spalierstrauchteppichen (besonders der Gletscherweiden) von 1200–2800 m. – Pyrenäen, Jura, Alpen, Apennin, Balkanhalbinsel, Karpaten. Süd-mitteleuropäische Gebirgspflanze.

Fig. 7. Verónica bellidioídes L., *Maßliebchen-Ehrenpreis.*

5–20 cm hoch. Stengel aufrecht, wie die Blätter rauhhaarig. Blätter verkehrt-eiförmig, stumpf, schwach gekerbt; die unteren größer, fast rosettig, kurz gestielt, die oberen sitzend und meist gegenständig. Blütenstand endständig, zottig. Krone radförmig ausgebreitet, trübblau, mit kurzer Röhre. Frucht verkehrt-eiförmig, wenig tief ausgerandet, drüsenhaarig. – Blüht vom Juni bis August.

Ziemlich häufig, aber nicht allgemein verbreitet auf trockenen, ungedüngten Matten, auf kurzrasigen Weiden und Magerrasen; auf saurem Rohhumus, in den Kalkgebirgen nur auf tiefgründigen, ausgelaugten Böden. In Krummseggen- und Borstgrasmatten, Schwingelfluren und Zwergstrauchheiden von 1400–3100 m. – Pyrenäen, Alpen (in Bayern nur im Allgäu und Wetterstein), Sudeten, Karpaten, Balkanhalbinsel bis Bulgarien. Süd-mitteleuropäische Gebirgspflanze.

Fig. 8. Paederóta bonaróta (L.) L. (= Verónica bonaróta L.), *Blaues Mänderle.*

8–15 cm hoch, mit aufrechtem Stengel. Blätter eiförmig oder fast kreisrund, kurz gestielt, grob gesägt, dunkelgrün. Blüten in kurzer, endständiger Traube. Tragblätter schmallineal, spitz, wie die Kelchblätter purpurrot. Krone trichterförmig mit langer Röhre, zweilippig, blaulila. Staubblätter 2, wie der Griffel aus der Krone herausragend. Kapsel kegelförmig. – Blüht vom Juni bis August.

Zerstreut und selten an Felsbändern, in Spalten und Klüften, nur auf Dolomit und Kalk; in den Gesellschaften des Stengelfingerkrauts von der Talsohle bis 2500 m. – Südliche Kalkalpen vom Ogliotal bis in die Julischen Alpen; in den Nordalpen nur in den Leoganger Steinbergen und bei Kitzbühel. Südalpin **(Karte 38).**

Das Gelbe Mänderle, *Paederóta lútea Scop.* (= *Verónica lútea [Scop.]* Wettst.), mit schmäleren, scharf gesägten und mattgrünen Blättern und mit gelben Blüten findet sich in den südöstlichen und ganz vereinzelt in den nördlichen Kalkalpen (Hochkönig) an ähnlichen Standorten.

Fig. 9. Euphrásia mínima Jacq. ex DC., *Kleinster Augentrost.*

Zierliches, einjähriges, 1–10 cm hohes Pflänzchen. Stengel aufrecht, unverzweigt oder seltener wenigästig. Laubblätter stumpf, gekerbt, sitzend, jederseits mit 2–3 grannenlosen Zähnen. Blätter und Tragblätter wenigstens am Rande und auf den Nerven borstig behaart. Krone klein; die Röhre in dem vierspaltigen Kelch eingeschlossen; Unterlippe dreispaltig, mit ausgerandeten Abschnitten. Krone gelb, weiß oder blauviolett, auch mehrfarbig. – Blüht im Juli und August.

Verbreitet und häufig in humosen, trockenen Rasen und Zwergstrauchheiden auf sauren, torfigen und sandigen Lehmböden; über Kalk nur auf tiefgründigen, ausgelaugten Matten. Vornehmlich in Borstgrasmatten, Krummseggen- und Schwingelfluren von 1200–3300 m. – Pyrenäen, Alpen, Vogesen, Rhön, Thüringen, Sudeten, Karpaten; Apennin, Balkanhalbinsel. Süd-mitteleuropäische Gebirgspflanze.

Die zahlreichen, einander sehr ähnlichen Augentrostarten sind insgesamt Magerkeitsanzeiger und Halbschmarotzer.

Pediculáris rostrátocapitáta Crantz, *Geschnäbeltes Läusekraut.*

5–20 cm hoch, mit aufsteigendem, wenigblätterigem Stengel. Blätter (auch die Tragblätter) lanzettlich, doppelt-fiederteilig, etwas kraus. Blüten in kurzer drei- bis zwölfblütiger Traube. Kelch röhrig-glockig mit blattartigen, gekerbten Zipfeln. Krone hellpurpurn, Oberlippe in einen geraden Schnabel herabgezogen. Unterlippe am Rand gewimpert. – Blüht vom Juni bis August.

Auf frischen, steinigen Matten und Grashängen, locker berasten Geröllhalden, in Felsritzen, ausschließlich auf basischen Kalksteinböden. Meist in Polsterseggenrasen, auch in Blaugras- und Rostseggenhalden von 1140–2870 m. – Ostalpen (westlich bis zum Speer, ins Unterengadin und in die Bergamasker Alpen), Illyrien. Ostalpin **(Karte 39).**

Das ähnliche, jedoch meist schmächtigere Bündner Läusekraut, *Pediculáris kernéri* Dalla Torre (mit kahler Unterlippe), besiedelt saure Böden in den West- und Mittelalpen (östlich bis in die Tauern) sowie den Pyrenäen.

Tafel 27

Fig. 1. Pediculáris verticilláta L., *Quirlblätteriges Läusekraut.*

5–30 cm hoher Halbschmarotzer (auf Gräsern, besonders Blaugras). Stengel meist 2 bis viele, unverzweigt, behaart. Blätter tief fiederspaltig, am Stengel zu 3 oder 4 quirlständig. Blüten in kopfiger Traube. Kelch aufgeblasen, grauhaarig, kurz fünfzähnig. Krone purpurrot, Oberlippe fast gerade, ungeschnäbelt, plötzlich abgestutzt. – Blüht vom Juni bis August.

Weit verbreitet und ziemlich häufig auf steinigen Weiden und oft etwas feuchten Rasenhängen, in tieferen Lagen auch in Moorwiesen, auf mild-humosen, kalkhaltigen Böden. In Blaugras- und Horstseggenhalden, Violettschwingelmatten und Nacktriedrasen von (900–)1800–2800 m. – Spanische und französische Gebirge, Alpen (in Bayern westlich der Schlierseer Berge fehlend), Karpaten, Apennin, Balkanhalbinsel; Zentralasien, arktisches Eurasien und Nordwestamerika. Eurasisch-arktisch-alpin.

Fig. 2. Pediculáris foliósa L., *Gelbes Läusekraut.*

Gälbstirzl, Geißfarä (Schweiz).

15–50 cm hohe, stattliche Pflanze. Blütenähre von langen, großen, gefiederten Tragblättern durchsetzt. Grundständige Blätter langgestielt, doppelt gefiedert, mit stachelspitzig gezähnten Abschnitten. Kelch glockig, kurz, fünfzähnig, an den Kanten zottig behaart. Krone bleichschwefelgelb, bis 25 mm lang; Oberlippe fast gerade, zahnlos, außen filzig. Staubblätter an der Spitze dicht bärtig. Kapsel eiförmig, kurz stachelspitzig. – Blüht vom Juni bis August.

Ziemlich verbreitet und häufig auf begrasten Schutthalden, an bodenfeuchten Wildheuplanken, an Bachrändern und in Gebüschen auf lockeren und frischen, kalkreichen, basischen bis neutralen Böden. Vor allem in Rostseggenrasen, in Hochstaudenfluren und Legföhrengestrüppen, in tieferen Lagen auch in Wollgrastriften, von (800–)1400–2400 m. – Spanische und französische Gebirge, Jura, Vogesen, Schwäbische Alb, Alpen (in den kalkreichen Gebieten der West- und Nordalpen, vereinzelt auch in den östlichen Zentralalpen sowie im insubrischen Gebiet), Apennin. Süd-mitteleuropäische Gebirgspflanze (westlich).

Alle *Pedicularis*-Arten sind Halbschmarotzer, welche an ihren Wurzeln Saugorgane entwickeln, mit denen sie den Wurzeln ihrer Wirtspflanzen Wasser und Nährstoffe entnehmen.

Fig. 3. Bártsia alpína L., *Alpen-Helm, Frauentreu; Roß-Stengel* (Schweiz).

5–10 cm hoher Halbschmarotzer. Blätter kreuzweise gegenständig, eiförmig, stumpf, kerbig gesägt, halb stengelumfassend, alle oder doch wenigstens die obersten trüb-violett überlaufen. Blüten in endständiger kurzer, fast kopfiger Ähre, mit großen Tragblättern, kurzgestielt. Kelch röhrig-glockig, vierspaltig, drüsig-zottig. Krone röhrenförmig, nach oben trichterförmig erweitert, dunkel-violett; Oberlippe helmförmig, ungeteilt, Unterlippe flach. Staubbeutel filzig behaart, wenig aus der Kronröhre herausragend. Kapsel zweifächerig, behaart, Samen flügelig-längsrippig. – Blüht vom Mai bis August.

Recht häufig und verbreitet auf rasigen Hängen und meist etwas feuchten Wiesen, auf Quellgründen und Flachmooren, auf basischen bis schwach sauren, oft sickerfeuchten und mild-humosen Böden. In Polster-, Horst- und Rostseggenrasen, Violettschwingelfluren, in Pfeifengras- und Kopfbinsenbeständen von 930–2950 m.; vielfach auch in Quell- und Flachmooren des Vorlandes. – Pyrenäen, Jura, Alpen, Vogesen, Schwarzwald, Sudeten, Karpaten; Altai; arktisches Eurasien und Nordamerika. Arktisch-alpin.

Zu den Braunwurzgewächsen gehören auch die Fingerhut-Arten, von denen der *Blaßgelbe Fingerhut* (**Digitális grandiflóra** Miller) lichte Bergwälder und Waldränder auf lockeren, nährstoffreichen Böden bis in eine Höhe von 2000 m besiedelt. – Blüht von Juni bis August; verbreitet von Südfrankreich bis Innerrußland. Südeuropäisch-montanmitteleuropäisch. *Geschützt!* (Naturschutztafel A).

Globulariáceae. Kugelblumengewächse

Halbsträucher oder Kräuter mit wechselständigen und ungeteilten Blättern. Blüten dorsiventral, zu einem Köpfchen vereinigt. Kelch röhrig, zweilippig, mit 5 schmalen Zipfeln. Staubblätter 4, der Kronröhre eingefügt, aus der Krone weit herausragend. Fruchtknoten oberständig, einfächerig. Frucht eine einsamige Nuß, von dem bleibenden Kelche eingeschlossen. Heute manchmal nur als stark abgeleitete Gruppe der Braunwurzgewächse betrachtet.

Fig. 4. Globulária cordifólia L., *Herzblätterige Kugelblume.*

3–10 cm hoher, niederliegender, rasenbildender, ästiger Halbstrauch, über dem Boden sich durch kriechende, verholzende und wurzeltreibende Sprosse stark verzweigend. Grundständige Blätter bis 25 mm lang, verkehrt-eiförmig, nach dem Grunde zu verschmälert, vorn sehr stumpf und herzförmig ausgerandet, steif und lederartig. Stengel aufrecht, blattlos oder mit 1–2 schuppenartigen Hochblättern, am Ende den gedrückt kugeligen Blütenkopf tragend. Blüten hellblaulila. – Blüht vom Mai bis August.

Sehr häufig und verbreitet auf mageren, steinigen Matten, an sonnigen Felsbändern und trockenen Schutthalden, in lichten Wäldern (im Alpenvorland auf Heidewiesen), auf basischen, kalkreichen Stein- und Rohböden. In offenen Polsterseggenmatten, Blaugras- und Horstseggentreppen, in den Kalkspaltenvereinen des Stengelfingerkrauts, in zirben- und erikareichen Föhrenwäldern, von den Tälern bis 2800 m. – Von Nordspanien über Jura, Alpen, Karpaten bis Bulgarien; Apennin und vereinzelt bis Illyrien, dort rasch durch die nahe verwandte *Globulária meridionális* (Podp.) O. Schwarz ersetzt. Süd-mitteleuropäische Gebirgspflanze, die Gattung submediterran.

Fig. 5. Globulária nudicaúlis L., *Nacktstengelige Kugelblume.*

10–30 cm hoch, mit vielköpfiger Grundachse. Stengel über dem Boden nicht verzweigt. Grundständige Blätter beinahe so lang wie der Blütenstengel, lederig, kahl, keilförmig allmählich in den Blattstiel verschmälert, ganzrandig, an der Spitze abgerundet oder gestutzt. Stengel nur mit 1–3 schuppenartigen Blättchen besetzt, am Ende den kräftigen, 18–25 mm breiten Blütenkopf tragend. Krone blaulila; Oberlippe verkümmert. – Blüht vom Mai bis August.

Ziemlich verbreitet und häufig auf trockenen, humosen Magermatten und steinigen Triften, in lichten Wäldern und Gebüschen, auf milden, kalkreichen Humusböden. In Legföhren- und Almrauschgestrüppen, in offenen Horst- und Rostseggenrasen, auch im erikareichen Föhrenwald, von (450–) 800–2640 m. – Asturien, Pyrenäen, Alpen (vor allem in den nördlichen Kalkalpen; in den Zentral- und Südalpen nur sehr lückenhaft verbreitet), Ligurischer Apennin. Süd-mitteleuropäische Gebirgspflanze (westlich).

Plantagináceae. Wegerichgewächse

Fig. 6. Plantágo alpína L., *Alpen-Wegerich.*

Rütz (Allgäu, Vorarlberg), *Adelgras, Romeie(n)* (Schweiz), *Ritz, Plantája riz* (Graubünden), *Coronopa, Erba stella* (Tessin).

2–10(–20) cm hoch mit kräftiger, mehrköpfiger Wurzel. Blätter in grundständiger Rosette, lineal-lanzettlich, ganzrandig oder gezähnelt, etwas dicklich und fleischig. Schaft angedrückt haarig, eine endständige, meist länglich-walzenförmige Ähre tragend. Tragblätter eiförmig, grün; Kelch vierteilig. Blüte mit flaumig behaarter Röhre und 4 weißlichen Kronzipfeln. Staubblätter 4, aus der Krone herausragend, Griffel fadenförmig. Frucht eine 3 mm lange, zwei- bis zehnsamige Kapsel. – Blüht vom Mai bis Juli. – Volksheilmittel gegen Verschleimungen.

Verbreitet und gesellig in Magermatten und trocken-humosen Weiden, meist auf tiefgründigen, nährstoffreichen Lehmböden. Als ausgezeichnete Futterpflanze in Milchkrautweiden (Rispengras- und kleereiche Violettschwingelflur), auch in Borstgrasmatten von (1000–)1500–2700 m. – Pyrenäen, Auvergne, Jura, Alpen (ostwärts bis ins Ammergau; vereinzelt am Achensee, im Pinzgau sowie im Etschgebiet), zerstreut in Mazedonien und Zilizien. Süd-mitteleuropäische Gebirgspflanze.

Der Berg-Wegerich (*Plantágo atráta* Hoppe = *P. montána* Lam.) ist durch lanzettliche, stark längsnervige Blätter, kugelige, schwärzliche Blütenstände und kahle Kronröhre leicht unterscheidbar. In seinen Lebensbedingungen dem vorigen recht ähnlich, vom Jura und den Westalpen bis zum Balkan in den mittel- und südeuropäischen Gebirgen weit verbreitet.

Rubiáceae. Labkrautgewächse

Fig. 7. Gálium megalospérmum All. (= G. helvéticum Weigel), *Schweizer Laubkraut.*

2–10 cm hohes, kriechendes, dichtrasiges Pflänzchen mit kurzgliedrigen, vierkantigen, kahlen und glatten Stengeln. Blätter zu 6–8 quirlig, verkehrt eilanzettlich bis spatelig, kurz zugespitzt, dicklich, hellgrün, glanzlos. Blüten in kurzen Trugdolden, gelblich weiß, mit kurzer Kronröhre und 4 spitzen Zipfeln. Kelch undeutlich. Staubblätter 4. Fruchtknoten unterständig. Griffel tief zweispaltig. Frucht bei der Reife in 2 Teilfrüchtchen zerfallend, auf herabgebogenen Stielen stehend. – Blüht im Juli und August.

Verbreitet und ziemlich häufig an schattseitigen Geröllhalden, im lockeren, feinen Felsschutt, nur auf kalkreichen Substraten. Vorzugsweise in der Täschelkrauthalde von 2000–2900 m. – Alpen (verbreitet in den westlichen und nördlichen Kalkalpen; in den Zentral- und Südalpen recht vereinzelt; ostwärts bis zum Dachstein und bis Trient). Alpin.

Tafel 27

Caprifoliáceae. Geißblattgewächse

Fig. 8. Linnaéa boreális L., *Nordisches Moosglöckchen.*

Zierliches, kriechendes Halbsträuchlein, mit dünnen, holzigen Stengeln. Blütensproß bis 15 cm hoch, aufrecht, meist zweiblütig. Blätter gegenständig, kurzgestielt, fast kreisrund, vorn kerbig gesägt, lederartig, unterseits hellgrün. Blüten an langen, drüsigen Stielen. Kelch röhrig, mit 5 schmalen, abfallenden Zipfeln. Krone trichterförmig-glockig, fünflappig, hell rosarot, von feinem Vanilleduft. Staubblätter 4, die 2 unteren länger. Fruchtknoten unterständig, dreifächerig. Frucht selten ausgebildet, eine einsamige, von den klebrigen Hochblättern eingeschlossene Beere. – Blüht im Juli und August.

Zerstreut, aber gesellig, in moosreichen, felsigen Nadelwäldern, in dichten Girlanden die Felsblöcke überspinnend, auf kalkarmen, meist etwas feuchten Rohhumusböden. In Fichten- und Zirben-, seltener Lärchenwäldern, im Alpenrosen-Heidelbeergestrüpp in der subalpinen Stufe von 1270–2200 m. – Alpen (vor allem in den mittleren, zentralen Teilen, vereinzelt in die Süd-, Südost- und Nordalpen ausstrahlend; für Bayern [Allgäu] nicht mehr gesichert); Sudeten, Tatra, Kaukasus; nördliches und arktisches Eurasien und Nordamerika. Amphiboreal-montan(-kontinental).

Valerianáceae. Baldriangewächse **Tafel 28**

Kräuter oder Halbsträucher mit gegenständigen Blättern, Blütenstand meist trugdoldigrispig, Blüten klein, unregelmäßig. Kelch undeutlich, zuletzt zu einer mehrstrahligen Haarkrone auswachsend. Krone röhrig oder trichterförmig, fünfzipfelig. Staubblätter meist 3. Fruchtknoten unterständig, einfächerig, mit einem Griffel. Frucht nußartig, einsamig.

Fig. 1. Valeriána supína Ard., *Zwerg-Baldrian.*

3–15 cm hoch, kriechend und ästig verzweigt, Stengel armblätterig, mit endständigem, ziemlich dichtem, kopfigem, von Hochblättern umgebenem Blütenstand. Blätter spatelförmig, bewimpert, ganzrandig oder etwas gezähnt, mit Ausnahme des obersten lanzettlichen und sitzenden Blattpaares gestielt. Blüten blaß rotlila. Früchte kahl, mit gefiederter, verhältnismäßig großer Haarkrone. – Blüht im Juli und August.

Auf Schutt- und Geröllhalden, auf Felsbändern und Schneeböden, nur auf kalkreichen Substraten. Vielfach als Schuttwanderer in Täschelkrauthalden von ca. 1800–2700 m. – Alpen (vom Rätikon und Puschlav an ostwärts, besonders in den mittleren Nord- und Südalpen, nach Süd- und Nordosten wieder seltener werdend). Ostalpin **(Karte 40).**

Fig. 2. Valeriána saxátilis L., *Felsenbaldrian, Wilder Speik.*

5–30 cm hoch. Wurzelstock faserschopfig. Stengel aufrecht, blattlos oder in der Mitte mit einem Blattpaar. Laubblätter in der Mehrzahl grundständig, ganzrandig oder wenig gezähnt, drei- bis fünfnervig, bewimpert, langgestielt; die stengelständigen lineal-lanzettlich. Trugdolden end- und blattwinkelständig, ziemlich armblütig. Krone weiß. Frucht 3 mm lang, mit Haarkrone. – Blüht vom Juni bis August.

Ziemlich häufig und truppweise an Felsspalten und Geröllhalden, in offenen Matten, auf basischen, kalkreichen Roh- und Steinböden. In der Kalkspaltengesellschaft des Stengelfingerkrauts, in aufgelockerten Polsterseggenrasen und Legföhrengebüschen von 1100 bis 2500 m, vielfach tiefer (–300 m) herabsteigend und herabgeschwemmt. – Alpen (von den Kantonen Schwyz und Tessin an ostwärts, jedoch nur in den kalkreichen Zügen). Ostalpin **(Karte 41).**

(Fortsetzung der *Valerianáceae* auf Tafel 29)

Dipsacáceae. Kardengewächse

Fig. 3. Scabiósa lúcida Vill., *Glänzende Skabiose.*

10–30 cm hoch, fast kahl. Blätter gegenständig, unterste wie die der nichtblühenden Triebe gestielt, länglich, gekerbt, obere fiederspaltig, mit lanzettlich-linealen Zipfeln. Blüten zu einem 2–3 cm breiten, von Hüllblättern umgebenen und spreublätterigen Köpfchen vereinigt. Einzelblüten mit trockenhäutigem Außenkelch, 3–4mal längerem, fünfborstigem Kelch und lilarötlicher, ungleich fünfzipfeliger Krone; randständige größer und strahlend. Staubblätter 4, Fruchtknoten unterständig, eingriffelig. Nuß einsamig, vom Kelch gekrönt. – Blüht vom Juli bis September.

Ziemlich verbreitet und meist häufig an steinigen, buschigen Hängen, an nicht zu trokkenen Matten, an Felsbändern und Geröllhalden, besonders auf lockeren, basischen bis

Tafel 28

1a

1b

7

4

5

2

6

3

8

19C49

neutralen, kalkreichen Lehmböden. In Blaugras-Horstseggentreppen, in Rostseggen- und Violettschwingelrasen, von 1000–2600 m. – Pyrenäen, Jura, Alpen, Vogesen, Sudeten, Karpaten, Illyrien. Süd-mitteleuropäische Gebirgspflanze.

Campanuláceae. Glockenblumengewächse

Blätter wechselständig, meist ungeteilt. Kelch fünfteilig oder fünfspaltig. Krone verwachsenblätterig, röhrig, glockig oder radförmig. Staubblätter 5, am Grunde meist verbreitert. Fruchtknoten unterständig, meist dreifächerig. Griffel oberwärts mit Fegehaaren besetzt. Frucht eine vielsamige, meist sich mit Löchern öffnende Kapsel.

Fig. 4. Campánula barbáta L., *Bärtige Glockenblume.*

10–40 cm hoch, Stengel einfach, steifhaarig, locker beblättert, mit armblütigem, meist einseitswendigem, traubigem Blütenstand. Grundblätter rosettig, länglich-lanzettlich, fast ganzrandig, in den Blattstiel verschmälert. Kelch zottig behaart, in den Buchten zwischen den Kelchzipfeln mit zurückgeschlagenen Anhängseln. Krone bis 3 cm lang, glockenförmig, am Saum der Zipfel bärtig, hellblau bis milchweiß, Narben 3, Kapsel kantig berandet. – Blüht vom Juni bis August.

Verbreitet und ziemlich häufig auf mageren Wiesen und Weiden, in lichten Wäldern, in Gebüschen und Zwergstrauchheiden, auf sauer-humosen, kalkarmen Lehm- und Tonböden. Bezeichnende Art der Borstgrasmatten, in Felsschwingelfluren, Legföhren- und Grünerlengebüschen, in Alpenrosen- und Vacciniengestrüppen und Zirbenwäldern von (600–)1500–2800 m. – Alpen (in den Kalkalpen nur lückenhaft verbreitet), Sudeten. Mitteleuropäische Gebirgspflanze, sehr vereinzelt auch in Südnorwegen.

Fig. 5. Campánula scheuchzéri Vill., *Scheuchzers Glockenblume.*

5–40 cm hoch, lockerrasig, mit völlig kahlen oder zuweilen dicht kurzhaarigen Stengeln. Grundblätter rundlich, langgestielt, zur Blütezeit vertrocknet. Stengelblätter lineal-lanzettlich bis linealisch, sitzend, meist ganzrandig, nach oben schmäler werdend, am Grunde deutlich gewimpert. Stengel meist ein-, seltener bis sechsblütig. Blüten gestielt (Knospen nickend), weitglockig, 18–25 mm lang, dunkel blauviolett. Kelchzipfel etwas länger als die halbe Krone, meist aufrecht. – Blüht vom Juli bis September.

Verbreitet und recht häufig auf Wiesen und Weiden, an Felsgesimsen, Schutt- und Geröllhalden, auch an Waldrändern, auf basischen bis mäßig sauren Böden. In Borstgrasmatten, Violettschwingelfluren, in Zwergweidenspalieren und lichten Zirbenwäldern von (400–) 1400–3100 m. – In mehreren Rassen in den Pyrenäen, Alpen, im Jura, Schwarzwald und Apennin. Süd-mitteleuropäische Gebirgspflanze.

Fig. 6. Campánula cochleariifólia Lam. (= C. pusílla Haenke), *Zierliche Glockenblume; Steiglöggli, Muräglöggli* (Schweiz).

5–20 cm hohe, meist große und ziemlich dichte Rasen bildende, kahle oder behaarte Pflanze. Untere Laubblätter zahlreich, eiförmig, schwach herzförmig oder verschmälert, grob gezähnt und gestielt; obere schmallanzettlich, gezähnt, sitzend. Stengel aufsteigend, mit einseitswendiger, wenigblütiger Traube oder einblütig. Kelchzipfel borstlich, aufrecht oder abstehend. Krone nikkend, bauchig-glockig, blau, seltener hellblau oder milchweiß. Staubbeutel höchstens so lang wie die Staubfäden. – Blüht vom Juni bis September.

Allgemein verbreitet und häufig an Felsbändern und Wandklüften, in Schutt- und Geröllhalden, an locker berasten Hängen, auf kalkreichen, oft sicker-feuchten und mildhumosen Böden. In Pestwurz- und Täschelkrauthalden, in offenen Polsterseggenbeständen, in den Kalkspaltengesellschaften des Stengelfingerkrauts von den Tälern bis 3000 m ansteigend. In den Tamariskenauen der Flußtäler oft weit ins Vorland (bis Ulm und Landshut) verschwemmt. – Zentralmassiv, Jura, Vogesen, Schwarzwald, Alpen, Karpaten, Illyrien. Süd-mitteleuropäische Gebirgspflanze.

Fig. 7. Phyteúma hemisphaéricum L., *Halbkugelige Rapunzel.*

Zwangskräutl (Österreich), *Frauenspeik* (Kärnten), *greflas giat* (Graubünden).

4–10 (–30) cm hoch, mit dünnem, wenig beblättertem Stengel. Blätter grundständig, grasartig. Blütenstand kopfig, am Grunde mit eiförmigen, zugespitzten, oft bewimperten Hüllblättern. Blütenkopf zehn- bis zwölfblütig, fast kugelig. Blüten dunkel-blauviolett. Krone vor dem Aufblühen röhrig, später von unten nach oben gitterartig sich in 5 Zipfel zerteilend, die jedoch an der Spitze zusammenhängend bleiben. Staubblätter 5, am Grunde erweitert. Griffel mit 3 Narben. – Blüht im Juli und August.

Verbreitet und oft gesellig auf mageren Matten und Weiden, an Schutthalden und Moränenhängen, auf kalkarmen und saueren bzw. tiefgründigen und ausgelaugten

Böden. In Krummseggen- und Borstgrasrasen, in Nacktriedtriften, Fels- und Buntschwingelfluren, auch in Zwergstrauchheiden von 1700–3600 m. – Spanische und französische Gebirge, Alpen (von den Seealpen ostwärts bis in die Salzburger Alpen, Stangalpe und Gailtaler Alpen), für die Apenninen fraglich. Süd-mitteleuropäische Gebirgspflanze (westlich).

Fig. 8. Physopléxis comósa (L.) Schur (= *Phyteuma comosum* L.), *Schopf-Teufelskralle.*

5–15 cm hoch, mit aufsteigendem, locker beblättertem Stengel. Blätter gestielt, ungleich grob gesägt; die grundständigen nierenförmig, die stengelständigen verkehrt-eiförmig bis länglich-lanzettlich. Blüten in endständiger, einfacher, lockerer, kopfförmiger Dolde, bis 3 cm lang, blaßlila, gegen die blauviolette Spitze hin dunkler werdend. Dolde am Grunde von großen, länglich-lanzettlichen, gezähnten Hüllblättern umgeben. Narben 2. Kapsel meist zweifächerig. – Blüht im Juni und Juli

Selten und vereinzelt in Kalk- und Dolomit-Felsspalten, in den Gesellschaften des Stengelfingerkrauts, von der Talsohle bis 2000 m ansteigend. – Südliche Kalkalpen vom Comer See bis in die Julischen Alpen und Westkarawanken, nördlich bis in die Brenneralpen. Südalpin **(Karte 42).**

Campánula thyrsoídes L., *Strauß-Glockenblume*.

Maadkerze (Bern), *Katzeschwänz* (Westtirol), *zeinalas* (Graubünden).

10–50 cm hoch, zweijährig, im ersten Jahr aus rübenförmiger Wurzel eine ausgebreitete Blattrosette treibend. Stengel aufrecht, unverzweigt, kantig, steifhaarig, dicht beblättert. Blätter länglich bis zungenförmig, ganzrandig oder schwach wellig, steifhaarig. Blüten in einer dichten, kolbenförmigen, später sich verlängernden, durchblätterten Ähre. Kelchzipfel lineal, stumpf, steifborstig. Krone walzenförmig-glockig, gelblichweiß, besonders auf den Nerven wollig behaart. – Blüht vom Juni bis August.

Ziemlich verbreitet, jedoch nicht häufig auf Wildheuplanken und ungedüngten Wiesen, auf „halbschürigen" (nur alle zwei Jahre gemähten) Mähdern und berasten Schutthalden, auf meist locker-humosen, wohl stets kalkreichen Böden. In Rostseggenrasen, fetten Blaugras-Horstseggen-Halden, in Violettschwingelfluren von 1500–2720 m, stellenweise bis 400 m herabsteigend. – Jura, Alpen, Illyrien, Balkanhalbinsel. Süd-mitteleuropäische Gebirgspflanze.

Tafel 29

Fig. 1. Campánula alpína Jacq., *Alpen-Glockenblume.*

5–15 cm hoch (die Abbildung zeigt ein sehr kleines Exemplar!). Blätter wollig-zottig, verkehrt-lanzettlich bis lineal-lanzettlich, spitz, ganzrandig. Blüten in einer meist reichblütigen, zuweilen bis zum Stengelgrunde reichenden Traube, langgestielt, nickend. Kelch wollig-zottig, mit kurzer Röhre, in den Buchten mit je einem kurzen, zurückgeschlagenen Anhängsel (bei der ähnlichen *C. barbata* sind diese etwa so lang wie die Kelchröhre). Krone glockig, hell blaulila, innen bewimpert; Kapsel vom trockenen Kelch umhüllt. – Blüht im Juli und August.

Zerstreut und vereinzelt auf steinigen Weiden, an Felsgesimsen, auch im Legföhrengesträuch, auf schwach basischen bis sauren Böden. In Nacktriedfluren und Krummseggenrasen, in Azaleen- und Weidenspalieren von 1300–2400 m. – Ostalpen (in den nördlichen und zentralen Ketten westlich bis zum Wendelstein und Lungau; in den Südalpen nur in der Südsteiermark), Karpaten, Balkanhalbinsel. Mitteleuropäische Gebirgspflanze (östlich).

Fig. 2. Campánula púlla L., *Dunkle Glockenblume.*

5–15 cm hoch. Wurzelstock dünn, kriechend, unterirdische Ausläufer treibend. Stengel aufsteigend oder aufrecht, oft gebogen, einfach, einblütig. Blätter kahl, etwas glänzend, stumpf gesägt; grundständig rundlich-spatelig, stumpf, obere lanzettlich. Blüten endständig, einzeln, langgestielt, nickend. Kelch mit linealen, spitzen, kahlen, aufrechten Zipfeln. Krone weitglockig, 17–22 mm lang, dunkelviolett. Kapsel mit vorgestreckten Kelchzipfeln. – Blüht im Juli und August.

Stellenweise häufig auf steinigen Matten und locker berastem Felsschutt, an quelligen Stellen und feuchten Felsen, auf basischen bis neutralen, kalkreichen Unterlagen. In Polsterseggenmatten und Kalkquellfluren von 1500–2200 m, zuweilen weit herabgeschwemmt. – Ostalpen (besonders in den Nord-, vereinzelt in den Zentralalpen, vom Tennengebirge und Lungau an ostwärts; fehlt in den Südalpen). Ostalpin.

Fig. 3. Campánula zoýsii Wulfen, *Krainer Glockenblume.*

2–10 cm hoch. Wurzelstock ästig, kurz, kriechende Stämmchen treibend. Stengel aufsteigend, einfach. Blätter kahl; grundständige eiförmig bis rundlich, ganzrandig oder etwas gekerbt, plötzlich in den Stiel zusammengezogen; obere borstlich bewimpert, elliptisch bis länglich, fast sitzend. Blüten oft nickend, gestielt, in ein- bis vierblütiger Traube; Kelchzipfel viel kürzer als die Krone, abstehend, borstlich bewimpert. Krone walzlich, 16–18 mm lang, aus bauchigem Grunde nach der bis 5 mm weiten Mündung zu allmählich verengt, mit kurz dreieckigen, zusammenneigenden Zipfeln, hell blauviolett, Griffel weiß. – Blüht im Juli und August.

Selten, aber oft gesellig an Felsbändern und Wandklüften, auf Schutt- und Geröllhalden, nur auf kalkreichem Gestein. Vorzugsweise in den Kalkspaltengesellschaften des Stengelfingerkrauts, von 1500–2100 m. – Bezeichnender Reliktendemit der Julischen Alpen, Karawanken und Steiner Alpen. Südostalpin **(Karte 43).**

Fig. 4. Phyteúma betonicifólium Vill., *Ziestblätterige Rapunzel.*

Blautrauben, Melcherzollen (Zillertal), *Joggele* (Uri), *flur gniúce* (Graubünden).

20–70 cm hoch. Wurzel fleischig, rübenförmig. Stengel aufrecht, im oberen Teile fast blattlos. Blätter kahl oder zerstreut behaart; die grundständigen langgestielt, eilanzettlich bis lanzettlich, am Grunde meist herzförmig, gekerbt oder gesägt. Stengelblätter schmäler, lanzettlich bis lineal. Blütenstand eine zylindrische Ähre, am Grunde von sehr kleinen borstenförmigen Hüllblättern umgeben. Blüten blaulila, vor dem Aufblühen fast gerade. Griffel mit 3 Narben. – Blüht vom Juni bis September.

Ziemlich verbreitet und scharenweise auf den fetten Rasen der Wildheuplanken, aber auch auf mageren Weiden und Matten, seltener in Gebüschen und lichten Wäldern, auf meist kalkarmen, sauren Böden. In Borstgrasmatten, Horstseggentreppen, Violettschwingelfluren, in aufgelockerten Fichten-, Lärchen- und Zirbenwäldern von (300–) 1100–2600 m. – Alpen (östlich bis ins Allgäu, Pinzgau, Pustertal und Valsugana). Alpin.

Östlich der genannten Grenze (jedoch in Bayern fehlend) wird die Art durch die nahe verwandte Pfirsichblättrige Rapunzel, *Phyteúma zahlbrucknéri* Vest (mit zweinarbigen Griffeln) ersetzt, deren fast ausschließlich zentral- und südalpines Areal bis Nordoststeiermark und Krain reicht.

Valerianáceae. Baldriangewächse

(Fortsetzung)

Fig. 5. Valeriána céltica L., *Echter, Gelber oder Roter Speik.*

2–15 cm hoch. Wurzelstock walzenförmig, von durchdringendem Baldriangeruch. Stengel gefurcht, kahl, mit 1–2 Blattpaaren besetzt. Blätter kahl, glänzend, dunkelgrün, die grundständigen verkehrt-eiförmig, stumpf, ganzrandig. Blüten in armen, gegenständigen, sitzenden oder kurzgestielten, eine walzliche Traube bildenden Trugdolden. Krone 2 mm lang, gelblichweiß, außen oft rötlich. Früchte 3–4 mm, kurzfederig. – Blüht im Juli und August. – Wurzel in der Parfümerie und als Rauchwerk verwendet.

Zerstreut, aber sehr gesellig auf tiefgründigen Matten („Speikböden"), seltener auf Gesteinsfluren und an Felsen, auf wohl stets sauren, kalkarmen bzw. ausgelaugten Böden. In Krummseggenrasen, in Schwingelfluren und Borstgrasrasen von 2000–2800 m. – In den Westalpen vom Mont Cenis bis ins Saastal; eine etwas schwächere Sippe (ssp. *nórica* Vierh.) in den Ostalpen (in den zentralen Massiven und auf den Plateaugebirgen der Nordalpen; von den südlichen Hohen Tauern bis zur Koralpe und vom Dachstein bis zum Hochschwab). Alpin **(Karte 44).**

Fig. 6. Valeriána trípteris L., *Dreischnittiger Baldrian.*

10–60 cm hohe, etwas weiche, matt bläulichgrüne Pflanze. Stengel mit 2–3 Blattpaaren, meist kahl; unterste Blätter eiförmig, die übrigen dreischnittig oder dreiteilig, grob gezähnt; die der Laubsprosse herz-eiförmig, langgestielt. Blüten in endständiger, etwas lockerer Trugdolde. Krone weiß oder blaßrosa mit etwas zugespitzten Zipfeln. – Blüht vom April bis Juli.

Verbreitet und häufig in steinigen Bergwäldern, an felsigen, buschigen Hängen, an Schutthalden und Felsspalten, auf etwas frischen, basischen und sauren Böden. Vorzugsweise in den beschatteten Felsspaltengesellschaften der Streifenfarne und des Stengelfingerkrauts von den Tälern bis 2500 m. – In verschiedenen, schwer unterscheidbaren Rassen in den spanischen und französischen Gebirgen, Schwarzwald, Alpen, Jura, Ostsudeten, Karpaten; Apennin, Balkan. Süd-mitteleuropäische Bergwaldpflanze.

Fig. 7. Valeriána montána L., *Berg-Baldrian.*

20–60 cm hohe, derbe, sattgrüne Pflanze. Stengel mit 3–8 Blattpaaren, kahl bis dichtbehaart. Untere Blätter rundlich-eiförmig mit kurzem Stiel, obere sitzend, ungeteilt, meist fast ganzrandig; die der Laubsprosse eiförmig, in den Stiel verschmälert. Blüten in endständiger, dichtgedrängter Trugdolde. Krone hellila bis weiß. – Blüht vom April bis Juli.

1
7
4
9
8
6
5
2
3
4
19©49

Verbreitet und oft herdenweise in Geröllhalden und Felsritzen, in steinigen Hochstauden- und Karfluren, nur auf basischen, kalkreichen Böden. In Pestwurzhalden, im Legföhrengestrüpp, in Alpendost- und Meisterwurzfluren von 650–2780 m. – Nordspanische Gebirge, Pyrenäen, Korsika, Apennin, nördliche Balkanhalbinsel; Jura, Alpen, Karpaten. Süd-mitteleuropäische Gebirgspflanze.

Asteráceae (Compósitae). Korbblütler

Blätter meist wechselständig, seltener gegenständig. Blüten zwitterig, eingeschlechtig oder geschlechtslos, ziemlich klein, in vielblütigem Köpfchen; letzteres von einer gemeinsamen Hülle aus zahlreichen, oft miteinander verwachsenen Hüllblättern umgeben. Tragblätter der einzelnen Blüten ab und zu als „Spreuschuppen" ausgebildet. Kelch oft durch Haare, Borsten oder Schuppen („Pappus") ersetzt, welche später den Früchten als Flugorgane dienen. Krone verwachsenblättrig, meist fünfzählig, entweder alle röhrenförmig oder innere („Scheibenblüten") röhrenförmig und äußere („Randblüten") zungenförmig. Staubblätter 5, der Kronröhre eingefügt; Staubbeutel seitlich miteinander verklebt, eine den zweischenkeligen Griffel einschließende Röhre bildend. Fruchtknoten unterständig. Frucht eine einsamige Nuß. – Pflanzen stets ohne Milchsaft, jedoch oft mit aromatisch riechenden Ölen.

Fig. 8. Gnaphálium hoppeánum Koch, *Alpen-Ruhrkraut.*

2–10 cm hoch. Stengel aufrecht, einfach, weißfilzig. Blätter oberseits schwächer, unterseits dichter angedrückt grauweißfilzig, ganzrandig; untere lanzettlich, 2–4 mm breit, einnervig, nach dem Grunde zu lang verschmälert; obere lineal-lanzettlich, sitzend. Köpfchen 5–7 mm lang, zu 1–5 zu einer endständigen, am Grunde durchblätterten Ähre vereinigt. Hüllschuppen breit braunschwarz berandet; die äußeren wollig, nur ein Drittel so lang wie das Köpfchen. Blüten blaßbräunlich. Hülle zur Fruchtzeit breitglockig. Früchte kurzhaarig, mit Haarkrone. – Blüht im Juli und August.

Zerstreut und meist vereinzelt auf steinigen Triften, auf Schuttböden und Gesteinsfluren, auf meist frischen, lang schneebedeckten, aber kalkreichen, basischen bis schwach sauren Böden. Bezeichnende Pflanze der Blaukressenflur; seltener in Gletscherweidenspalieren und offenen Polsterseggenrasen, von (1100–) 1500–2900 m. Alpen, Riesengebirge, Tatra sowie auf den italienischen, illyrischen und balkanischen Gebirgen. – Süd-mitteleuropäische Gebirgspflanze (östlich).

Fig. 9. Gnaphálium supínum L., *Zwerg-Ruhrkraut.*

2–12 cm hoch. Stengel dünn, fast fädlich, einfach, weißwollig. Blätter beiderseits dünn seidigwollig, lineal-lanzettlich, 1–2 mm breit, spitz, meist kaum über 2 cm lang. Köpfchen 5–6 mm lang, zu 1–6 in einer endständigen, anfangs meist gedrungenen, später lockeren Ähre. Hochblätter die Köpfchen meist nicht überragend. Hüllschnuppen wenig reich, elliptisch, braunhäutig berandet; die äußeren etwa zwei Drittel so lang wie die inneren und länger als der halbe Kopf. Hülle zur Fruchtzeit sternförmig ausgebreitet, nicht glockenförmig. – Blüht vom Juni bis September.

Ziemlich verbreitet und stellenweise herdenbildend in Schneetälchen und auf Schneeböden, auf feuchten, humosen Weiden, an Moränenhalden und Runsen, auf lang schneebedeckten, kalkarmen, sauer-humosen Böden. Charakterpflanze der Krautweidenböden (hier vielfach in einer rasenbildenden Form), daneben auch in Krummseggenrasen und offenen Borstgrasmatten, von 1600–3000 m. – Nordspanische und französische Gebirge, Jura, Alpen, Schwarzwald, Sudeten, Karpaten, nördliche Balkanhalbinsel, Kaukasus; Arktis. Arktisch-alpin.

Tafel 30

Fig. 1. Adenostýles glábra (Miller) DC., *Kahler Alpen-Dost.*

Scheißblattl (Oberbayern), *Stoanpletschen* (Tirol), *Waldblern* (Niederösterreich), *Wasserblum* (Uri), *Schletter, Schinderchrut* (Graubünden).

30–80 cm hoch. Stengel fein gerillt, entfernt beblättert, nach oben zu filzig behaart. Blätter nierenförmig, gestielt, ziemlich derb gezähnt, unterseits blaßgrün, kahl oder nur an den Nerven flaumig behaart; Blattstiel am Grunde in der Regel ohne Öhrchen. Blütenköpfchen drei- bis vierblütig, zu einer endständigen, ziemlich dichten Doldentraube vereinigt. Blüten röhrig, blaßrosa oder rotlila. Griffel weit aus den kleinen Blüten herausragend. Haarkrone („Pappus") rauhhaarig. – Blüht im Juli und August.

Verbreitet und oft scharenweise in Schlucht- und Bergwäldern, in Schutthalden und geröllreichen Bachbetten, in Karfluren, auf frischen, steinigen Kalkböden. In Pestwurzhalden und Meisterwurzfluren, in Grünerlen- und Legföhrengebüschen von (300–) 800–2500 m. – Jura, Alpen (in den zentralen Massiven nur in den kalkreicheren Zügen). Korsika, Illyrien. Süd-mitteleuropäische Bergwaldpflanze.

Tafel 30

Dieser Pflanze ist in der Tracht der noch stattlichere Filzige Alpendost (*Adenostýles alliáriae* [Gouan] Kerner) sehr ähnlich, bei dem aber die Unterseite der Blätter meist stark wollig behaart ist und daher grau oder weiß erscheint. Zudem sind die Blattstiele am Grunde meist geöhrt, die Blätter unregelmäßig gezähnt, die Doldentrauben lockerer und größer.

Fig. 2. Erígeron polymórphus Scop., *Kahles Berufkraut.*

5–30 cm hoch, mit aufrechtem, 1–6köpfigem, am Grunde kahlem Stengel. Blätter kahl oder zerstreut behaart, drüsenlos; grundständige spatelig, stumpf, in einen Stiel verschmälert, obere lanzettlich, sitzend. Hüllblätter kahl oder spärlich rauhhaarig. Zungenblüten schmal lineal, rötlich-lila, Scheibenblüten röhrig, zwitterig, gelb oder rötlich. Haarkrone weiß bis rötlich. – Blüht vom Juli bis September.

Ziemlich verbreitet und meist häufig auf sonnigen, kurzrasigen Weiden, an trockenen Grasgesimsen und in Felsritzen, nur auf kalkreichen Steinböden. In Blaugrashalden, Polsterseggenrasen, in den Kalkspaltengesellschaften des Stengelfingerkrauts von 1000 bis 2600 m. – Pyrenäen, Jura, Alpen (in den silikatischen Massiven seltener oder fehlend), Apennin, Balkanhalbinsel, Kleinasien. Süd-mitteleuropäische Gebirgspflanze.

Fig. 3. Áster alpínus L., *Alpen-Aster, Blaue Gamsblüh.*

5–20 cm hoch. Stengel in der Regel einköpfig, aufrecht, fein behaart. Blätter ganzrandig, flaumig behaart, dreinervig; die grundständigen länglich oder spatelförmig, in den Blattstiel verschmälert; die stengelständigen lanzettlich und sitzend. Blütenköpfe groß, 32–45 mm breit, mit lanzettlichen, mehrreihigen Hüllblättern. Zungenblüten einreihig, violett; scheibenständige Röhrenblüten goldgelb. Früchte abstehend behaart, mit borstiger Haarkrone. – Blüht im Juli und August. – *Geschützt!*

Ziemlich häufig und gesellig auf trockenen, sonnigen Abhängen, an Felsbändern und Wildheuplanken, auf (in den Alpen vielfach kalkhaltigen) basischen bis schwach sauren, mild-humosen Steinböden. In Blaugras- und Horstseggen-Halden, Polsterseggen- und Nacktriedfluren von 1400–3100 m. – In verschiedenen Rassen und Formen in den Pyrenäen, Zentralmassiv, Jura, Alpen, deutsche und böhmische Mittelgebirge, Karpaten, Balkanhalbinsel, Vorderasien, Kaukasus, Nordrußland, Ural, Altai (Himalaja?), Sibirien, westliches Nordamerika. Eurasisch-alpin(-kontinental).

Fig. 4. Leontopódium alpínum Cass., *Edelweiß.*

Irlweiß (Oberbayern), *Hanetabbe* (Allgäu), *Jagerbleaml, Bauchwehblume* (Salzburg), *Alv etérn, Staila alpina* (Graubünden).

5–10 cm hoch, seltener noch höher, dicht wollig, im Alter kahl werdend. Stengel aufrecht, unverzweigt. Blätter zungenförmig, lanzettlich, besonders auf der Unterseite dicht filzig behaart. Blütenkopf („Scheinblume") endständig, mit großen, weißen, sternförmig angeordneten Hochblättern, innerhalb welcher die 5–6 vielblütigen, goldgelben Einzelköpfchen sitzen. Die Hochblätter vertreten gewissermaßen die zungenförmigen Randblüten; die unscheinbaren Einzelblüten sind alle röhrenförmig. Frucht klein mit Haarkrone. – Blüht vom Juli bis September. – Volksheilmittel gegen Magenleiden. – Durch gewissenlose Pflanzenräuberei vielerorts der Ausrottung nahe. *Geschützt!*

Zerstreut, aber stellenweise ziemlich häufig auf sonnigen Grasbändern und felsigen Mähdern, an Wildheuplanken und berasten Geröllhalden, auf trockenen und meist kalkreichen, basischen bis neutralen Böden. In Blaugras-Horstseggen-Halden, in den Kalkspaltengesellschaften des Stengelfingerkrauts, in Nacktried- und Polsterseggenfluren von 1700–3400 m, selten herabgeschwemmt. – Pyrenäen, Alpen, Karpaten, Illyrien, nördliche Balkanhalbinsel; nahe Verwandte im Apennin sowie in Zentralasien. Die ganze Gruppe eurasisch-alpin(-kontinental.)

Fig. 5. Achilléa atráta L., *Schwarzrandige Schafgarbe.*

Gafferkraut (Steiermark), *Frauenrauch* (Niederösterreich), *Wildfräuli* (Vorarlberg), *Wildmännli-Chrut, Zigerchrut* (Graubünden), *Millefoglio, Iva bastarda, Erba Elva* (Tessin).

10–25 cm hoch, ohne Geruch. Stengel aufrecht oder aufsteigend, weichhaarig. Blätter verkehrtlänglich, einfach fiederschnittig, etwas behaart, nicht punktiert, mit schmalen zwei- bis dreispaltigen, spitzen Fiedern. Grundständige Blätter gestielt; die oberen sitzend. Blütenstand eine drei- bis zwölfköpfige Doldentraube. Zungenblüten verkehrt-eiförmig, weiß. Scheibenblüten weißlich, mit Spreublättern. Hüllblätter mit schwarzem Rande. Haarkrone fehlend. – Blüht im Juli und August.

Ziemlich häufig und truppweise an ruhenden und rutschenden, durchfeuchteten Schutthalden, an Moränenhängen und Abwitterungshalden, auf im Winter dauernd schneebedeckten, basischen, zu allermeist kalkreichen Böden. In Täschelkrauthalden und Blaukressenböden von 1600–4200 m. – Alpen (vor allem in den nördlichen und südlichen

Kalkalpen von Savoyen an ostwärts bis Salzburg und Krain); verwandte Sippen mit feiner zerteilten, aromatischen Blättern in den angrenzenden Nordostalpen (*Achilléa clusiána* Tausch) sowie auf der Balkanhalbinsel. Süd-mitteleuropäische Gebirgspflanze **(Karte 45)**.

Die aromatische Moschus-Schafgarbe oder Ivapflanze (*Achilléa moscháta* Wulfen) mit einfacheren, kammförmig fiederteiligen, drüsig-punktierten Blättern bewohnt trockenere, rasige Standorte auf kalkarmen und sauren Böden, vorzugsweise in den Zentral- und Südalpen (von den Penninen an ostwärts). – Volksheilmittel gegen Magen- und Darmleiden.

Achilléa clavénae L., *Steinraute, Weißer Speik.*

Roßrauten (Tirol), *Kührauten, Wermut* (Salzburg), *Weißer Speik, Kuhspeik* (Niederösterreich), *Grauer Wermut, Kopflwermut, Zandlkraut* (Kärnten).

10–25 cm hohe, weißseidig-filzige Pflanze. Untere Blätter langgestielt, tief fiederspaltig mit gezähnten bis fiederlappigen Abschnitten; obere sitzend, einfach fiederspaltig. Blütenstand endständig, ebensträußig, mit 5–30 langgestielten Köpfen. Hüllblätter schwarz berandet. Zungenblüten 5–9, weiß; Scheibenblüten schmutzigweiß mit schwarzspitzigen Spreublättern. – Blüht vom Juli bis September.

Ziemlich verbreitet und truppweise auf Felsbändern, auf Schutthalden und steinigen Weiden, auf basischen, meist kalkreichen Roh- und Steinböden. In den Kalkspaltengesellschaften des Stengelfingerkrauts, in offenen Polster- und Horstseggenrasen, auch an Pestwurzhalden von (600–)1500–2500 m. – Alpen (vor allem in den Kalkketten vom Achen- und Luganer See bis Niederösterreich und Krain), Illyrien. Süd-mitteleuropäische Gebirgspflanze (östlich) **(Karte 46)**.

Fig. 6. Gnaphálium norvégicum Gunn., *Norwegisches Ruhrkraut.*

10–30 cm hoch, mit einfachem, aufrechtem Stengel. Blätter lanzettlich, oberseits locker seidigwollig, grün, unterseits dichtfilzig, dreinervig, in einen kurzen Blattstiel verschmälert. Mittlere Stengelblätter sehr lang, 5–20 mm breit. Blütenköpfchen dunkelbraun, zu einer verkürzten, durchblätterten Ähre vereinigt. Die Stützblätter der untersten Köpfchen die Ähre überragend. Scheibenblüten goldgelb; Zungenblüten weiß. Alle Früchte mit kronenförmigem Saum. – Blüht vom Juli bis September.

Zerstreut und truppweise in lichten Wäldern, auf mageren Weiden und trockeneren Hochstaudenmatten, auf sauer-humosen, kalkarmen oder ausgelaugten Böden. In Fichten- und Zirbenwäldern, im Alpenrosen-Heidelbeer-Gestrüpp, in Borstgrasmatten und Reitgraswiesen von 1300–2760 m. – Pyrenäen, Alpen, französische und deutsche Mittelgebirge, Karpaten, Illyrien, Balkanhalbinsel, Kaukasus; vereinzelt bis zum Ural und Altai; arktische Gebiete. (Atlantisch-)arktisch-alpin.

Leucánthemum atrátum (Jacq.) DC. (= *Chrysánthemum atrátum* L.), *Schwarzrandige Wucherblume.*

10–40 cm hoch. Stengel einfach, einköpfig, kahl. Blätter etwas fleischig, brüchig, kahl, dunkelgrün; untere gestielt, keilförmig-länglich, mit 3–7 groben Sägezähnen; obere länglich-lanzettlich bis lineal, schmal und tief gesägt, mit nach auswärts gebogenen Sägezähnen. Köpfe 3–6 (–9) cm breit, mit halbkugeliger Hülle. Hüllschuppen dachig, grün, mit breitem, schwarzem Hautrand. Scheibenblüten goldgelb; Zungenblüten weiß. Alle Früchte mit kronenförmigem Saum. – Blüht vom Juli bis September.

Ziemlich häufig und truppweise auf Erdabrissen und Abwitterungshalden, im ruhenden Schutt, auf Schneeböden und Schwemmland, nur über basischen, kalkreichen Unterlagen. In Täschelkraut- und Pestwurzhalden, auf Blaukressenböden von 1500–2840 m, mit den Flüssen oft weit in die Täler hinabsteigend. – In mehreren, vor allem im Blattschnitt verschiedenen und geographisch gesonderten Rassen in den südwestlichen Alpen, dann vom Berner Oberland bis ins Salzkammergut und in die Tauern sowie in den nordöstlichen Kalkalpen; fehlt in den Südalpen. Unter Einschluß nahe verwandter Sippen süd-mitteleuropäische Gebirgspflanze.

Fig. 7. Tanacétum alpínum (L.) Sch.Bip. (= *Chrysánthemum alpínum* L.), *Alpen-Wucherblume, Alpen-Kamille.*

Riberöl (Osttirol), *Weiße Gamswurz* (Kärnten), *Alpengretle* (Allgäu), *Alpenkarmillje* (Wallis).

3–15 cm hoch, rasenbildend mit Blütenstengeln und nichtblühenden Blattbüscheln. Grundständige Blätter kammförmig fiederspaltig, im Umriß rundlich-eiförmig, mit 3 bis 7 nach vorwärts gerichteten Zähnen; stengelständige Blätter linealisch oder ganzrandig, alle kahl. Stengel einköpfig. Hüllblätter grün, mit breitem, braunem oder schwärzlichem Rande. Zungenblüten weiß, seltener rosa, Röhrenblüten goldgelb. Alle Früchte häutig gekrönt. – Blüht im Juli oder August.

Verbreitet und truppweise auf kurzrasigen Matten und lockerberasten Geröllhalden, auf Moränenhängen und Schwemmböden, auf meist kalkarmen, humosen Lehm- und

Feinschuttböden. In Säuerlingsfluren und Krautweidenspalieren, in Braunsimsen-, Violettschwingel- und Krummseggenrasen von (1450–)1800–3800 m. – In mehreren, vor allem im Blattschnitt verschiedenen und geographisch gesonderten Rassen in den Pyrenäen, Alpen (in den Kalkketten nur lückenhaft verbreitet), Karpaten, Apennin und Illyrien. Süd-mitteleuropäische Gebirgspflanze.

Tafel 31

Fig. 1. Dorónicum grandiflórum Lam., *Großblütige Gemswurz.*

Hirschwurzen (Oberbayern, Kärnten), *Zigerchrut, Bergzigerchrut* (St. Gallen).

15–50 cm hoch, mit kriechender Grundachse. Stengel aufrecht, hohl, ein- bis fünfköpfig, oben wie die Hüllblätter reichdrüsig. Untere Blätter gestielt, am Grunde abgestutzt oder etwas herzförmig, grob buchtig gezähnt; obere eiförmig-lanzettlich, gezähnt, halbstengelumfassend, mit kurzen Drüsenhaaren und mit längeren, drüsenlosen Zottenhaaren besetzt. Blüten sattgelb. Früchte behaart, mit Haarkrone. – Blüht im Juli und August.

Ziemlich verbreitet und scharenweise im ruhenden und schwach beweglichen Felsschutt, auf Geröll, seltener auf steinigen Matten und in Felsspalten, auf lange schneebedeckten Kalksteinböden. Charakterpflanze der Täschelkrauthalde (Schuttstrecker) von (1200–) 1800–3120 m. – Pyrenäen, Alpen (in den Silikatmassiven fehlend), Korsika. Süd-mitteleuropäische Gebirgspflanze (westlich).

Fig. 2. Senécio incánus L. ssp. **carniólicus** (Willd.) Br.-Bl., *Krainer Kreuzkraut.*

Goldraute, Gulden Raut, Gülden Aberraut (Tirol), *Gelber Speik* (Osttirol).

5–15 cm hoch mit aufrechtem oder aufsteigendem, armblättrigem, mehrköpfigem Stengel. Pflanze zunächst fast seidenhaarig-grau, später verkahlend und grün werdend. Blätter keilig verkehrteiförmig, eingeschnitten-gekerbt oder fiederlappig; untere lang gestielt, obere weniger geteilt und sitzend. Blüten lebhaft dottergelb. Hülle mit wenigen, meist am Kopfstiel herabgerückten Außenhüllblättern. – Blüht vom Juli bis September.

Ziemlich verbreitet, aber meist vereinzelt auf trockenen Schuttrücken, in Magerrasen und Zwergstrauchheiden, Moränengrus und Felsspalten, auf sauren, kalkfreien oder ausgelaugt-humosen Böden. Bezeichnende Art des Krummseggenrasens, seltener im Azaleenspalier, in Schwingel- und Horstseggenhalden von 1800–3265 m. – Alpen (vom Rhein an ostwärts; in den Nordalpen sehr selten und nur im Allgäu und in Oberösterreich), Karpaten. Eine Reihe nächstverwandter, meist weißfilziger Sippen in den Westalpen, Pyrenäen und ostmediterranen Gebirgen. Süd-mitteleuropäische Gebirgspflanze **(Karte 47).**

Fig. 3. Senécio dorónicum L., *Gemswurz-Kreuzkraut.*

Große Gemswurz (Berner Oberland), *Cardoncella* (Tessin), *Wilds Zigerchrut* (St. Gallen).

20–50 cm hoch, mehr oder weniger stark spinnwebig-wollig. Stengel aufrecht, mit 1–3(–7) Blütenköpfen. Blätter lederig derb, meist verkahlend; untere länglich-eiförmig, gestielt, grob gezähnt, am Rande etwas umgerollt, obere linealisch-lanzettlich, sitzend. Blütenköpfe mit Außenhülle; diese beinahe so lang wie die Hülle. Zungenblüten gold- oder orangegelb. Frucht mit langer Haarkrone. – Blüht im Juli und August.

Ziemlich verbreitet und truppweise an sonnigen Steilhängen, auf steinigen, locker berasten Matten und im fast gefestigten Felsschutt auf basischen bis mäßig sauren, vielfach kalkhaltigen Böden. In Blaugras-Horstseggenhalden und Buntschwingeltreppen, auch in Weidenspalieren und Nacktriedfluren von (1000–)1600–3100 m. – Spanische und französische Gebirge, Jura, Alpen, Karpaten; Apennin, Illyrien. Süd-mitteleuropäische Gebirgspflanze.

Senécio alpínus (L.) Scop., *Alpen-Kreuzkraut.*

Butschel, Bütschel (Vararlberg), *Böne, Böhnle, Böhnerne, Blutze, Blutzge* (Schweiz), *Senne(n)chrut* (Glarus), *Brägel* (Bern).

30–100 cm hoch, mit kurzwalziger Grundachse. Stengel aufrecht, stark kantig, oberwärts ebensträußig verzweigt. Blätter dunkelgrün, gestielt, eiförmig, grob gekerbt. Köpfe bis 4 cm breit, ziemlich langgestielt. Hülle spinnwebig-wollig, mit viel kürzeren, oft am Stiel herabgerückten Außenhüllblättern. Blüten goldgelb, Zungenblüten 13–16. Früchte kahl, Pappus so lang wie die Scheibenblüten. – Blüht vom Juli bis September.

Ziemlich verbreitet und herdenbildend auf Lägern und Viehweiden, auf lichten Waldplätzen und an Bachrändern, auf tiefgründigen, frischen bis feuchten, vielfach kalkhaltigen Lehm- und Tonböden. Ursprünglich wohl in Grauerlengehölzen und Hochstaudenfluren, durch den Weidebetrieb jetzt vor allem als Weideunkraut auf stark gedüngten Plätzen in der Ampferflur; Leitpflanze des Rotwildes. In der montanen und subalpinen Stufe von 400–2150 m. – Alpen (von der Westschweiz an ostwärts, jedoch in manchen Gebieten recht selten, so in den Nordostalpen und im Engadin) sowie im ganzen Alpenvorland. Alpin.

Tafel 31

Fig. 4. Artemísia genípi Weber, *Schwarze Edelraute, Keesraute.*

5–15 cm hohe, kurzrasige Halbrosettenstaude, mit kräftiger Pfahlwurzel. Blütentragende Stengel aufstrebend, einfach. Blätter grau-seidenhaarig, mit lineal-lanzettlichen Zipfeln; untere zwei- bis dreifach handförmig geteilt, obere länglich, deutlich einfach gefiedert. Blütenköpfchen fast kugelig, aufrecht, in meist dichter, anfangs nickender Ähre. Hüllblätter filzig, Rand trockenhäutig, schwarzbraun, Blüten gelb. Blütenboden kahl, Frucht ohne Haarkrone. – Blüht vom Juli bis September. – *Geschützt!*

Stellenweise und vereinzelt auf Gehänge- und Moränenschutt, an Felsbändern und Gipfelgraten, auf mäßig basischen bis sauren Stein- und Rohböden. In den hochalpinen Gipfelfluren des Nacktrieds, der Krummsegge und der Mannsschildarten, gerne auch auf Säuerlingsböden von 2120–3800 m. – Vorwiegend in den Zentralalpen, fehlt in den nördlichen Kalkalpen ostwärts vom Rhein, in den südlichen (wie auch die folgende Art) ostwärts der Dolomiten sowie im insubrischen Bereich. Alpin.

Fig. 5. Artemísia mutéllina Vill., *Echte Edelraute.*

Edelraute (Tirol, Salzburg), *Wildniskraut* (Kärnten), *Gabüse* (Bern), *Wildmännlichchrut* (Graubünden), *dzenepi dzaune* (Wallis), *jerba dell invidia* (Gröden).

10–30 cm hohe Halbrosettenstaude, aromatisch duftend, mit blühenden und nichtblühenden Trieben. Blütentragender Stengel aufrecht, anliegend seidig behaart. Blätter gestielt, silberglänzend, untere doppelt dreiteilig, obere fingerig geteilt. Köpfchen rundlich-kreiselförmig, zwölf- bis fünfzehnblütig, die unteren gestielt, locker traubig-ährig angeordnet. Blüten gelb. Blütenboden behaart. – Blüht vom Juli bis September. – *Geschützt!*

Zerstreut und vereinzelt an sonnigen Felsbändern und Wandklüften, seltener auf Schutt- und Schwemmböden, meist auf etwa neutralem Substrat, jedoch ohne besondere Ansprüche an Unterlage und Gesellschaft. In den Felsspaltengesellschaften der Mannsschilde und des Stengelfingerkrauts, in fragmentarischen Blaugrasrasen und Säuerlingsfluren von (400–)1600–3700 m. – Pyrenäen, Alpen (von den Seealpen bis Steiermark, vorwiegend in den zentralen Teilen, nördlich bis ins Allgäu und Karwendel), Apennin. Süd-mitteleuropäische Gebirgspflanze (westlich) **(Karte 48).**

Fig. 6. Árnica montána L., *Berg-Wohlverleih, Johannisblume.*

Kraftwurz, Kraftrosen, Schmeertaschen, Schmalzblumen, Mahderblumen (Ostalpen), *Sunneblum* (Schweiz), *Buchschüppe* (Bern), *Geißbergerblueme, Schneeberger, Sternnüdella* (Graubünden).

20–60 cm hoch. Stengel meist unverzweigt, aufrecht, mit 1–3 gegenständigen (Unterschied von den meisten anderen Korbblütlern), sitzenden Blattpaaren. Übrige Blätter grundständig, derb, kurzhaarig-drüsig, länglich-verkehrteiförmig, fast ganzrandig, fünfnervig. Blütenköpfe groß, meist einzeln, seltener 2–5. Blüten dottergelb. Hüllblätter lanzettlich, spitz; die äußeren kurzhaarig, am Rande zuweilen purpurn. Frucht kurzhaarig, mit Haarkrone. – Blüht vom Juni bis August. – Blüten als Wundmittel; Wurzel für Schnupftabak („Schneeberger"). – Teilweise *geschützt!*

Verbreitet und gesellig auf dürftigen Weiden und humosen Waldwiesen, in Heiderasen und austrocknenden Mooren, auf sauer-humosen, sandigen Lehm- oder Torfböden. Vornehmlich in mageren Borstgrasmatten, in Schwingelwiesen und Heidelbeerbeständen, in den Hochalpen in Horst- und Krummseggenrasen; von der Bergstufe bis 2830 m. – Weit verbreitet in Europa (nördlich bis Südskandinavien, im Süden nur in höheren Lagen). Süd-mitteleuropäisch-montan.

Fig. 7. Homógyne alpína (L.) Cass., *Alpen-Brandlattich; Ribiblüeml* (Schweiz).

10–40 cm hoch. Grundachse kurz, dick, wollig beschuppt. Stengel aufrecht, wollig, einköpfig, fast blattlos. Blätter grundständig, derb, gestielt, herznierenförmig, gezähnt-gekerbt, oberseits dunkelgrün, unterseits heller. Hüllblätter braunrot, einreihig, zugespitzt. Scheibenblüten zahlreich, trichterförmig; Zungenblüten fädlich, einreihig. Krone rötlich mit purpurroten Zipfeln. Früchte mit schneeweißer Haarkrone. – Blüht vom Mai bis August.

Verbreitet und oft scharenweise in lichten, moosigen Bergwäldern und feuchtschattigen Gebüschen, in Zwergstrauchheiden und humosen Weiden, auf frischen, lang schneebedeckten Böden. Im heidelbeerreichen Fichtenwald, in Legföhren-, Grünerlen- und Alpenrosenbeständen, in Borstgras- und Krummseggenmatten von 500–3250 m. – Pyrenäen, Jura, Alpen und Alpenvorland, Apennin, nördliche Balkanhalbinsel; französische Mittelgebirge. Schwarzwald, Böhmerwald, Erzgebirge, Sudeten, Karpaten. Süd-mitteleuropäische Gebirgspflanze.

Der nur auf Kalkböden der Ostalpen (ostwärts von Berchtesgaden und vom Gardasee) vorkommende Zweifarbige Brandlattich (*Homógyne discolor* [Jacq.] Cass.) ist an den unterseits weißfilzigen Blättern leicht zu erkennen.

Rhapónticum scariósum Lam. (= Centauréa rhapóntica L.), *Alpen-Scharte.*

Rapuntiger (Tirol), *barschun de squamas* (Graubünden).

30–100 cm hoch, mit kräftigem, einfachem, meist einköpfigem, spinnwebhaarigem Stengel. Blätter oberwärts kahl, unterseits graufilzig, grundständige über 60 cm lang und 10–15 cm breit, länglich-eiförmig, am Grunde herzförmig, scharf gezähnt; obere eilanzettlich, ungeteilt oder leierförmig gelappt, halbstengelumfassend. Köpfe faustgroß, mit kugeliger Hülle. Hüllblätter mit kreisrundem, trockenhäutig-eingerissenem, braunem Anhängsel. Blüten rosarot bis purpurn; randständige nicht strahlend. Früchte mit rötlicher Haarkrone. – Blüht vom Juli bis September.

Stellenweise und gruppenbildend auf fetten Wiesen und Wildheuplanken, an berasten Schotterhängen, in lichten Wäldern und Gebüschen, auf lockeren durchfeuchteten, basischen bis neutralen Böden. In Hochstauden- und Karfluren (mit Meisterwurz und Alpendost), Violettschwingelwiesen und Grünerlengebüschen von 1400–2500 m. – Alpen (vom Dauphiné an ostwärts; im Osten bis zum Rhein [Nordalpen], und zum Inn bei Landeck [Zentralalpen]; östlich von der Etsch nur mehr im äußersten Süden bis zu den Julischen Alpen). Alpin.

Círsium spinosíssimum (L.) Scop., *Stachlige Kratzdistel.*

Kraftwurz (Oberbayern), *Einhacken, Einhackel* (Steiermark, Kärnten), *Kardaun* (Paznaun), *Wolfs-Chrut* (Aargau), *Madeflen* (Grindelwald), *Wißdorn* (Graubünden).

20–50 (–120) cm hoch. Stengel nicht- oder wenigästig, bis zur Spitze beblättert, Blätter beiderseits gelbgrün, spärlich spinnwebig-wollig, länglich, buchtig-fiederspaltig, mit dornig gezähnten Lappen, die oberen mit herzförmigem Grunde sitzend. Köpfchen an der Stengelspitze gehäuft, von zahlreichen bleichgelben, lang zugespitzten, buchtig-dornig gezähnten Hochblättern umgeben. Blüten gelblichweiß; Haarkrone federig. – Blüht vom Juli bis September.

Verbreitet und truppweise auf feuchten Grobschutthalden und in mergeligem Feinschutt, auf frischen, tiefgründigen Weiden und Lägern, auf nähr- und stickstoffreichen Böden. Bezeichnende Art einer hochalpinen Hochstauden-Karflur, etwas tiefer auch in Fettweiden und Grünerlengebüschen, von 1600 bis über 3000 m. – Alpen (von der Rhône an ostwärts), nahe Verwandte in den Pyrenäen und Apenninen. Süd-mitteleuropäische Gebirgspflanze.

Diese prachtvolle Pflanze gilt auf der Weide als lästiges, platzraubendes Unkraut.

Círsium erióphorum (L.) Scop., *Wollige Kratzdistel.*

60–150 cm hoch. Stengel kräftig, ästig, wollig-zottig. Blätter fiederspaltig, oberseits grün und dornig steifhaarig, unterseits weißfilzig, obere halb umfassend. Köpfe einzeln, kugelig, bis 7 cm breit. Hülle dicht spinnwebig, mit stechenden Spitzen. Blüten alle röhrenförmig, blauviolett-purpurn. – Blüht vom Juli bis September.

Zerstreut und truppweise an sonnigen, steinigen Hängen, an Gebüschrändern und Kahlschlägen, auf trockenen Weiden; auf basischen bis schwach sauren Böden. Trockenheit- und wärmebedürftig; in Burstwiesen, beweideten Blaugrashalden, im Rosen-Berberitzen-Gebüsch, von der Ebene bis 2100 m. – Mittleres Europa vom Atlantik bis zur Theiß, südlich bis in die Pyrenäen, Südalpen und Illyrien. Süd-mitteleuropäisch.

Die *Silber-* oder *Wetterdistel* (**Carlína acaúlis** L.) mit großen, oft sitzenden Köpfen und silberigen Hüllblättern findet sich gesellig in Magerrasen vor allem in Borstgrasmatten von der Ebene bis 2800 m. Verbreitet von Spanien bis Mittelrußland, südeuropäisch-montan-mitteleuropäisch. Teilweise *geschützt!* (Naturschutztafel B).

Tafel 32

Cichoriáceae. Zungenblütler

Den Asteráceae (Korbblütlern) ähnlich, aber Blätter stets wechselständig, Blüten stets alle zwitterig, alle Kronen zungenförmig und meist fünfzähnig. Pflanzen mit Milchsaft.

Fig. 1. Crépis aúrea (L.) Cass., *Gold-Pippau,* Rinderblume.

Gamswurz (Zillertal), *Rohmbluoma, Goldritzli, Ankäblüemli, Rinderblüemli* (Schweiz).

5–30 cm hoch. Stengel fast blattlos und in der Regel einköpfig, oberwärts wie die Hülle schwarzzottig. Blätter in grundständiger Rosette, kahl, geschweift-gezähnt oder schrotsägeförmig, länglich-verkehrt-eiförmig. Alle Blüten zungenförmig, orangegelb bis feuerrot. Hülle mehrreihig. Früchte vielrippig, mit weißer Haarkrone. – Blüht vom Mai bis September.

Sehr häufig und gesellig auf frischen Weiden und Fettmatten, an steinigen Hängen, auf neutralen bis schwach sauren Böden. In den kräuterreichen „Milchkrautweiden“ des

Alpenrispengrases und in kleereichen Violettschwingelfluren, auch in Blaugrashalden und Rostseggenrasen, von (490–)1200–2900 m. – Jura, Alpen (bis ins Bayerische Alpenvorland herausgehend), Apennin, von Illyrien bis Nordgriechenland, Kleinasien. Submediterrane Gebirgspflanze.

Fig. 2. Leóntodon híspidus L., *Steifhaariger Löwenzahn.*

Pflanze 15–30(–60) cm hoch, in der Größe sehr wechselnd. Stengel einköpfig, schuppenlos oder mit höchstens 1–2 schuppenartigen Hochblättern besetzt, an der Spitze wenig verdickt. Grundständige Blätter rosettig, länglich-verkehrt-eiförmig, buchtig-gezähnt, in den Blattstiel verschmälert. Behaarung und Berandung stark wechselnd. Blütenkopf unten abgestutzt. Alle Blüten zungenförmig, gelb. Früchte mit schmutzigweißer Haarkrone. – Blüht vom Mai bis Oktober.

Allgemein verbreitet und häufig (in mehreren, morphologisch und ökologisch geschiedenen Unterarten) auf Wiesen und Weiden, Schutthalden und Flußgeröll, oft auf nährstoffreichen, mildhumosen Böden. In den Alpen in Milchkrautweiden, Hochstaudenfluren, Rostseggenrasen, Täschelkrauthalden bis 2700 m ansteigend. – Europa von Irland bis Karelien, im Süden (mehr in den Gebirgen) von Spanien bis Nordpersien. Europäisch.

Der nahe verwandte, viel zartere Schweizer Löwenzahn (*Leóntodon helvéticus* Mérat em. Widder) mit mehreren schwärzlichen Hochblattschuppen unter der nicht abgestutzten Hülle findet sich nur auf sauren Böden als steter Bestandteil der Borstgras- und Krummseggenmatten.

Fig. 3. Cicérbita alpína (L.) Wallr., *Alpen-Milchlattich.*

Milchkraut (Kärnten), *Milchheider* (Steiermark), *Chalberchernechrut* (Zürich), *Schletter* (Graubünden).

60–230 cm hohe, stattliche Staude. Blätter dünn, leierförmig, mit sehr großem, dreieckig-spießförmigem Endabschnitt. Blütenköpfe in einfacher oder zusammengesetzter, drüsig behaarter Traube. Alle Blüten zungenförmig, blau. Frucht länglich-linealisch, mit weißer Haarkrone. – Blüht im Juli und August.

Verbreitet und gesellig in Gebüschen und Bergwäldern auf frischen, tiefgründigen und nährstoffreichen, basischen bis schwach sauren Böden. Im lockeren Grünerlengesträuch, in Hochstaudenfluren und im lichten Ahorn-Buchen-Wald von (350–)1000–2200 m. – Pyrenäen, Jura, Alpen, französische und deutsche Mittelgebirge, Karpaten, nördlicher Apennin und Balkanhalbinsel; Nordeuropa. Subarktisch-alpin.

Fig. 4. Hypochoéris uniflóra Vill., *Einköpfiges Ferkelkraut.*

15–50 (–80) cm hoch. Stengel wenig beblättert, in der Regel einköpfig, oberwärts unter dem kräftigen Blütenkopfe auffällig verdickt und steifhaarig. Grundblätter rosettig, länglich-lanzettlich, geschweift-gezähnt, etwas steifhaarig, freudig grün, mit starkem Mittelnerv. Blüten alle zungenförmig, tiefgelb. Haarkrone weiß, aus federigen Borsten bestehend. – Blüht vom Juli bis September.

Nicht selten und meist truppweise auf sonnigen, trockenen Matten und Magerwiesen, in lockeren Zwergstrauchbeständen auf meist sauren, humusreichen Böden. In Borstgrasmatten, im Heidelbeer-Alpenrosen-Gestrüpp, auch in Horstseggen- und Felsschwingeltreppen von (1000–)1500–2700 m. – Alpen (besonders in den zentralen Teilen, fehlt in den Nordalpen östlich vom Lech); Sudeten, Karpaten. Mitteleuropäische Gebirgspflanze.

Fig. 5. Hierácium villósum Jacq., *Zottiges Habichtskraut.*

Pflanze gedrungen, kräftig, 10–35 cm hoch, mit langen, weißen Haaren bedeckt. Stengel beblättert, ein- bis mehrköpfig. Blätter bläulichgrün, länglich-lanzettlich, meist ganzrandig. Stengelblätter halbumfassend, eiförmig, nach oben zu kleiner werdend. Hüllblätter zugespitzt, rauhhaarig, die äußeren abstehend, breit, fast laubblattartig, die inneren schmäler. Alle Blüten zungenförmig, hellgelb. Haarkrone schmutzigweiß, zerbrechlich. – Blüht im Juli und August.

Verbreitet und häufig auf steinigen, grasigen Abhängen, auf Felsbändern und in Geröllhalden, auch im Knieholz, nur auf basischen, kalkreichen Unterlagen; recht vielgestaltig. In Blaugrashalden, Horstseggentreppen, Polsterseggenrasen und Silberwurzspalieren von (850–)1300–2700 m. – Alpen (fehlt in den kalkfreien Silikatmassiven), Jura, Gesenke, Karpaten; Apennin, Illyrien, Balkanhalbinsel. Süd-mitteleuropäische Gebirgspflanze.

Fig. 6. Hierácium staticifólium All., *Strandnelkenblätteriges Habichtskraut.*

15–40 cm hoch. Stengel mit grundständigen Blattrosetten, einfach, meist blattlos, gegen die Spitze zu mit Schuppen besetzt, ein- bis fünfköpfig. Blätter blaugrün, schmal, lineal-lanzettlich, kahl,

Tafel 32

entfernt gezähnt oder ganzrandig. Stiele der Blütenköpfe graufilzig. Äußere Hüllblätter viel kürzer. Alle Blüten zungenförmig, hellschwefelgelb, getrocknet grün. Haarkrone reinweiß. – Blüht vom Juli bis September.

Stellenweise häufig im Bach- und Flußgeröll, an Schutthalden und Erdabrissen, an Felsen und Runsen auf sandigen, basischen bis mäßig saueren, vielfach kalkreichen Böden. In Tamariskenauen und Pestwurzhalden, von den Tälern bis 2500 m. Als Schwemmling weit ins Vorland (an der Isar bis Landshut) hinausgetragen. – Jura, Alpen, Oberungarn, Albanien. Süd-mitteleuropäische Gebirgspflanze.

Fig. 7. Hierácium aurantíacum L., *Orangerotes Habichtskraut.*

20–50 cm hoch. Stengel mit dünnen, unter- oder oberirdischen Ausläufern, mit schwärzlichen, langen Haaren besetzt, oberwärts drüsig. Grundblätter 2–4(–6), rosettig, grasgrün; stengelständige (1–4) rasch kleiner werdend, rauhhaarig. Köpfe 2–12, mittelgroß, doldentraubig. Alle Blüten zungenförmig, feuerrot, seltener orangegelb. Hüllblätter stumpf, flockig, schwarzdrüsig. – Blüht vom Juni bis August.

Ziemlich häufig und gesellig in hochgrasigen Matten und Wildheumähdern, auch in Zwergstrauchheiden und Magerrasen auf humosen, sauren bis neutralen, tonigen Böden. In Borstgras- und Bunthafermatten, in Blaugras- und Horstseggenhalden von 1500 bis 2600 m. – Auvergne, Jura, Alpen, deutsche Mittelgebirge, Karpaten, Illyrien; Skandinavien, Finnland, Nordwestrußland. Arktisch-alpin.

Die Gattung *Hierácium* (Habichtskraut) ist in den Alpen durch eine große Anzahl weiterer, stets gelbblühender Arten vertreten, die oft in großer Menge in Magerrasen (besonders in Borstgras- und Krummseggen-Matten, kalkliebende Arten in Blaugrashalden) und Zwergstrauchgesellschaften, seltener in Schuttfluren oder Felsspalten auftreten. Als kennzeichnende Vertreter seien hier noch das Alpen-Habichtskraut (*Hierácium alpínum* L.; mit meist schaftartigem, einköpfigem Stengel, rosettigen, spateligen, langhaarigen und kleindrüsigen, beiderseits schmutziggrünen Blättern und dichtzottigen, eiförmig-kugeligen Blütenkopfhüllen) und das drüsig-klebrige Weißliche Habichtskraut (*Hierácium intybáceum* All.; mit dickem, gabelig-wenigköpfigem Stengel, ausschließlich stengelständigen, länglich-lanzettlichen, unregelmäßig gezähnten und welligen Blättern und großen, gelblichweißen Blütenköpfen) angeführt. Die meisten Arten sind durch viele Zwischenformen miteinander verbunden, wobei die Abkömmlinge des Orangeroten Habichtskrautes sich durch tiefgelb, orange- oder feuerrot getönte Blütenköpfe auszeichnen.

Festuca varia (Seite 50)
Buntschwingel

Luzula alpino-pilosa (Seite 56)
Braune Hainsimse

Oreochloa disticha
(Seite 52)
Zweizeiliges
Kopfgras

Kobresia myosuroides (Seite 53)
Nacktried

Juncus trifidus (Seite 54)
Dreispaltige Binse

Dianthus monspessulanus ssp. sternbergii (Seite 73)
Alpen-Federnelke

Polygonum bistorta (Seite 66)
Schlangen-Knöterich

Veratrum album (Seite 56)
Weißer Garmer

Salix helvetica (Seite 62)
Schweizer Weide

Helleborus niger (Seite 76)
Schneerose

Aconitum lamarckii (Seite 74)
Südlicher Wolfs-Eisenhut

Callianthemum coriandrifolium (Seite 76)
Schmuckblume

Ranunculus aconitofolius (Seite 78)
Eisenhutblätteriger Hahnenfuß

Eriophorum scheuchzeri (Seite 52)
Scheuchzers Wollgras

Jovibarba arenaria (Seite 90)
Sand-Donnerbart

Rhodiola rosea (Seite 90)
Rosenwurz

Cardamine pentaphyllos (Seite 84)
Finger-Zahnwurz

Sempervivum montanum (Seite 90)
Berg-Hauswurz

Anthyllis vulneraria ssp. alpestris (Seite 91)
Alpen-Wundklee

Sibbaldia procumbens (Seite 100)
Alpen-Gelbling

Aruncus dioicus (Seite 95)
Wald-Geißbart

Geranium silvaticum (Seite 118)
Wald-Storchschnabel

Gentiana asclepiadea
Schwalbenwurz-Enzian
(Seite 122)

Cyclamen purpurascens
Alpenveilchen
(Seite 112)

Eryngium alpinum
Alpen-Mannstreu
(Seite 106)

Wulfenia carinthiaca
Wulfenie
(Seite 127)

Leucanthemum atratum
Schwarzrandige Wucherblume
(Seite 143)

Campanula thyrsoidea
Strauß-Glockenblume
(Seite 137)

Rhaponticum scariosum
Alpenscharte
(Seite 147)

Pedicularis rostrato-capitata
Geschnäbeltes Läusekraut
(Seite 130)

Cirsium eriophorum (Seite 147)
Wollige Kratzdistel

Senecio alpinus (Seite 144)
Alpen-Kreuzkraut

Cirsium spinosissium (Seite 147)
Stachlige Kratzdistel

Achillea clavenae (Sete 143)
Steinraute

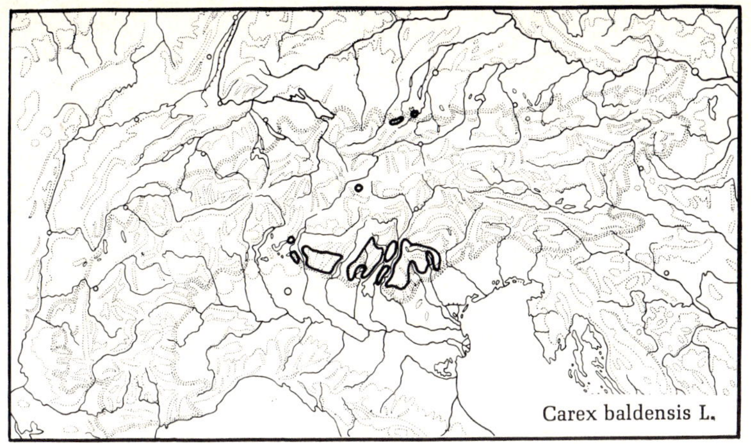

Karte 1
zu S. 54

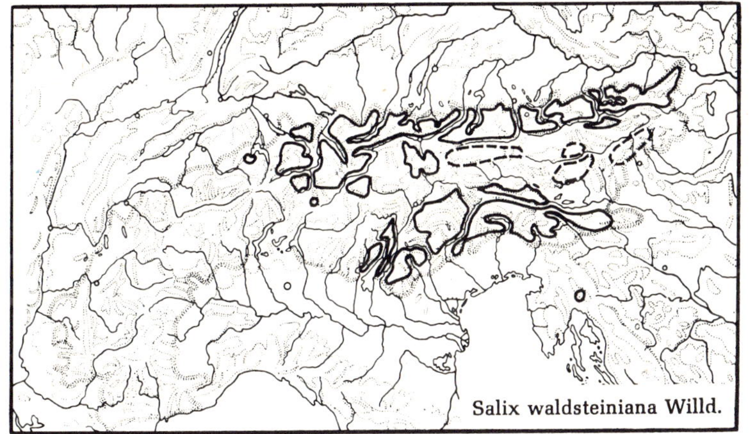

Karte 2
zu S. 61

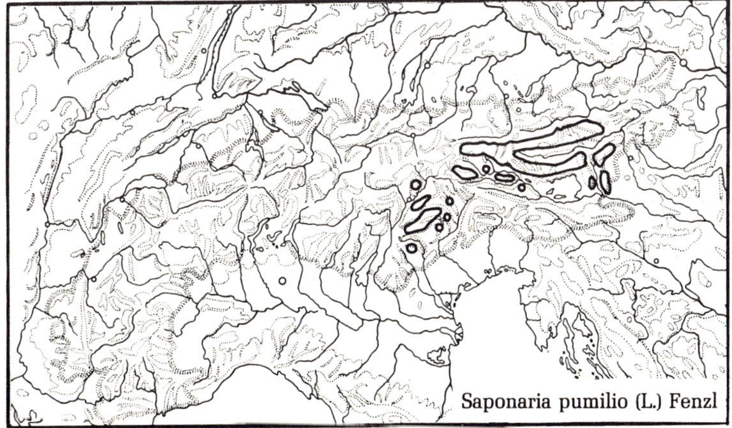

Karte 3
zu S. 67

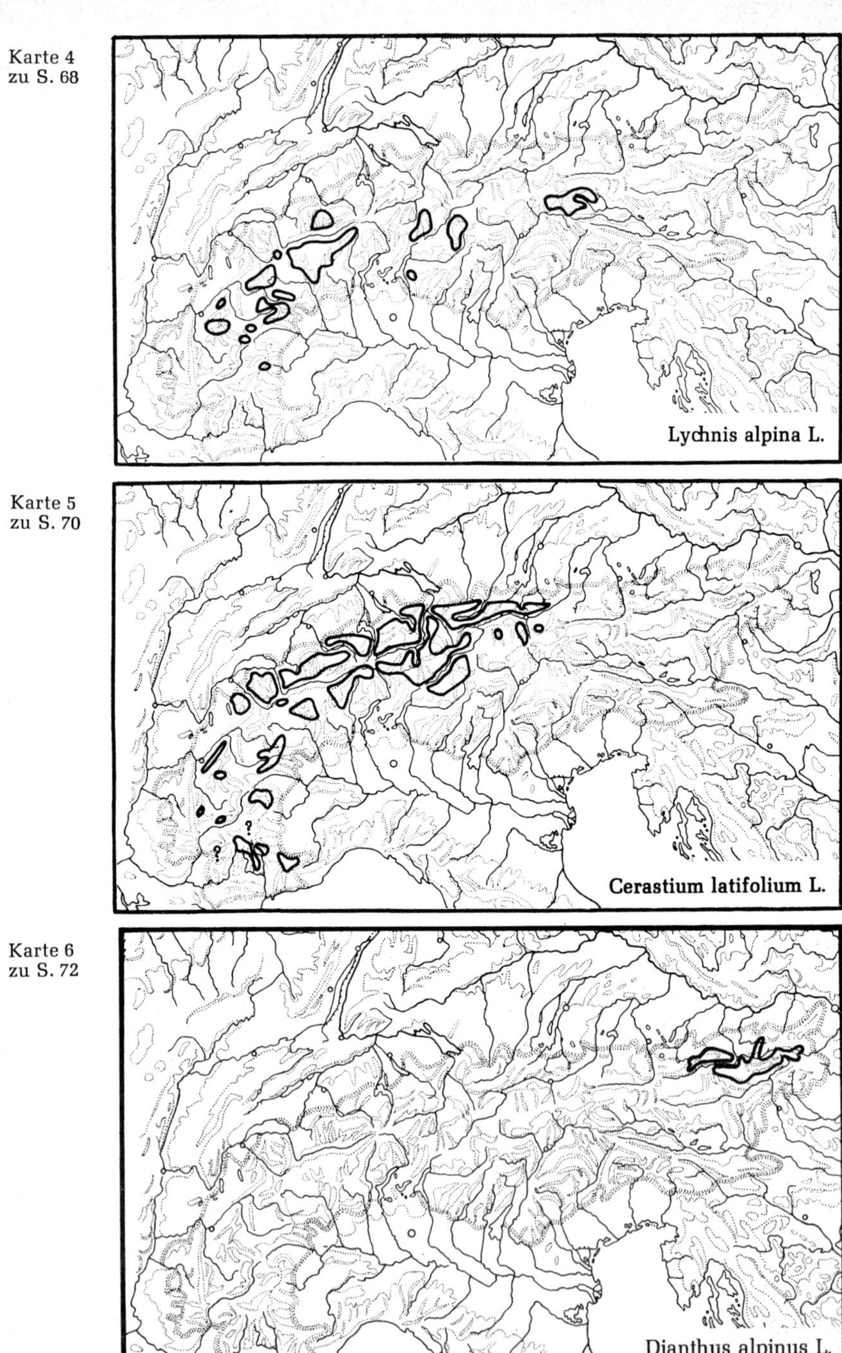

Karte 4
zu S. 68

Karte 5
zu S. 70

Karte 6
zu S. 72

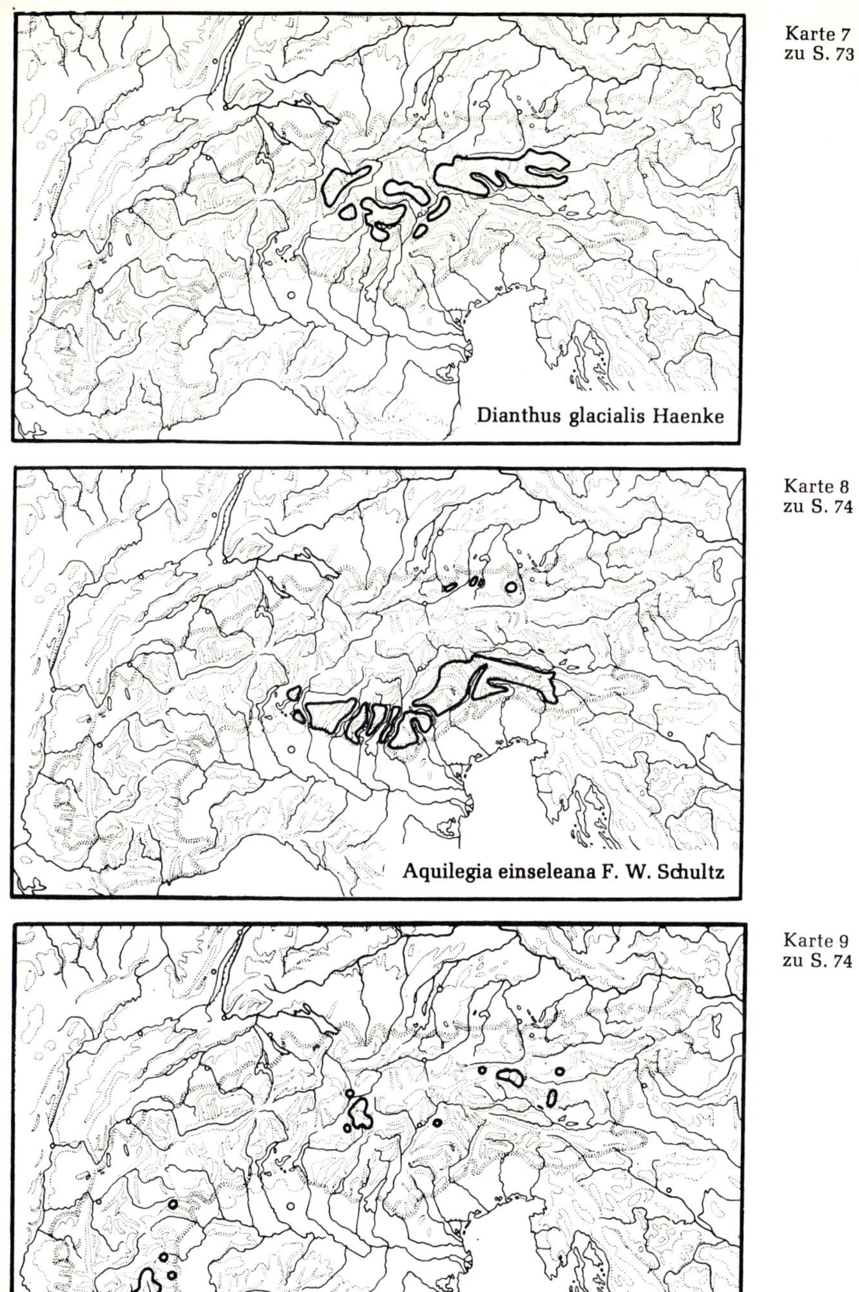

Karte 7 zu S. 73

Karte 8 zu S. 74

Karte 9 zu S. 74

Karte 10
zu S. 74

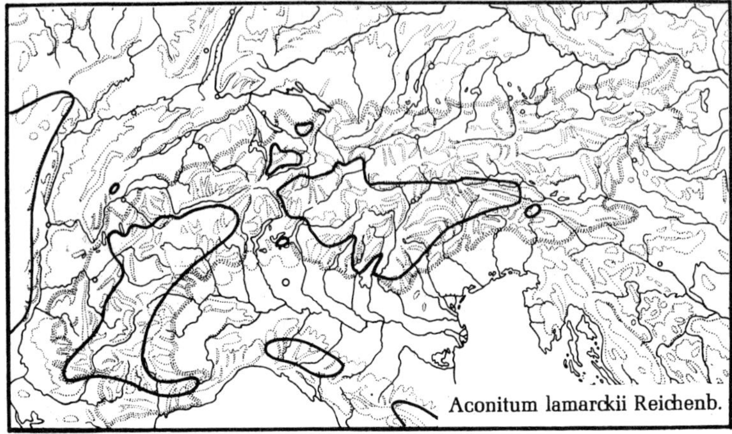

Karte 11
zu S. 76

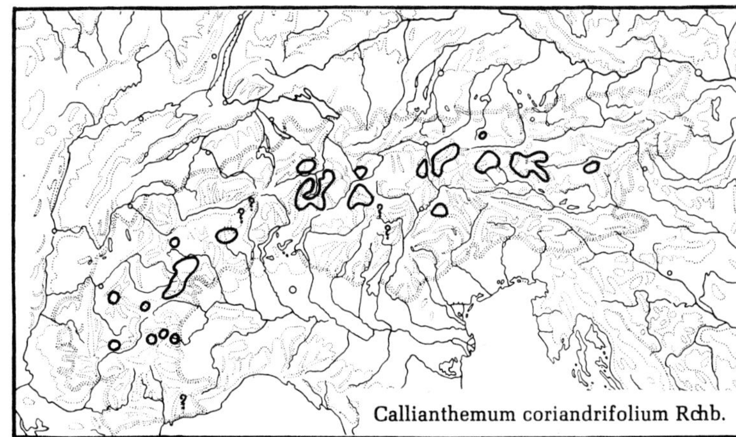

Karte 12
zu S. 79

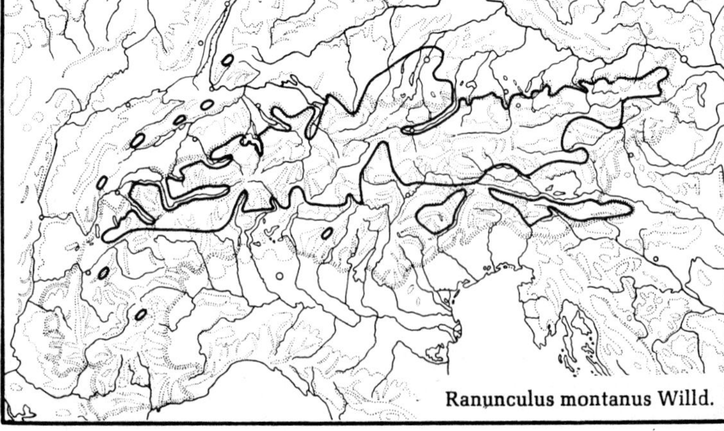

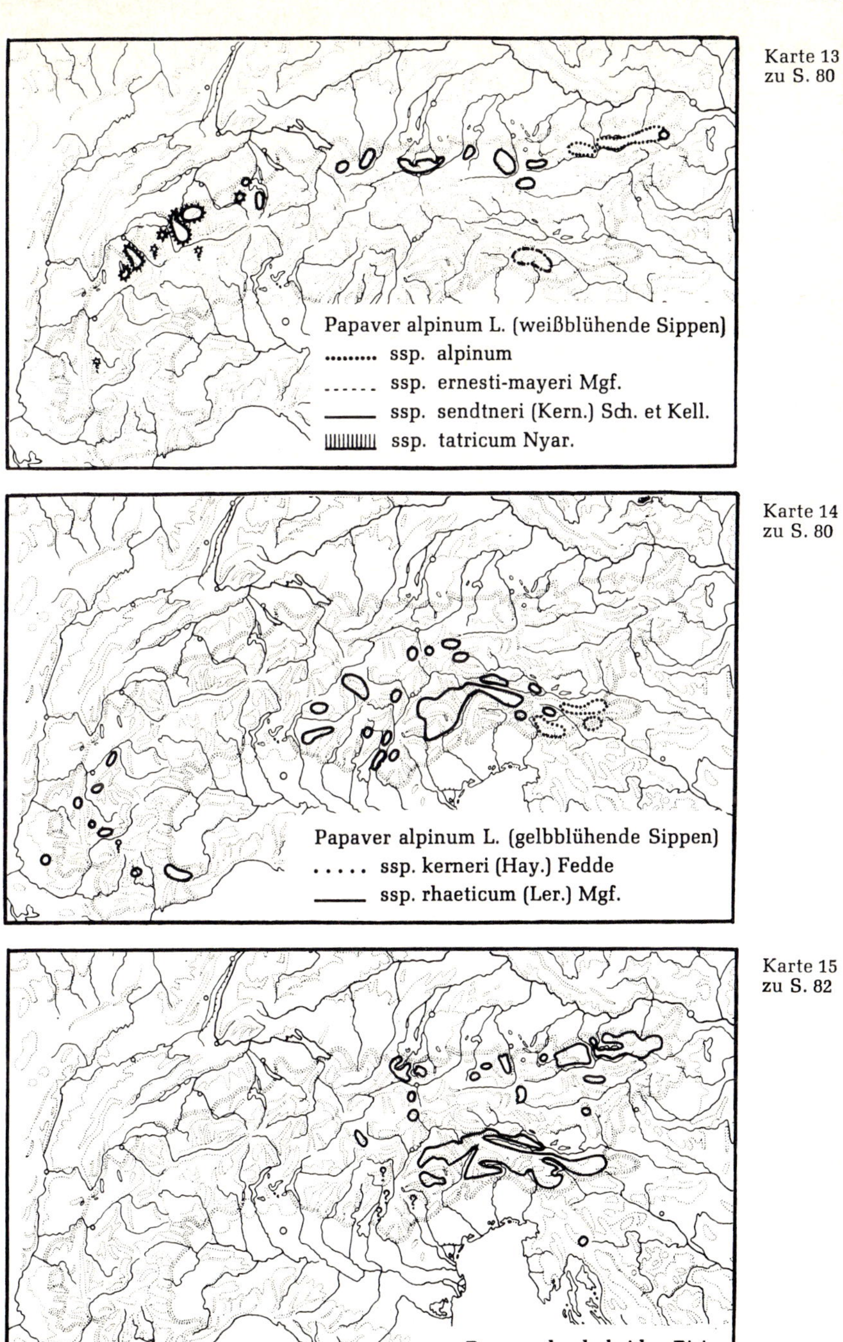

Karte 13
zu S. 80

Karte 14
zu S. 80

Karte 15
zu S. 82

Karte 16
zu S. 84

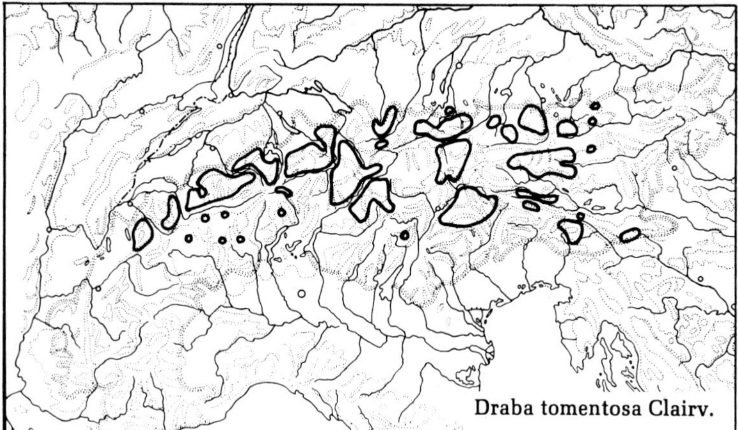

Karte 17
zu S. 85

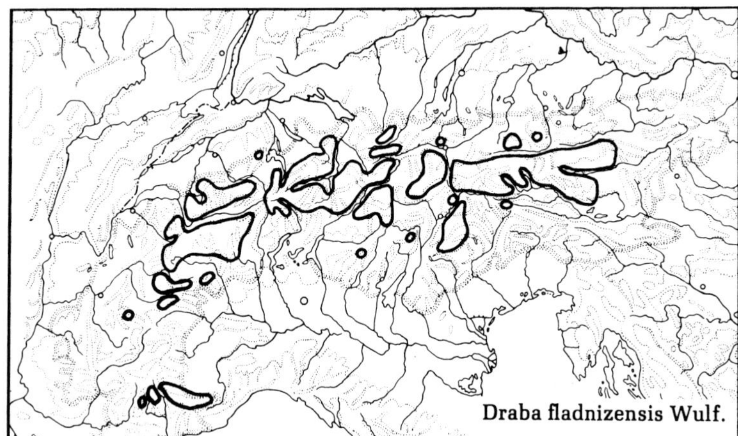

Karte 18
zu S. 92

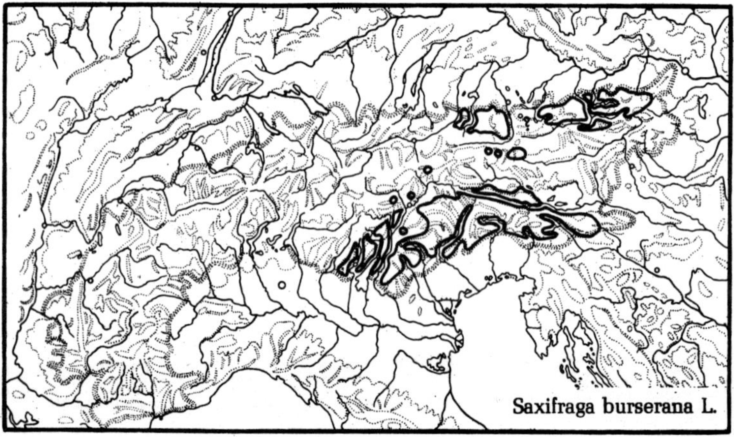

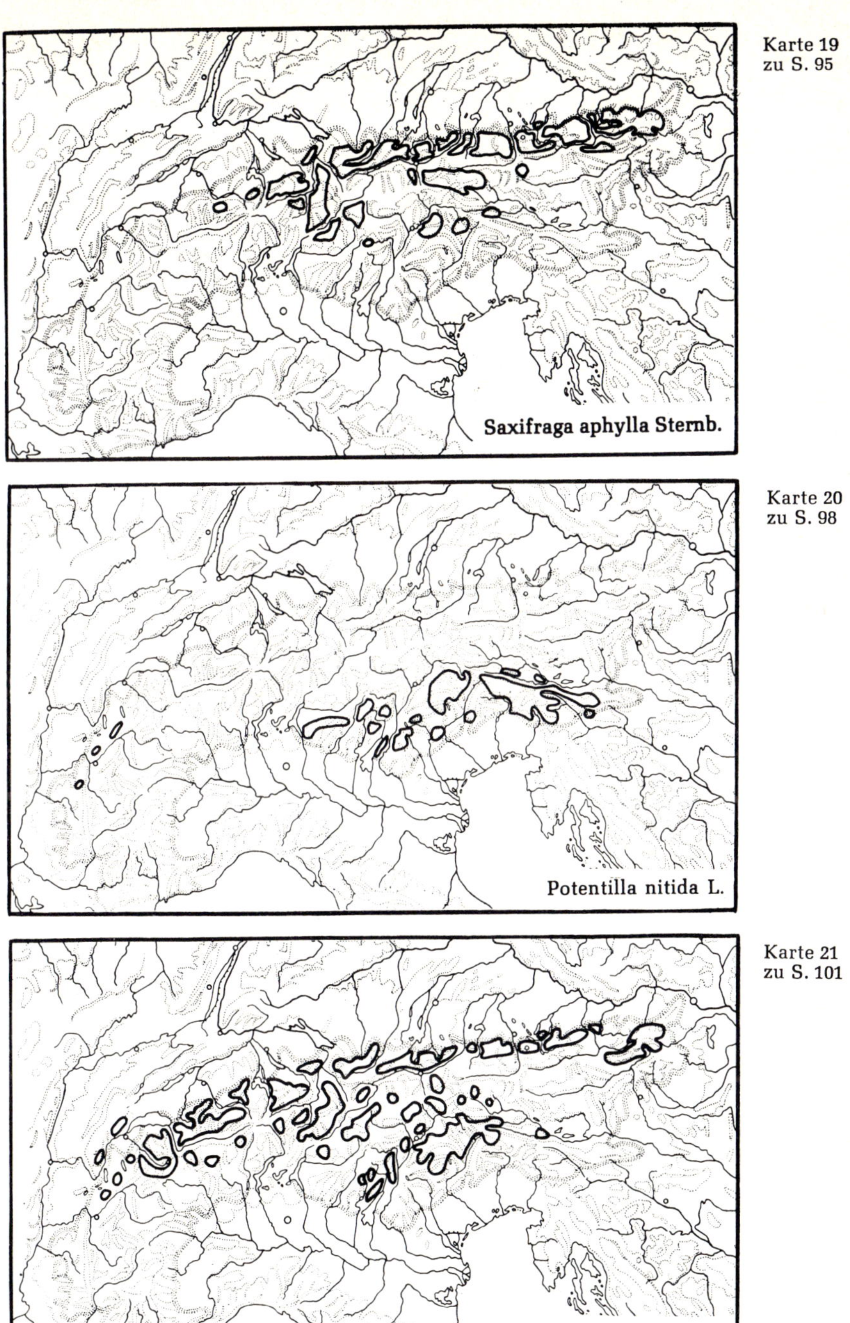

Karte 19
zu S. 95

Karte 20
zu S. 98

Karte 21
zu S. 101

Karte 22
zu S. 106

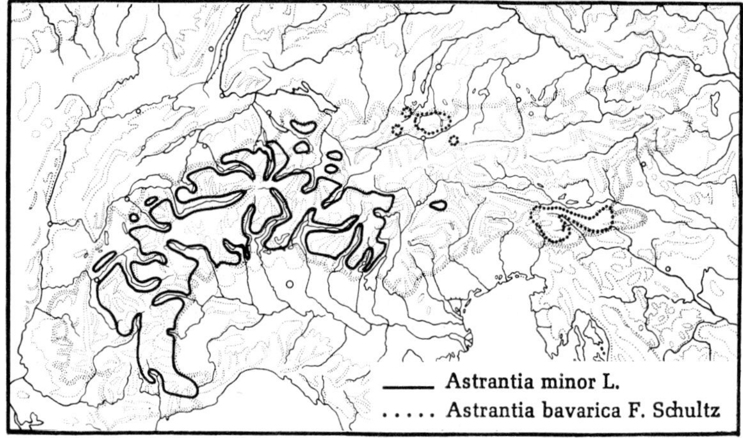

Karte 23
zu S. 108

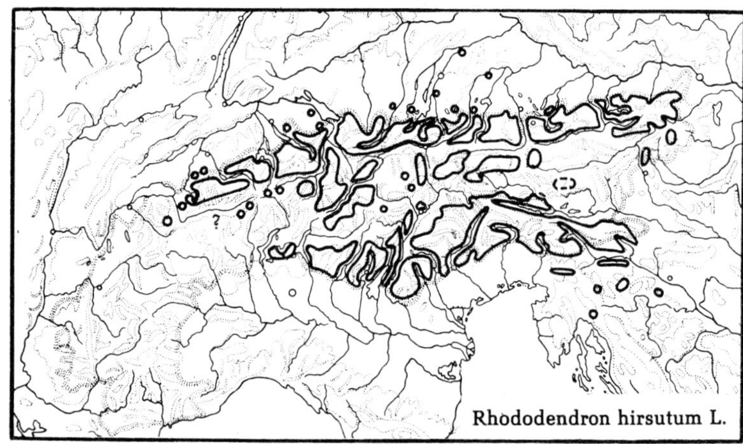

Karte 24
zu S. 108

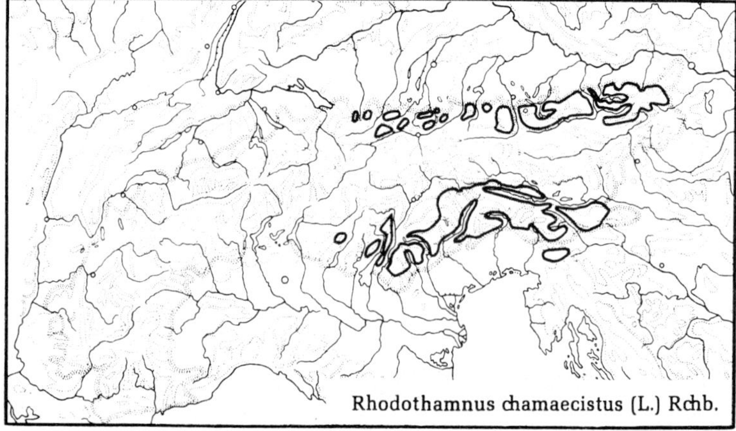

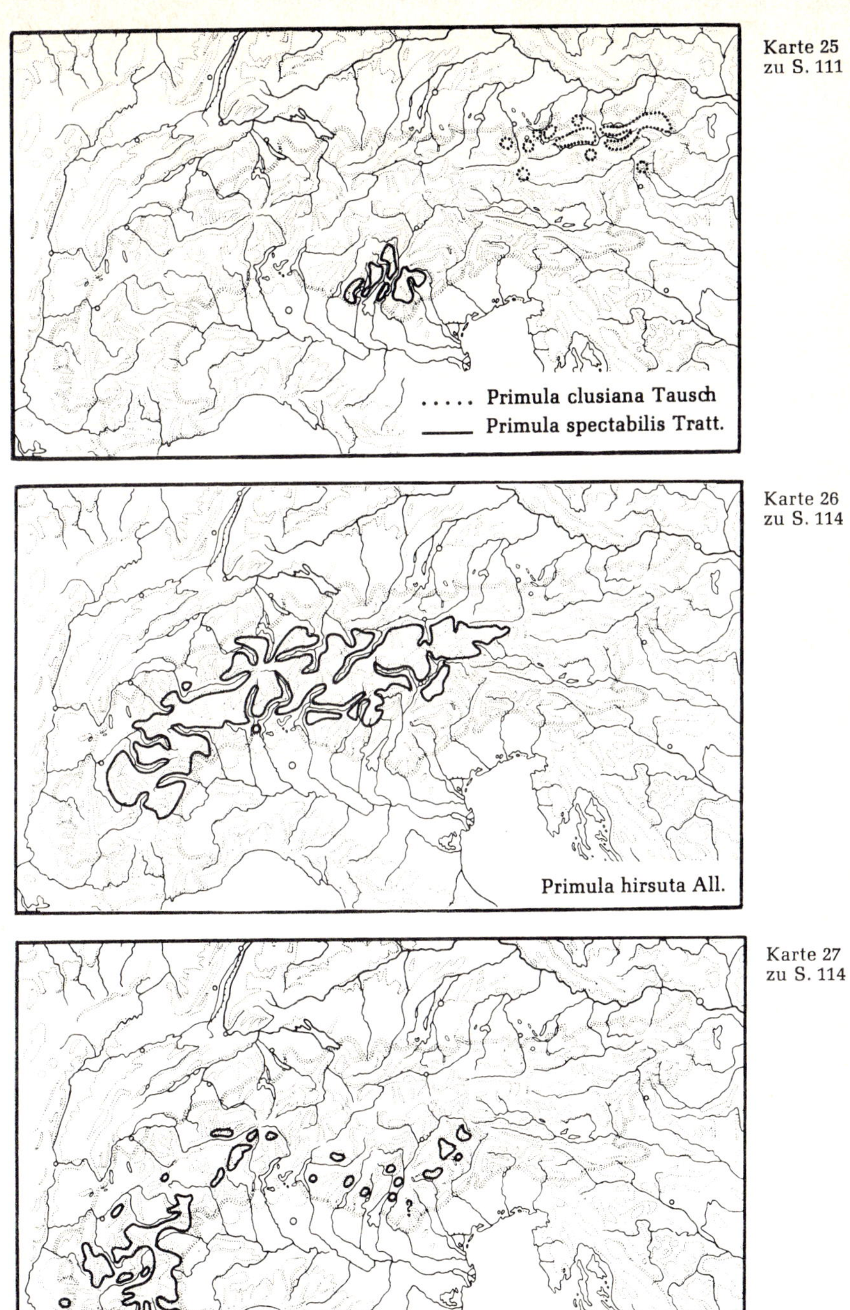

Karte 25 zu S. 111

Karte 26 zu S. 114

Karte 27 zu S. 114

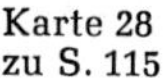

Karte 28
zu S. 115

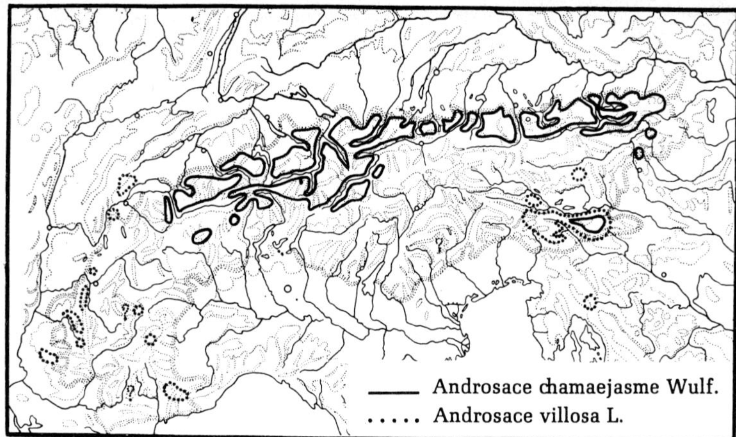

Karte 29
zu S. 116

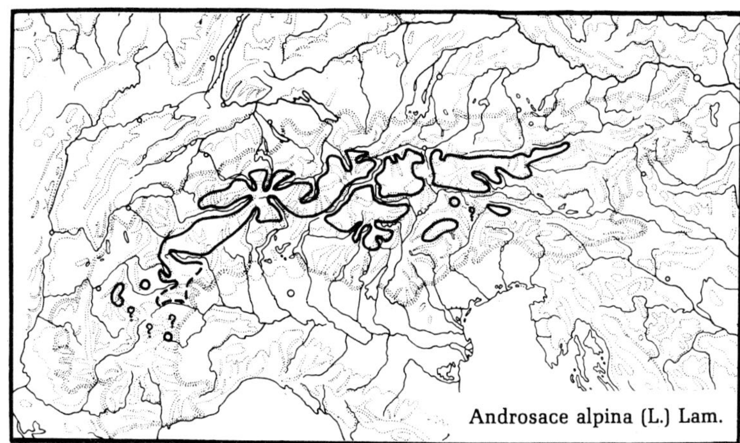

Karte 30
zu S. 116

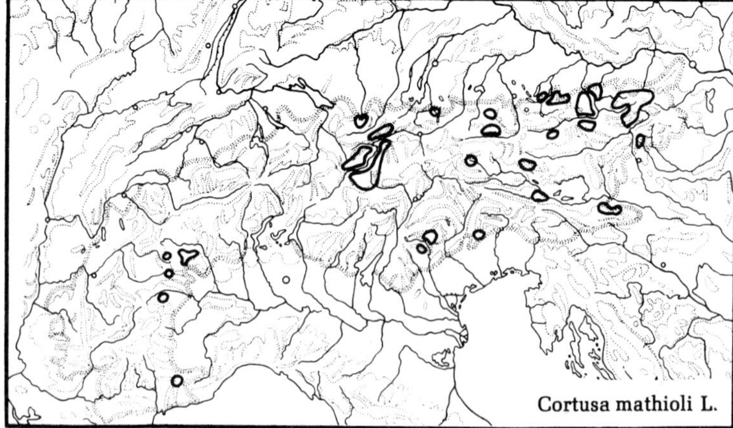

Karte 31
zu S. 116

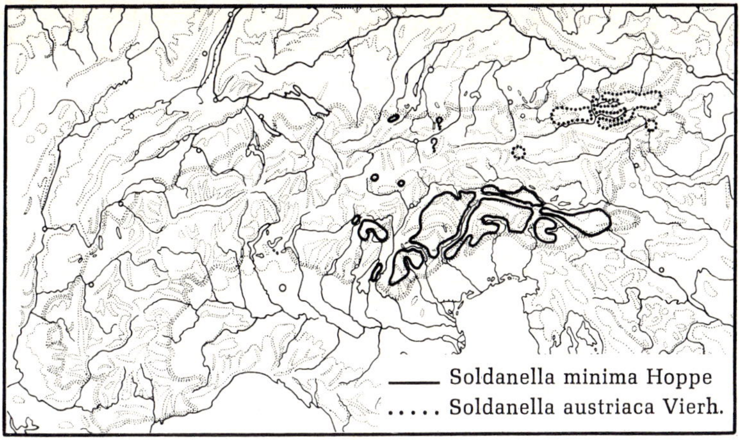

—— Soldanella minima Hoppe
..... Soldanella austriaca Vierh.

Karte 32
zu S. 118

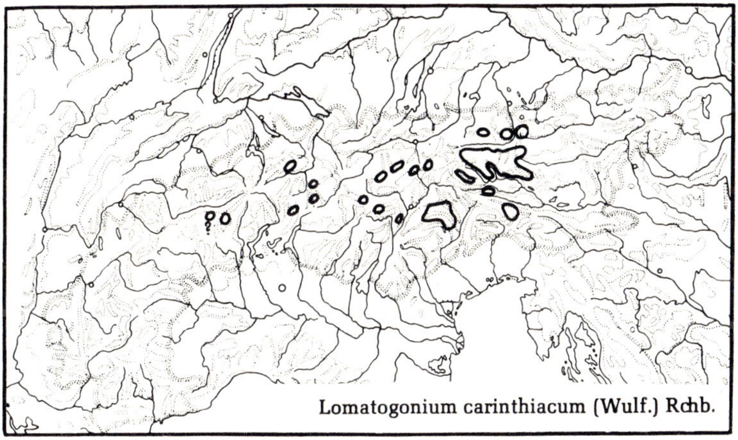

Lomatogonium carinthiacum (Wulf.) Rchb.

Karte 33
zu S. 118

Gentiana nana Wulf.

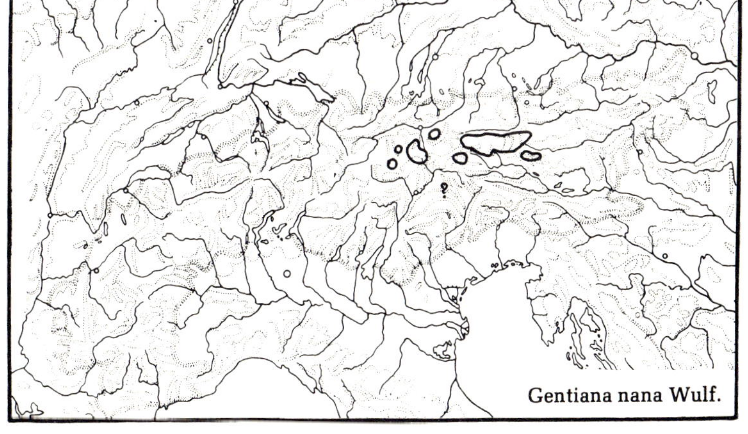

Karte 34
zu S. 120

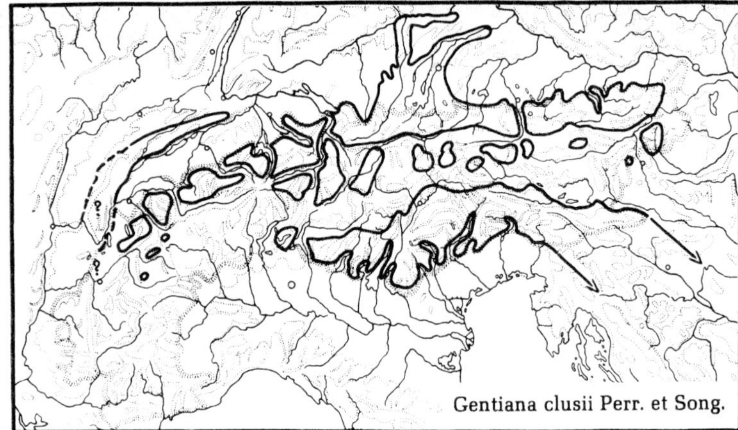

Karte 35
zu S. 125

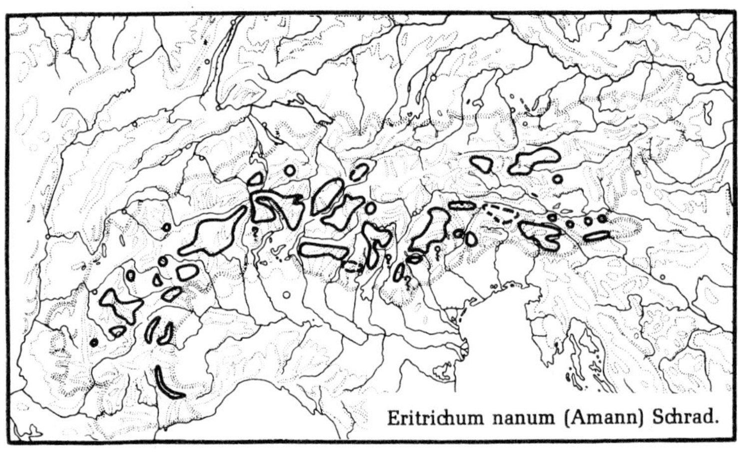

Karte 36
zu S. 127

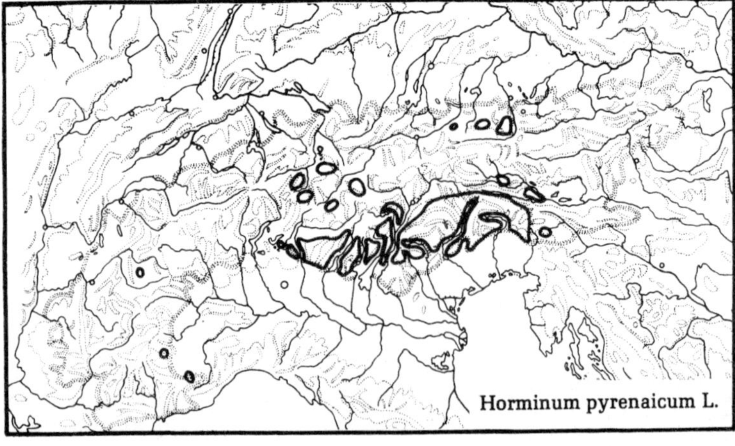

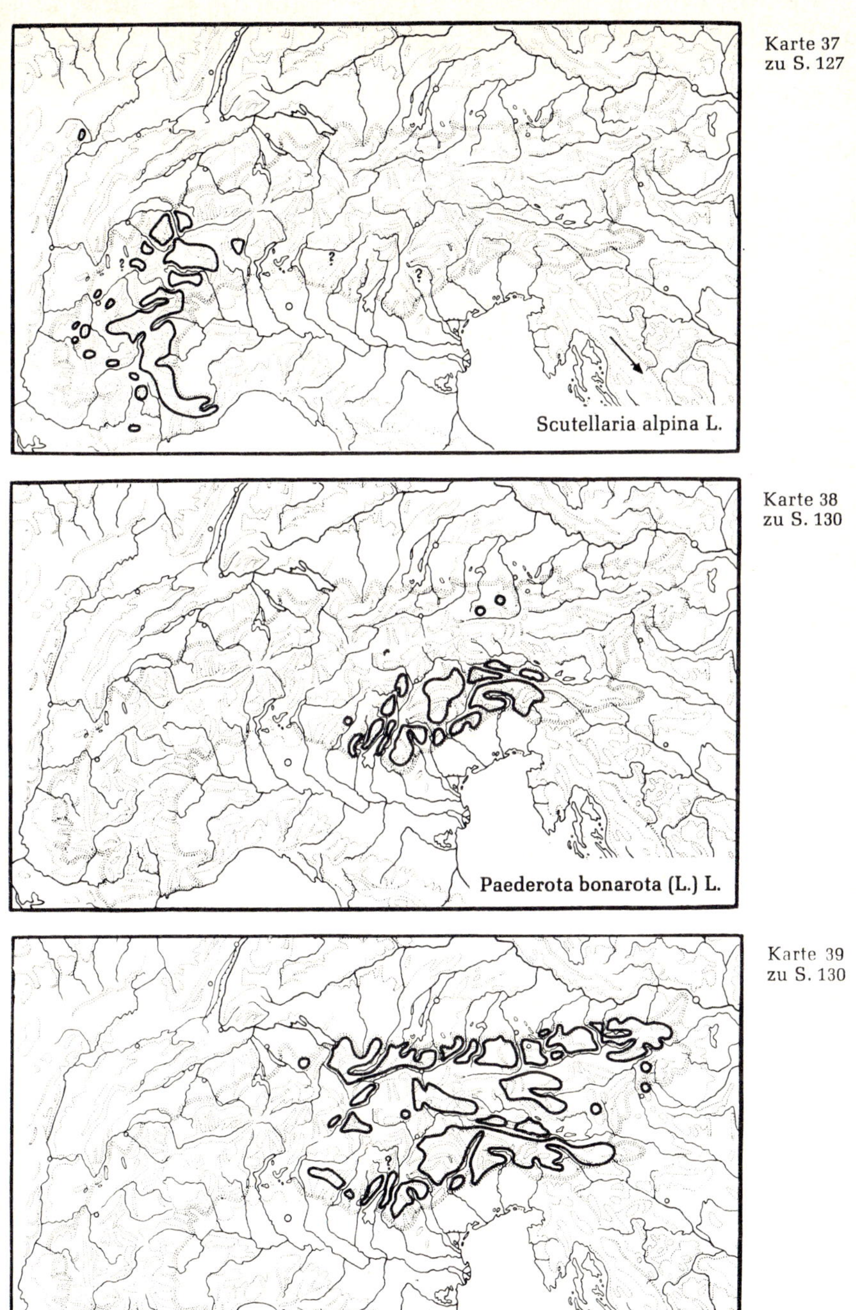

Karte 37
zu S. 127

Scutellaria alpina L.

Karte 38
zu S. 130

Paederota bonarota (L.) L.

Karte 39
zu S. 130

Pedicularis rostratocapitata Crantz

Karte 40
zu S. 134

Karte 41
zu S. 134

Karte 42
zu S. 137

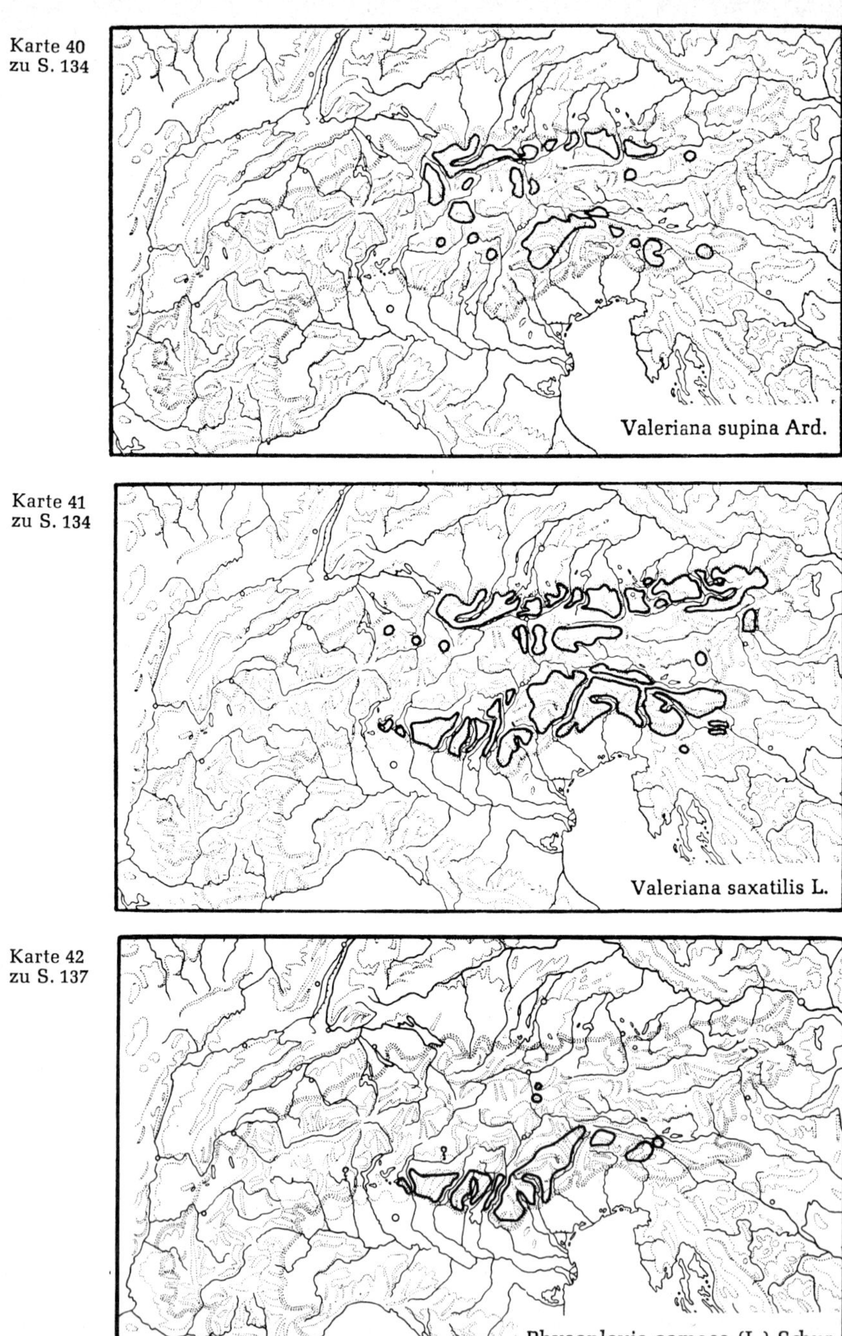

Valeriana supina Ard.

Valeriana saxatilis L.

Physoplexis comosa (L.) Schur

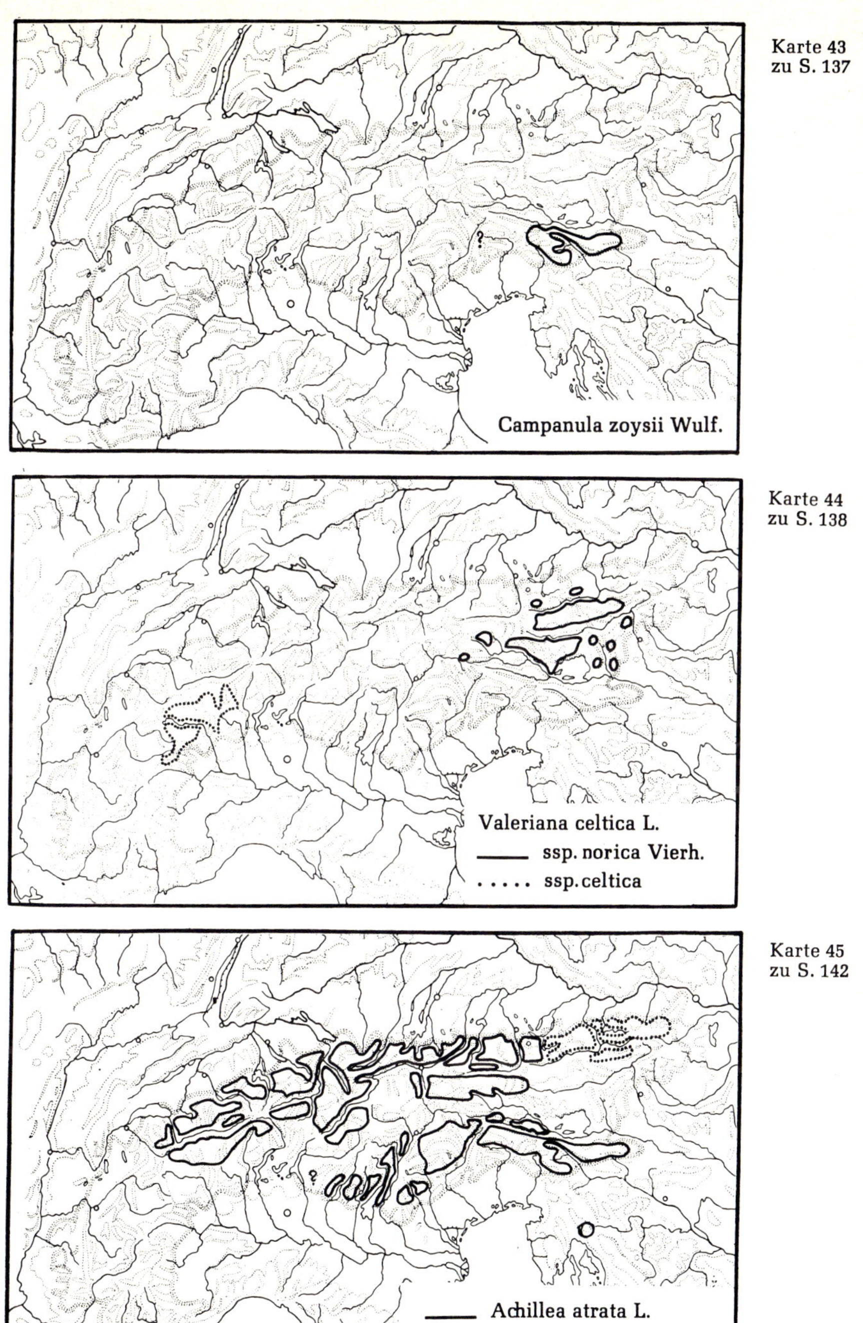

Karte 43 zu S. 137

Karte 44 zu S. 138

Karte 45 zu S. 142

Karte 46
zu S. 143

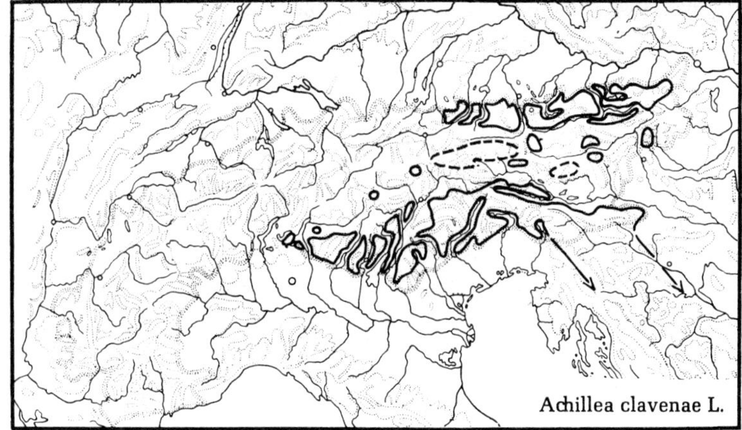

Karte 47
zu S. 144

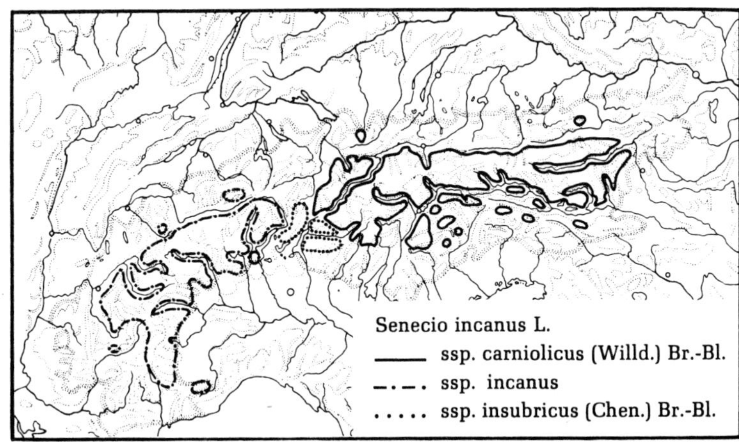

Karte 48
zu S. 146

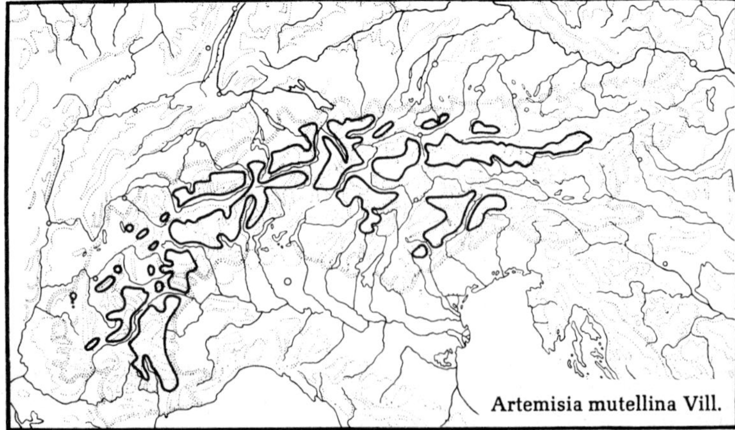

Literaturverzeichnis*)

Florenwerke, Bestimmungsbücher, Bilderfloren

BRAUN-BLANQUET, J. & E. RÜBEL, 1932–34: Flora v. Graubünden. 1.–4. Lief. – Verlag Hans Huber, Bern u. Berlin.

EHRENDORFER, F., 1973: Liste der Gefäßpflanzen Mitteleuropas. 2. Aufl. – Gustav Fischer Verlag, Stuttgart.

FOLLMANN, G., 1960: Flechten (Lichenes). – Kosmos, Stuttgart.

FREY, E., 1975: Beitrag zur Flechtenflora und -vegetation des Unterengadins zwischen Scuol (Schuls) und Martina (Martinsbruck). – Ergebn. wiss. Unters. im Schweiz. Nationalpark, XII.

GAMS, H., 1967: Kleine Kryptogamenflora. Bd. III. Flechten (Lichenes). – G. Fischer, Stuttgart.

GAMS, H., 1973: Kleine Kryptogamenflora. Bd. IV: Die Moos- und Farnpflanzen. 5. Aufl. – G. Fischer Verlag, Stuttgart.

HEGI, G.: Illustrierte Flora von Mitteleuropa. 7 Bände. Derzeit in Neubearbeitung in Teilbänden fortlaufend erscheinend. Paul Parey, Berlin und Hamburg.

HENSSEN, A. & H. M. JAHNS, 1974: Lichenes. Einführung in die Flechtenkunde. – G. Thieme Verlag, Stuttgart.

HESS, E. & E. LANDOLT, 1972: Flora der Schweiz. Bd. 1–3. Birkhäuser Verlag, Basel.

KOHLHAUPT, P., GAMS, H. & H. PITSCHMANN, 1964: Alpenblumen – farbige Wunder. – Belser Verlag, Stuttgart.

KOHLHAUPT, P. & H. REISIGL, 1976: Blumenwelt der Dolomiten. 3. Aufl. – Athesia Verlag, Bozen.

LADURNER, J., PURTSCHELLER, F., REISIGL, H. & E. TRATZ, 1970: Die Welt der Alpen. – Pinguin Verlag Innsbruck.

LANDOLT, E., 1964: Unsere Alpenflora. – Verl. Schweiz. Alpenclub.

LANDOLT, E., 1975: Geschützte Pflanzen in der Schweiz. 2. Aufl. Verlag Schweiz. Bund für Naturschutz Basel.

OBERDORFER, E., 1962: Pflanzensoziologische Exkursionsflora für Süddeutschland und die angrenzenden Gebiete. 2. Aufl. – Verlag Eugen Ulmer, Stuttgart.

PITSCHMANN, H., REISIGL, H. & H. M. SCHIECHTL, 1965: Flora der Südalpen. 2. Aufl. – Gustav Fischer Verlag, Stuttgart.

PLANK, St., 1975: Gesetzlich geschützte Pflanzen in Österreich. – Ludwig Boltzmann-Institut Graz.

POELT, J., 1974: Bestimmungsschlüssel europäischer Flechten. – J. Cramer, Gantner Verlag, Vaduz.

SCHROETER, C., 1926: Das Pflanzenleben der Alpen. 2. Aufl. – A. Raustein Verlag, Zürich.

TUTIN, T. G. & V. H. HEYWOOD, 1964–1976: Flora Europaea, Bd. 1–4. University Press, Cambridge.

Lebensbedingungen (Ökologie, Biologie)

AULITZKY, H., 1963: Grundlagen und Anwendung des vorläufigen Wind-Schnee-Ökogramms. – Mitt. Forstl. Bund. Vers. Anst. Mariabrunn, Wien, H. 60.

BILLINGS, W. D., 1974a: Arctic and Alpine vegetation: Plant adaptation to cold summer climates. In: IVES, J. D. (ed.) Arctic and Alpine Environments. Verlag Methuen, London.

BILLINGS, W. D., 1974b: Adaptations and origins of Alpine plants. – Arctic and Alpine Research 6 (2).

BILLINGS, W. D. & MOONEY, H. A., 1968, The ecology of Arctic and Alpine plants. Biol. Rev. 43.

BILLINGS, W. D. & GODFREY, P. J. et al. 1971: Metabolic acclimation to temperature in Arctic and Alpine ecotypes of Oxyria digyna. – Arctic and Alpine Res. 3.

BLISS, L. C., 1971: Arctic and Alpine plant life cycles. – Ann. Rev. Ecol. Systematics 2.

CHABOT, B. F. & BILLINGS, W. D., 1972: Origins and ecology of the Sierran alpine flora and vegetation. – Ecol. Monogr. 42.

CARTELLIERI, E., 1940: Über Transpiration und Kohlensäureassimilation an einem hochalpinen Standort. – Sitz. Ber. Akad. Wiss. Wien, math.-nat. Kl. I, 149.

KINZEL, H., 1962: Stoffwechselphysiologische Aspekte des Problems der Kalk- und Silikatpflanzen. – Ber. Dtsch. Bot. Ges. 75.

KINZEL, H., 1969: Ansätze zu einer vergleichenden Physiologie des Mineralstoffwechsels und ihre ökologischen Konsequenzen. – Ber. Dtsch. Bot. Ges. 82.

LANGE, O. L., 1962: Die Photosynthese der Flechten bei tiefen Temperaturen nach Frostperioden. – Ber. Dtsch. Bot. Ges. 75.

LANGE, O. L., 1975: Der CO_2-Gaswechsel von Flechten bei tiefen Temperaturen. – Planta 64.

LARCHER, W., 1973 Ökologie der Pflanzen. – UTB 232, Ulmer Verl. Stuttg.

LARCHER, W., CERNUSCA, A. & L. SCHMIDT, 1973: Stoffproduktion und Energiebilanz in Zwergstrauchbeständen auf dem Patscherkofel bei Innsbruck. – In: H. ELLENBERG (ed.), Ökosystemforschung. – Springer Verlag, Berlin – Heidelberg – New York.

*) Im Buchhandel nicht erhältliche Schriften können im allgemeinen in Universitätsbibliotheken entliehen oder eingesehen werden.

LARCHER, W., 1976: Pflanzenökologische Beobachtungen in der Páramostufe der venezolanischen Anden. – Sitz. Ber. Österr. Akad. Wiss. Wien, math-nat. Kl. Nr. 11.

MOSER, W., 1969: Die Photosyntheseleistung von Nivalpflanzen. – Ber. Dtsch. Bot. Ges. 82.

MOSER, W., 1970: Ökophysiologische Untersuchungen an Nivalpflanzen. – Mitt. ostalp.-din. Ges. Vegetationskunde 11.

MOSER, W., 1973: Licht, Temperatur und Photosynthese an der Station „Hoher Nebelkogel" (3184 m). – In: H. ELLENBERG (ed.), Ökosystemforschung. Springer Verlag, Berlin – Heidelberg – New York.

PACKER, J., Differentiation and dispersal in alpine floras. – Arctic and Alpine Res. 6 (2).

PISEK, A. & E. CARTELLIERI, 1933: Zur Kenntnis des Wasserhaushaltes der Pflanzen. III. Alpine Zwergsträucher. – Jb. wiss. Botanik 79.

PISEK, A. & R. SCHIESSL, 1947: Die Temperaturbeeinflußbarkeit der Frosthärte von Nadelhölzern und Zwergsträuchern an der alpinen Waldgrenze. – Ber. nat.-med. Ver. Innsbruck 47.

PISEK, A. & E. WINKLER, 1958: Assimilationsvermögen und Respiration der Fichte *(Picea abies)* in verschiedener Höhenlage und der Zirbe *(Pinus cembra)* an der alpinen Waldgrenze. – Planta 51.

TRANQUILLINI, W., 1959: Die Stoffproduktion der Zirbe an der Waldgrenze während eines Jahres. II. Zuwachs und CO_2-Bilanz. Planta 54.

TRANQUILLINI, W., 1967: Über die physiologischen Ursachen der Wald- und Baumgrenze. – Mitt. forstl. Bundesversuchsanst. Wien 75.

TRANQUILLINI, W., 1976: Water relations and alpine timberline. – In: O. L. LANGE et al. (ed.), Water and Plant Life-Problems and modern approaches. – Springer Verlag, Berlin.

WINKLER, E. & W. MOSER, 1967: Die Vegetationszeit in zentralalpinen Lagen Tirols in Abhängigkeit von den Temperatur- und Niederschlagsverhältnissen. – Veröff. Mus. Ferdinandeum Innsbruck 47.

Vegetation

ALBRECHT, J., 1969: Soziologische und ökologische Untersuchungen alpiner Rasengesellschaften insbes. an Standorten auf Kalk-Silikat-Gesteinen. – Diss. Botanicae 5.

BRAUN, J., 1913: Die Vegetationsverhältnisse der Schneestufe in den Rätisch-Lepontischen Alpen. – Neue Denkschr. Schweiz. Natf. Ges. 48.

BRAUN-BLANQUET, J., 1954: La vegetation alpine et nivale des Alpes francaises. – Etude Botan. l'Etage alpin part. en France.

BRAUN-BLANQUET, J., 1961: Inneralpine Trockenvegetation. – Geobot. Selecta Bd. I, G. Fischer, Stuttgart.

BRAUN-BLANQUET, J., 1948–50: Übersicht der Pflanzengesellschaften Rätiens. – Vegetatio 1, 2.

BRAUN-BLANQUET, J. & H. JENNY, 1926: Vegetationsentwicklung und Bodenbildung in der alpinen Stufe der Zentralalpen (Klimaxgebiet des Caricion curvulae). – Denkschr. Schweiz. Naturf. Ges. 63.

BRAUN-BLANQUET, J., PALLMANN, H. & R. BACH, 1954: Vegetation und Böden der Wald- und Zwergstrauchgesellschaften (Vaccinio-Piceetalia). – Ergebn. d. wiss. Untersuchungen d. Schweiz. Nationalparks. IV (28).

ELLENBERG, H., 1963: Vegetation Mitteleuropas mit den Alpen. – Ulmer Verlag, Stuttgart.

ELLENBERG, H. & F. KLÖTZLI, 1972: Waldgesellschaften und Waldstandorte der Schweiz. – Mitt. Schweiz. Anst. forstl. Versuchswesen 48 (4).

FRIEDEL, H., 1956: Die alpine Vegetation des obersten Mölltales (Hohe Tauern). – Wiss. Alpenvereinshefte 16.

FRIEDEL, H., 1967: Verlauf der alpinen Waldgrenze im Rahmen anliegender Gebirgsgelände. – Mitt. Forstl. Bundesversuchsanst. Wien 75.

GAMS, H., 1940–42: Pflanzengesellschaften der Alpen. I.–III. – Jb. d. Ver. z. Schutze d. Alpenfl. u. -tiere 12, 13, 14.

GIGON, A., 1971: Vergleich alpiner Rasen auf Silikat- und auf Karbonatboden. Veröff. Geobot. Inst. ETH, Stg. Rübel, Zürich, 48.

HEER, O., 1835: Die Vegetationsverhältnisse des südöstlichen Teils des Kantons Glarus. – Froebels und Heers Mitt. auf d. Gebiet der theoretischen Erdkunde, I.

HEER, O., 1884: Über die nivale Flora der Schweiz. – Denkschr. Schweiz. Ges. f. d. gesamte Naturwiss., 29.

KERNER, A., 1887: Das Pflanzenleben der Donauländer. – Leipzig.

MAYER, H., 1974: Wälder des Ostalpenraumes. – G. Fischer, Stuttgart.

MÜLLER-DOMBOIS, D. & H. ELLENBERG, 1974: Aims and methods of vegetation ecology. – John Wiley, New York – London – Sidney.

OBERDORFER, E., 1959: Borstgras- und Krummseggenrasen in den Alpen. – Beitr. naturk. Forsch. SW-Deutschland 18.

REISIGL, H. & H. PITSCHMANN, 1958: Obere Grenzen von Flora und Vegetation in der Nivalstufe der zentralen Ötztaler Alpen (Tirol). – Vegetatio 8.

SCHIMPER, A. F. W. & F. C. FABER, 1935: Pflanzengeographie auf physiologischer Grundlage. 3. Aufl. 2 Bände. – Jena.

TROLL, C., 1948b: Der asymmetrische Aufbau der Vegetationszonen und Vegetationsstufen auf der Nord- und Südhalbkugel. – Jahresber. Geobot. Inst. Rübel, Zürich 1947.

WALTER, H., 1973: Vegetationszonen und Klima. – UTB 14, Ulmer Verlag, Stuttgart.

WALTER, H., 1976: Die ökologischen Systeme der Kontinente (Biogeosphäre). – G. Fischer, Stuttgart.

WENDELBERGER, G., 1963: Standorte und Pflanzengesellschaften am Beispiel der rätischen Gebirge. – Vegetatio 11.

ZOLLITSCH, B., 1968: Soziologische und ökologische Untersuchungen auf Kalkschiefern in hochalpinen Gebieten. – Ber. Bayer. Bot. Ges. 40.

ZOLLITSCH, B., 1968: Soziologische und ökologische Untersuchungen auf Kalkschiefern in hochalpinen Gebieten. Die Ökologie der alpinen Kalkschiefergesellschaften. – Jb. d. Ver. z. Schutze d. Alpenpfl. u. -tiere 33.

Florengeschichte

BRAUN-BLANQUET, J., 1919: Über die eiszeitliche Vegetation des südl. Europa. – Vierteljahrschr. Naturf. Ges. Zürich 64.

BRAUN-BLANQUET, J., 1923: Über die Genesis der Alpenflora. – Verh. naturf. Ges. Basel 35.

DIELS, L., 1910: Genetische Elemente in der Flora der Alpen. – Botan. Jahrb. 44.

EHRENDORFER, F., 1962: Zytotaxonomische Beiträge zur Genese der mitteleuropäischen Flora und Vegetation. – Ber. Dtsch. Bot. Ges. 75.

ENGLER, A., 1879: Versuch einer Entwicklungsgeschichte der Pflanzenwelt . . . Verlag W. Engelmann, Leipzig.

ENGLER, A., 1905: Grundzüge zur Entwicklung der Flora Europas seit der Tertiärzeit. – Botan. Jahrb. 36, Beih. 81.

ENGLER, A., 1916: Beiträge zur Entwicklungsgeschichte der Hochgebirgsfloren erläutert an der Verbreitung der Saxifragen. – Abh. kgl. Akad. Wiss. Berlin 1916, phys.-math. Kl. 1.

GAMS, H., 1933a: Das Alter des alpinen Endemismus. – Ber. Schweiz. Nat. Ges. 42.

GAMS, H., 1933b: Der tertiäre Grundstock der Alpenflora. Jb. d. Ver. z. Schutze d. Alpenpfl. u. -tiere 5.

GAMS, H., 1936: Der Einfluß der Eiszeiten auf die Lebewelt der Alpen. – Jb. d. Ver. z. Schutze d. Alpenpfl. u. -tiere, 8.

GAMS, H., 1937: Aus der Geschichte der Alpenwälder. – Z. d. DÖAV.

GAMS, H., 1938: Die nacheiszeitliche Geschichte der Alpenflora. Jb. d. Ver. z. Schutze d. Alpenpfl. u. -tiere 10.

JEROSCH, M., 1903: Geschichte und Herkunft der schweizerischen Alpenflora. – Verlag Engelmann, Leipzig.

KERNER, A., 1888: Studien über die Flora der Diluvialzeit in den östl. Alpen. – Sitz. Ber. Akad. Wiss. Wien, math.-nat. Kl. 97.

KRESS, A., 1963: Zytotaxonomische Untersuchungen an den Primeln d. Sect. *Auricula* Pax. – Österr. Bot. Z. 110.

MANGERUD, J. et al., 1974: Quaternary stratigraphy of Norden. A proposal for terminology and classification. – Boreas 3.

MÄGDEFRAU, K., 1968: Paläobiologie der Pflanzen. – 4. Aufl. G. Fischer Verlag, Stuttgart.

MERXMÜLLER, H., 1952: Untersuchungen zur Sippengliederung und Arealbildung in den Alpen. – Jb. z. Schutze d. Alpenpfl. u. -tiere 17–19.

MERXMÜLLER, H. & J. POELT, 1954: Beiträge zur Florengeschichte der Alpen. – Ber. Bayer. Bot. Ges. 30.

NIKLFELD, H., 1970: Der niederösterreichische Alpenostrand – ein Glazialrefugium montaner Pflanzensippen. – Jb. d. Ver. z. Schutze d. Alpenpfl. u. -tiere 37.

NIKLFELD, H., 1973: Über Grundzüge der Pflanzenverbreitung in Österreich und einigen Nachbargebieten. – Verh. zool.-bot. Ges. Wien 113.

NIKLFELD, H., 1974: Zur historischen Deutung von Pflanzenarealen am Ostrand der Alpen. – Wiss. Arb. Burgenland 54.

PITSCHMANN, H. & H. REISIGL, 1957: Endemische Blütenpflanzen der Südtiroler Dolomiten. – Veröff. Ferdin. Innsbruck Bd. 37.

PITSCHMANN, H. & H. REISIGL, 1959: Endemische Blütenpflanzen der Südalpen zwischen Luganer See und Etsch. – Veröff. Geobot. Inst. Rübel, Zürich, 35.

SCHARFETTER, R., 1929: Über die Entstehung der Alpenflora. – Bot. Jb. 62.

RYTZ, W., 1949: Die Pflanzenwelt, in: O. TSCHUMI, Urgeschichte d. Schweiz. – Verlag Huber, Frauenfeld.

SCHWARZBACH, M., 1961: Das Klima der Vorzeit. 2. Auflage. – F. Enke, Stuttg.

TAKHTAJAN, A., 1973: Evolution und Ausbreitung der Blütenpflanzen. – G. Fischer Verlag, Jena.

WETTSTEIN, R., 1896: Die Geschichte unserer Alpenflora. – Schr. d. Ver. z. Verbreit. wiss. Kenntnisse. Wien.

Verzeichnis der lateinischen Artnamen

Verzeichnis der deutschen Artnamen (*) und der Volksnamen